Jan von Flocken • **99 Geschichten zur Geschichte**

Jan von Flocken

99 Geschichten zur Geschichte
Von Ramses II. bis Marilyn Monroe

KAI HOMILIUS VERLAG

111 GESCHICHTEN ZUR GESCHICHTE
Von Nofretete bis Evita Peron

Das Buch ist wie Rauschgift, man wird süchtig nach jeder neuen Geschichte... Nun endlich das Buch zur WELT-ONLINE-Kolumne: Mehrere Zehntausend Besucher lasen täglich von Flockens Geschichten und Anekdoten aus der Geschichte im Netz bei Welt-Online. Wünsche kamen, diese Geschichten in zusammengefasster Form auf Papier zum Nachlesen zu erhalten. So entschloss sich der Verlag, die schönsten Geschichten auszusuchen: „eben Geschichten zur Geschichte".

Dieses Buch will, gelegentlich mit Augenzwinkern, eine Schneise in den Irrgarten der Geschichte schlagen. Daher erfährt der geneigte Leser auch etwas zu:

Die schönste Spionin aller Zeiten
Warum Nappleon sich vor einem weiblichen Gespenst fürchtete
Wie Italiens Einheit im Bett erkämpft wurde
Die Hurenherrschaft am Papsthof

111 Geschichten zur Geschichte, unterhaltsam, illustriert mit vielen farbigen Abbildungen.

ISBN 978-3-89706-912-1
288 S., Softcover, viele farbige Abb. 19,90 €, Format: 13,4 x 21,5
Kulturgeschichte Band 6

Kai Homilius Verlag
www.kai-homilius-verlag.de
Email: home@kai-homilius-verlag.de
Vertrieb: Tel. 03327-569 86 11 - FAX 03327-569 86 17

Autor: Jan von Flocken
Cover: Joachim Geißler
Druck: Printed in E. U.
ISBN: 978-3-89706-917-6

INHALTSVERZEICHNIS

Der Stoff, das Material des Gedichts,
Das saugt sich nicht aus dem Finger;
Kein Gott erschafft die Welt aus nichts,
So wenig wie irdische Singer.

Aus vorgefundenem Urweltsdreck
Erschuf ich die Männerleiber,
Und aus dem Männerrippenspeck
Erschuf ich die schönsten Weiber.

Den Himmel schuf ich aus der Erd'
Und Engel aus Weiberentfaltung,
Der Stoff gewinnt erst seinen Wert
Durch künstlerische Gestaltung.

Heinrich Heine: *Schöpfungslieder* (1831)

EIN WORT ZUVOR

„All diese Nachrichten habe ich gesammelt und aufgezeichnet, damit nicht, was die Menschen getrieben, was Griechen und andere Völker Großes und Bewunderungswürdiges geleistet, und weshalb sie gegeneinander Kriege geführt haben, mit der Zeit verwischt und vergessen würde." So anspruchslos schlicht formulierte um 450 v. Chr. der Gelehrte Herodot aus Halikarnassos sein Anliegen. Dabei wollte dieser Mann, den man mit Recht „Vater der Geschichtsschreibung" nennt, seine Leser gleichsam zu einer Tour d'horizon durch die gesamte damals bekannte Welt führen.

In den zweieinhalb Jahrtausenden, die seither verstrichen, ist diese Welt größer und größer geworden; die Informationsflut wuchs ins Unermessliche. Wagten sich noch im 19. Jahrhundert einzelne Historiker an die Aufgabe, eine Universalgeschichte der ihnen bekannten Welt zu schreiben, so blieb das im 20. Jahrhundert ganzen Autorenkollektiven vorbehalten. Heute ist es nicht einmal mehr möglich, den berühmten roten Faden herauszufinden – allenfalls käme dabei ein rosa-purpurnes Seil zum Vorschein.

Was also bleibt dem Historiker, der sich für alles und jeden in der menschlichen Vergangenheit interessiert? Wohl nur das vergnüglich-mühsame Unterfangen, hier und dort eine individuelle Schneise durch den Irrgarten der Weltgeschichte zu schlagen. Ein gelegentliches Abweichen vom Pfad nüchterner Fachwissenschaft sollte dem hilfreich zur Seite stehen.

Noch einmal zu Herodot: Was seine Werke auszeichnet, ist ihr hoher Unterhaltungswert. Er liefert die Fakten, liebt aber ebenso das Ungewöhnliche, Mysteriöse, Aufregende, den Skandal. Immer will Herodot seine Leser gleichermaßen unterrichten und ergötzen. Dieser Ehrgeiz bewegt auch den Autor des vorliegenden Buches.

1. Ramses II. – ein Verlierer erklärt sich zum Sieger

Der Nahe Osten besaß schon vor 3.000 Jahren größte geopolitische Bedeutung. Durch das heutige Grenzgebiet zwischen Syrien und dem Libanon verliefen der gesamte Ost-West-Handel von Persien und Assyrien zum Mittelmeer sowie der Nord-Süd-Handel vom Schwarzen Meer nach Ägypten. Wichtigster Stützpunkt war die Festungsstadt Kadesch an den Ausläufern des Libanon-Gebirges. Wer Kadesch beherrschte, bekam ungehinderten Zugang zu den Ressourcen des Nahen und Mittleren Ostens.

Der Pharao in typischer Siegerpose

Etwa um 1.300 v. Chr. bemächtigten sich die Hethiter der Festung Kadesch. Sie waren eine Vereinigung kriegerischer Gebirgsstämme aus dem zentralen Teil Kleinasiens. Unter ihrem König Muwatalli unterwarfen die Hethiter sämtliche von Stadtfürsten kontrollierten Gebiete am Mittelmeer bis ins südliche Palästina. Ihrer Hauptwaffe, massiv gebauten und von Pferden gezogenen Streitwagen, hatten die örtlichen Armeen nichts Gleichwertiges entgegenzusetzen.

Für das benachbarte Ägypten stellte die hethitische Expansion eine militärische Bedrohung und politische Demütigung gleichermaßen dar. Der seit 1279 regierende Pharao Ramses II. führte bald nach seiner Inthronisierung einen ersten Feldzug und konnte dabei mehrere Stützpunkte an der Küste Phöniziens (Libanon) besetzen. Eine Schlacht gegen die zahlenmäßig weit überlegenen Hethiter wagte der Pharao allerdings noch nicht.

Um Kadesch zu erobern, bedurfte es umfangreicher Vorbereitungen. Ende 1275 versammelte sich im Nildelta eine ägyptische Armee von mehr als 20.000 Mann – die größte Truppenmassierung, welche die Welt bisher erblickt hatte. Ramses übernahm den Oberbefehl und teilte seine Streitmacht in vier Divisionen, gemischte Kampfverbände, die aus Speerwerfern, Bogenschützen und Streitwagenbesatzungen bestanden. Ägyptische Soldaten gehörten zu jener Zeit einer in sich abgeschlossenen Kaste an. Sie bildeten einen privilegierten Teil der Bevölkerung, der von Generation zu Generation verpflichtet war, Kriegsdienst zu leisten.

In Ramses' Heer dienten auch Söldner aus Nubien (heute Sudan), welche auf die einzelnen Divisionen verteilt wurden. Außerdem gab es eine mit schweren Bronzeschwertern bewaffnete Elitetruppe, die *Schardana*. Ihr Kennzeichen war eine am Helm befestigte Sonnenscheibe.

Die vier Divisionen, benannt nach den ägyptischen Göttern *Amun*, *Re*, *Ptah* und *Seth*, setzten sich Anfang April 1274 nordwärts auf das 680 Kilometer entfernte Kadesch in Marsch. Ramses führte mit seinen *Schardana* die vorderste Division *Amun* an. Seine vier Truppenverbände marschierten in relativ großer Entfernung voneinander die Mittelmeerküste entlang und schwenkten dann nach Osten ein.

Am 29. Tag des Feldzuges erreichte die *Amun*-Division das Tal des Orontes-Flusses (heute Nahr al-Asi), an dessen westlichem Ufer Kadesch lag. Zwei hethitische Überläufer berichteten, dass König Muwatallis Heer noch bei der Stadt Tunip stünde, mehr als 150 Kilometer entfernt. Daraufhin plädierten die ägyptischen Offiziere für einen sofortigen Handstreich gegen Kadesch. Statt eigene Späher zu entsenden, ging der militärisch unerfahrene Ramses auf diesen Vorschlag ein und rannte beinahe in die Katastrophe.

Die beiden angeblichen Überläufer gehörten zu einer Kriegslist Muwatallis, der in Wirklichkeit nur zehn Kilometer entfernt in einer gedeckten Stellung nordwestlich von Kadesch auf der Lauer lag. Die etwa 6.000 Mann starke Abteilung *Amun* setzte bei Schabtun im Süden der Festung über den Orontes. Das Ganze war überhastet organisiert und dauerte mehrere Stunden, weil vor allem der Transport von 300 Streitwagen logistische Probleme bereitete. Als der ungeduldige Pharao endlich mit seiner Leibwache vor den Mauern Kadeschs auftauchte, war die ägyptische Division *Re* gerade dabei, ihren Flussübergang zu bewerkstelligen, als sie von feindlichen Kampfwagen überraschend attackiert wurde. Hethitische Quellen nennen 1.000 dieser Wagen, während ägyptische Berichte – natürlich daran interessiert, die Zahl des Gegners maßlos zu übertreiben – von mehr als 2.500 sprechen.

Wie dem auch sei – die Hethiter richteten unter der *Re*-Division ein furchtbares Blutbad an. Wer nicht niedergehauen wurde, floh Richtung Süden. Dann wandten sich Muwatallis Streitwagen der *Amun*-Division zu, die nördlich von Kadesch in einem Lager verschanzt war. Jetzt erst erkannte Ramses den Ernst der Lage und befahl seiner Division *Ptah*, so schnell wie möglich vorzurücken. Doch es war zu spät. Unter den Schlägen der Hethiter zerbrach die Schlachtordnung. Viele Soldaten nahmen Reißaus. Ramses war kein intelligenter Stratege, aber ein unerhört tapferer Krieger. Mit einer Handvoll *Schardana* gelang es ihm, den feindlichen Ansturm so lange abzuwehren, bis die ersten Abteilungen der Division *Ptah* auf dem Kampfplatz erschienen. Der Grimm des Pharaos kommt bei aller späterer Siegespropaganda im Kontext einer Inschrift am Felsentempel von Abu Simbel zum Ausdruck: „Ich besiegte alle Länder, ich allein, als mein Heer und meine Kampfwagen mich im Stich ließen. Keiner von ihnen kam wieder."

Muwatalli war klug genug, seine numerisch unterlegene Infanterie nicht gegen die vollzählig versammelte feindliche Armee antreten zu lassen. Ägyptische Bogenschützen handhaben ihre Waffe mit einer effektiven Reichweite von 90 Metern und die hethitischen Speerkämpfer wären dezimiert worden. Dass Ramses die Festung Kadesch nicht erobern konnte und innerhalb von zwei Tagen den Rückzug nach Süden antrat, war Triumph genug.

Mit großem Wohlwollen kann man die Schlacht bei Kadesch als unentschieden werten, weil sie nicht bis zur endgültigen Entscheidung ausgefochten wurde. Legt man das strategische Ziel des Feldzuges zugrunde, die Einnahme von Kadesch, dann erlitt Ramses II. eine Niederlage, zumal die Hethiter kurz danach die militärisch bedeutsame Stadt Amurru besetzten. Da der Pharao als Sohn der Götter aber immer siegreich sein musste, ließ Ramses sich in der Heimat als großer Gewinner feiern.

Auch ein dritter Kriegszug gegen die Hethiter brachte keinen durchschlagenden Erfolg. So entschloss sich der Pharao, älter und reifer geworden, zu einem dauerhaften Friedensabkommen mit dem nördlichen Feind, der etwa ins Jahr 1270 fällt. Während der folgenden fünf Jahrzehnte von Ramses' Regierungszeit besaß Ägyptens Propaganda Zeit und Gelegenheit genug, die Schlappe von Kadesch in einen Sieg umzumünzen.

2. Menetekel für König Belsazar

Militärische Fachleute der Antike waren sich einig, dass die Stadt Babylon nicht zu erobern sei. Nach der völligen Zerstörung dieser Metropole am Euphrat-Fluss durch die Assyrer im 7. Jahrhundert v. Chr. hatte der berühmte König Nebukadnezar ein großartiges Wiederaufbauprogramm inszeniert. Dazu gehörte vor allem die Neugründung der Hauptstadt Babylon um 590.

Diese Stadt mit dem alles beherrschenden 90 Meter hohen Ete-menanki-Tempel war von Mauern wie ein unzerreißbarer Ring umgeben. Die mit Asphalt verkitteten Steine gaben dem Schutzwall ein imponierendes Ausmaß. Angeblich waren die Stadtmauern so breit, dass ein Streitwagen auf ihnen wenden konnte. Acht eiserne Tore verschlossen Babylon hermetisch gegen jeden Feind.

Doch schon 20 Jahre nach Nebukadnezars Tod kriselte es im Babylonischen Reich. Der benachbarte Perserfürst Kyros hatte seit 559 seine Macht zielstrebig ausgeweitet, das im heutigen Nordwestiran gelegene Reich der Meder erobert. Nachdem er den Königstitel angenommen hatte, unterwarf er 546 den sagenhaft reichen Kroisos (Krösus) von Lydien und übernahm dessen Erbe in Kleinasien. Kyros verfolgte eine zweigleisige Politik. Seine Truppen waren gefürchtet, „die kein Silber achteten und nach Gold nicht fragten, deren Bögen Hügel von getöteten Jünglingen aufhäuften und deren Augen mitleidlos gegen Kinder waren".

Andererseits erwies sich Kyros häufig als großmütiger Sieger, der durch Toleranz und Milde große Achtung bei den Unterworfenen errang. Der griechische Schriftsteller Xenophon, ein profunder Kenner des persischen Großreiches, bezeichnete ihn geradezu als Idealbild eines Herrschers.

Auch in Babylon fand der Perser bald Anhänger. Hier herrschte seit 555 König Nabonid bzw. dessen ältester Sohn Belsazar (eigentlich *Bel-Schar-Usur*). Letzterer war zunächst militärischer Oberbefehlshaber und durch Abdankung seiner Vaters (das genaue Datum ist unbekannt) auch König des Reiches. Der eigenwillige Belsazar geriet rasch in Konflikt mit der Priesterschaft Babylons. Sie verehrte den Stadtgott Marduk, während der König den Mondgott Sin favorisierte. Letztlich ging es wie immer ums Geld. Belsazar wollte die Marduk-Priester unter königliche Kontrolle stellen und den Anteil der staatlichen Einnahmen aus den Tempelbetrieben erhöhen.

Belsazar führte samt Gefolge ein fideles Leben, „er soff sich voll mit ihnen", schrieb Martin Luther drastisch. Während einer dieser Festgelage auf der Königsburg geschah im Jahre 539 etwas Unheimliches. Wie von Geisterhand „schreiben Finger gegenüber dem Leuchter auf die getünchte Wand in dem Saal". Dort war zu lesen: *Mene, mene tekel, upharsin.* So berichtet es zumindest die Bibel (Altes Testament, Buch Daniel). Die Botschaft dieser Feuerzeichen indes war rätselhaft.

„Die Magier kamen, doch keiner verstand
Zu deuten die Flammenschrift an der Wand."

So steht es in Heinrich Heines bekannter Belsazar-Ballade.

Das Flammenzeichen verkündete Unheil

Schließlich erinnerte man sich des jüdischen Priesters Daniel, der in Babylon mit großen Teilen seines Volkes eine Art Geiselhaft absaß. Er konnte „Träume deuten, dunkle Sprüche erraten und verborgene Sachen offenbaren". Tatsächlich soll Daniel das Rätsel folgendermaßen gelöst haben:

Mene = Gott hat dein Königtum gezählt.

Tekel = Man hat dich in einer Wage gewogen und zu leicht gefunden,

U-pheres = Dein Königreich ist zerteilt und den Medern und Persern gegeben.

Für diese kühne Prophezeiung wanderte Daniel in einen von Löwen bewohnten Kerker. Bald erwies sich jedoch die Genauigkeit seiner Worte. Im Sommer 539 erschien ein großes Perserheer unter Kyros' Führung vor den Mauern von Babylon. Dahinter fühlte man sich zunächst sicher, doch schließlich gewann eine klassische Kriegslist die Oberhand. Der griechische Historiker Herodot berichtet: „Er leitete mittels eines Durchstichs den Euphrat in einen künstlichen See... damit das Wasser dahin abflösse." Kyros nutzte eine Gelegenheit, da man in Babylon „tanzte und lustig lebte, weil gerade Festtag war". Er gab das Kommando und „als das Wasser im Euphrat so weit gefallen war, dass es den Leuten nur noch bis etwas über die Knie ging, drangen die bereitgestellten Perser durch das Flussbett in die Stadt".

Es kam nur zu kurzen Kämpfen, denn die Bevölkerung begrüßte den großzügigen Kyros als Befreier. Belsazar freilich überlebte sein Reich nicht. Es ist unklar, ob er Selbstmord beging oder ermordet wurde. Sein Menetekel hatte sich erfüllt.

3. Ein Dummkopf macht Rom zur Republik

Wenn man dem antiken Gelehrten M. Terentius Varro glauben will, so wurde Rom von den Zwillingen Romulus und Remus am 21. April 753 v. Chr. gegründet. Allein dieses ungewöhnlich präzise Datum macht jedoch stutzig, genauso wie zahlreiche andere Begebenheiten, die aus jener Zeit über das Entstehen des späteren römischen Weltreiches überliefert sind.

Angeblich wurde die Stadt Rom mehr als 200 Jahre von Königen regiert, die anfangs als gute Landesväter, später als schlimme Tyrannen agierten. Das Unheil begann im Jahre 534, als Tarquinius den regierenden Monarchen gewaltsam stürzte und sich selbst auf den Thron setzte. Bald darauf unterwarf er die bis dato freien Römer einer demütigenden Zwangsherrschaft. Tarquinius, dem man den höchst doppeldeutigen Beinamen *superbus* gab, was sowohl arrogant wie auch großartig bedeuten kann, verbreitete Angst und Schrecken. „Seinen Thron musste er durch Furcht sichern, weil er mit der Zuneigung der Untertanen nicht rechnen konnte", schreibt der römische Historiker Livius.

Nach heutigem Forschungsstand verkörperte Tarquinius Superbus weniger eine konkrete Person, als vielmehr die Fremdherrschaft der Etrusker über Rom. Dieses rätselhafte Kulturvolk, dessen Herkunft nach wie vor ungeklärt ist, beherrschte damals ganz Ober- und Mittelitalien. Sprachforscher nehmen an, dass der Name „Rom" von dem etruskischen Wort *rumon* (Fluss) stammt. Ganz offensichtlich war das Städtchen am Tiber nichts weiter als eine unter vielen etruskischen Kolonien. Im Laufe der Zeit entstand jedoch das Selbstbewusstsein der Römer und sie empfanden die Etrusker immer weniger als Beschützer, denn als Besatzer. Man nahm ihre überlegene Zivilisation gerne an, nicht aber ihre politisch-wirtschaftliche Hegemonie.

So wuchs das gegenseitige Misstrauen, symbolisiert in der Gestalt des Tarquinius Superbus, der alle politisch bedeutenden Männer seiner Umgebung ausschaltete, ja sogar ermorden ließ. Auch vor der eigenen Familie machte er nicht Halt. Deshalb zog es sein Neffe Lucius Iunius vor, sich in der Öffentlichkeit betont harmlos und begriffsstutzig aufzuführen. Das brachte ihm den wenig schmeichelhaften Spitznamen *Brutus* (Dummkopf) ein, erhielt ihn aber am Leben. „Er wartete unter dem Schutz dieses Beinamens die richtige Zeit ab", schreibt Livius.

Diese richtige Zeit begann in Gestalt einer sexuellen Affäre. Tarquinius' Sohn Sextus stellte der schönen, kürzlich verheirateten Römerin Lucretia nach. Ihr Ehemann war Lucius Collatinus, ein enger Freund von Brutus, der es nicht nötig hatte, vor ihm den Trottel zu spielen. Die tugendhafte Lucretia wies alle Avancen des Königssohnes zurück. Eines Tages lauerte er der jungen Frau in ihrem eigenen Haus auf und vergewaltigte sie auf hinterhältige Weise: „Er ging mit gezogenem Schwert liebestoll zu der Schlafenden."

Alles andere als dumm – Iunius Brutus

Wenig später berichtete Lucretia ihren versammelten Familienmitgliedern und Freunden von der Schandtat. Sie klagte Sextus an: „Nur mein Körper ist geschändet, die Seele blieb rein. Mein Tod soll es bezeugen. Gebt mir aber eure Hand und das Versprechen, dass der Ehebrecher nicht ohne Strafe ausgehen wird." Dann zog Lucretia blitzschnell einen Dolch aus ihrem Gewand und erstach sich.

Brutus, der bei diesem Vorfall auch zugegen war, soll den blutigen Dolch aus Lucretias Wunde gezogen und einen Eid geleistet haben: „Ich werde den tyrannischen Tarquinius mit seinem gottlosen Weib und allen seinen Kindern mit Feuer und Schwert und aller nur möglichen Gewalt verfolgen. Ich werde nicht dulden, dass sie oder sonst jemand Könige über Rom sind!" Er ließ nun die harmlose Maske fallen und organisierte im Jahre 510 mit Collatinus einen Volksaufstand gegen den König, sprich die etruskische Vorherrschaft. Tarquinius floh mit seiner Familie zum römischen Heer, das gerade die Stadt Ardea belagerte. Doch auch die Soldaten verweigerten ihm ihre Gefolgschaft, so dass er sich bezeichnenderweise nach Caere auf das Territorium der Etrusker absetzte.

In Rom leistete das Volk den feierlichen Schwur, nie wieder einen König als Herrscher über die Stadt zu dulden. Man gründete eine Republik (von *res publica* = öffentliche Angelegenheit), die von zwei jährlich wechselnden Konsuln regiert wurde. Als erste bekleideten im Jahre 509 Brutus und Collatinus dieses Amt. Konsequent wachte Brutus über die Freiheit der Stadt und die dankbaren Römer errichteten ihm „mitten unter den Bildnissen von Königen eine eherne Statue mit einem bloßen Schwert in der Hand". Tapfere Helden wie Horatius Cocles, Mucius Scaevola und das Mädchen Cloelia verteidigten Roms Geschicke erfolgreich gegen alle Feinde.

Doch Halt – jetzt bewegen wir uns schon auf dem Terrain verklärender Volkssagen. Zuverlässige römische Geschichtsschreiber wie Tacitus und Plinius der Ältere berichten etwas anderes. Nach ihrer Version zog im Jahre 507 der etruskische König Porsenna gegen Rom und eroberte die Stadt. Anschließend mussten die Römer sämtliche Waffen abliefern und ein Denkmal für Porsennas Sieg auf dem kapitolinischen Hügel erbauen. Die Etrusker waren also kurzzeitig wieder zurückgekehrt. Den Aufstieg Roms zur Weltmacht hat auch das nicht verhindert.

4. Heldentod an den Thermopylen

Der tapferste aller spartanischen Krieger soll ein Mann namens Dienekes gewesen sein. Auch wegen seiner „unvergesslichen Bemerkungen" war er bekannt. Als ein Grieche ihn vor der Schlacht an den Thermopylen warnte, die gegnerische Armee der Perser sei so gewaltig, dass ihre abgeschossenen Pfeile die Sonne verdunkeln würden, antwortete er: „Um so besser, dann werden wir mit ihnen im Schatten kämpfen." Dienekes sollte diesen Kampf ebenso wenig überleben wie etwa 1.000 seiner Mitstreiter.

Nachdem ein persisches Invasionsheer im Jahre 490 v. Chr. bei Marathon schwer geschlagen worden war, schwur Großkönig Xerxes I. Rache. Im Sommer 480 setzte er eine riesige Armee über die Meerenge des Hellespont (die heutigen Dardanellen) nach Griechenland in Bewegung. Folgt man Herodot, dem „Vater der Geschichtsschreibung", so waren Xerxes'

Streitkräfte 1,5 Millionen Mann stark, davon 80.000 Kavalleristen. Diese Zahlen können beim damaligen Stand von Heeresorganisation und Logistik nur als stark übertrieben gelten. Seriöse Berechnungen gehen von 40.000 bis 50.000 Persern aus. Immer noch eine beängstigend hohe Zahl, denn die verbündeten Griechen vermochten ihnen allenfalls 5.200 Krieger entgegenzustellen.

Leonidas und seine Krieger fürchteten den Tod nicht

Das Kommando über diese Truppen führte König Leonidas von Sparta. Er musste eine erste Verteidigungslinie im nordgriechischen Tempe-Tal am Penaios kampflos räumen, weil er sonst in einen Kessel geraten wäre. Seine Strategie sah vor, dem Feind ganz Nord- und Mittelgriechenland zu überlassen. Erst am Isthmus von Korinth, dem Übergang zur Halbinsel Peloponnes, wollte er die Perser erwarten. Dem widersprachen aber Athen und seine Verbündeten in Zentralgriechenland erfolgreich. Der eher zerbrechliche Bund der hellenischen Stämme konnte nur zusammengehalten werden, wenn eine Verteidigungsstellung bereits in der Landschaft Lokris aufgebaut wurde.

Hier bot sich eine Gegend an, die nach zwei dort befindlichen warmen Quellen *Thermopylai* (die heißen Tore) genannt wurde. Dieser damals nur 15 Meter breite Durchgang lag zwischen dem Golf von Malia und dem Kalidromos-Gebirge. Hier ging Leonidas in Stellung und erwartete Mitte August 480 den persischen Angriff.

Am ersten Kampftag wurden die Perser vom erbitterten Widerstand an den Thermopylen zurückgeworfen, wo sie ihre zahlenmäßige Überlegenheit nicht nutzen konnten. Sie rannten sich in den gefällten Spießen der griechischen Hopliten fest. Am zweiten Tag unternahm die persönliche Leibgarde von König Xerxes, die 10.000 „Unsterblichen", eine weitere vergebliche Attacke. Dann wendete sich das Blatt. Ein griechischer Bürger namens Ephialtes zeigte den Persern einen Seitenweg über den Gebirgskamm, den Pfad von Anopaia. Der führte sie in den Rücken der griechischen Streitmacht und ermöglichte es ihnen, vom bewaldeten Bergrücken herab anzugreifen. Der Verrat des Ephialtes verwundert kaum, denn die griechischen Stadtstaaten handelten nicht alle gemeinsam, einige sympathisierten durchaus mit den Persern. Die bedeutende Stadt Theben hatte sich aus purer Angst vor dem übermächtigen Feind Xerxes angeschlossen. Dies stieß allerdings auf erheblichen Widerstand und so kämpften im Heer des Leonidas auch einige hundert Exil-Thebaner.

Als mehrere Späher Leonidas von der drohenden Umgehung durch den Feind berichteten, fasste dieser einen ebenso heroischen wie pragmatischen Entschluss. Die Hauptmasse seiner Streitmacht sollte rechtzeitig abmarschieren. Er würde mit seinen 300 Spartanern den Gegner so lange aufhalten, bis das Hauptheer entkommen sei. Laut Herodot habe er „es mit der Ehre der Spartaner für unvereinbar gehalten, den Platz zu verlassen". Immerhin hatten seine Krieger, die „Spartiaten", einen Ruf als kompromisslose, unerschrockene Männer zu wahren. Leonidas befehligte aber nicht nur seine eigenen Leute, sondern auch Truppen, deren Heimatländer unmittelbar hinter dem Thermopylen-Pass lagen und damit den üblichen Plünderungen durch die Perser ausgesetzt sein würden. Es handelte sich um einige hundert Thespier unter Demophilos und Exil-Thebaner, so dass etwa 1.000 Mann den Rückzug des Heeres deckten.

Die folgenden Attacken der Perser unter dem Feldherren Hydarnas hielten Leonidas' Männer voller Todesverachtung auf. „Da die Griechen wussten, dass sie infolge der Umgehung des Berges doch umkommen würden, setzten sie ihre letzte Kraft gegen die Barbaren ein und schlugen ihr Leben blindlings in die Schanze", schreibt Herodot. Er berichtet auch von 20.000 gefallenen Persern, eine Zahl, die wiederum zu hoch angesetzt sein dürfte. Die 300 Spartiaten und Leonidas selbst fielen im Kampf. Ebenso alle Thespier, nur einige Dutzend Thebaner ergaben sich rechtzeitig.

Xerxes' Heersäulen konnten nun ungehindert nach Athen marschieren. Doch die Stadt war von dem umsichtigen Strategen Themistokles inzwischen evakuiert worden. Noch im selben Jahr erlitten die Perser in der Seeschlacht bei Salamis eine verheerende Niederlage. Ihre Landstreitmacht wurde 479 bei Plataiai geschlagen.

Die Schlacht an den Thermopylen war unter militärstrategischen Gesichtspunkten sicher eine Niederlage der Griechen. Doch moralisch zählte sie unbedingt als Erfolg und festigte den Ruhm Spartas, dass seine Krieger den Kampf niemals aufgeben würden. Unsterblich wurde auch jener Spruch, den man Leonidas und seinen Männern in einem symbolischen Gedenkstein setzte:

„Wanderer, kommst du nach Sparta, so berichte dort,
du habest uns hier liegen gesehen, wie es die Ehre befahl.“

5. Verschwörung in Babylon – der Tod Alexanders des Großen

Am 28. Tag des Monats Daisios (Mitte Juni) 323 v. Chr. verkündete ein Herold in Babylon der fassungslosen Volksmenge den Tod Alexanders des Großen. Der Herrscher über ein Weltreich wurde nur 32 Jahre alt und die Begleitumstände seines frühen Ablebens muten sehr verdächtig an.

Alexanders triumphaler Einzug in Babylon

Der König war im Frühjahr 323 von der medischen Stadt Ekbatana zur Reichsmetropole Babylon aufgebrochen. Mehrere Astrologen, die wohl nicht nur über den Lauf der Gestirne Bescheid wussten, warnten ihn vor diesem Schritt. Doch Alexander war längst nicht mehr bereit, auf die Meinung anderer Leute zu hören. Er hatte sich überhaupt sehr zu seinen Ungunsten verändert. Der König von Makedonien nahm nach seinem spektakulären Sieg über das persische Großreich immer mehr die Sitten und Gebräuche des ehemaligen Feindes an. Er kleidete sich persisch, heiratete zwei Perserinnen und verlangte von seinen alten Kriegskameraden, dass sie vor ihm auf die Knie fallen sollten. Besonders übel nahm man ihm eine groß angelegte Zwangsheirat von 10.000 makedonischen Soldaten mit Perserinnen. Auch sein übermäßiger Alkoholkonsum führte zu Wesensveränderungen. So ermordete Alexander im Rausch Kleitos, seinen engsten Freund, der ihm einst das Leben gerettet hatte.

Der letzte Feldzug Alexanders gegen die Inder endete mit einem desaströsen Rückzug, der Zehntausenden das Leben kostete. Die freiheitsliebenden Makedonen waren der seit 13 Jahren währenden Kriege müde. Doch kaum war ihr König in Babylon angekommen, machten Gerüchte die Runde, er wolle das Reich der Karthager in Nordafrika angreifen und die arabische Halbinsel erobern.

Insbesondere jene altgedienten Generale, die schon unter seinem Vater Philipp gekämpft hatten, empörten sich über Alexanders Betragen als orientalischer Despot. Ihre Loyalität schlug allmählich in Wut und Hass um. Dies galt besonders für den 75-jährigen Antipatros, Vizekönig von Makedonien, und dessen Sohn Jolas. Als Alexander seinem Admiral Nearchos befahl, eine große Kriegsflotte auszurüsten, war das Maß voll. „Die Makedonier gerieten in Furcht und Missmut", berichtete der griechische Historiker Plutarch.

Häufig steckten nun Antipatros, Jolas und Nearchos ihre Köpfe zusammen; auch Medios, ein wendiger Schmeichler, der gerade in Alexanders Gunst stand, war mit von der Partie. Allmählich wurde der König misstrauisch und immer unberechenbarer. Als der eben aus Europa zurückgekehrte General Kassandros sich über das Kniefall-Ritual lustig machte, geriet Alexander „so sehr in Zorn, dass er ihn bei den Haaren fasste und seinen Kopf mit beiden Händen heftig gegen die Wand stieß".

Nun galt es zu handeln. Zwölf Tage vor seinem Tod lud Medios den König zu einem Saufgelage ein. Jolas, der als Alexanders Obermundschenk fungierte, reichte ihm den „Becher des Herakles", einen sechs Liter Wein fassenden Zeremonialkelch, aus dem nur der König trinken durfte. 30 Minuten später setzten bei Alexander Krämpfe ein und er bekam hohes Fieber.

Über die folgenden Tage berichtet der gewissenhafte Plutarch ausführlich von Alexanders Krankheitsverlauf. Stundenweise fühlte er sich gesund, ergab sich dem Würfelspiel oder schmiedete Kriegspläne. Dann setzten abends wieder „Anfälle von heftigem Fieber" ein, er litt unter Erbrechen,

Muskelkrämpfen und Halluzinationen. All dies macht die gängige Version, wonach er an der Malaria gestorben sei, unwahrscheinlich. Bei dieser Krankheit treten Fieberschübe alle drei bis vier Tage ein (sog. Tertianfieber), nicht wie bei Alexander regelmäßig am Abend.

Besonders verdächtig ist die Tatsache, dass sich der Gesundheitszustand des königlichen Patienten immer dann verschlimmerte, wenn ihn seine Leibärzte unter Führung eines gewissen Glaukos mit Arzneien behandelt hatten. Die danach auftretenden Symptome sprechen deutlich für eine langsame Vergiftung mit Weißem Germer (*veratrum album*). Dieses auch „Nieswurz" genannte immergrüne Gewächs enthält in seinem Wurzelstock giftige Alkaloide. Hoch dosiert führt Weißer Germer zum baldigen Tod. Sollte tatsächlich ein Mordkomplott gegen Alexander stattgefunden haben, dann dürfte Mundschenk Jolas anfangs nur eine geringe Dosis in den „Becher des Herakles" appliziert haben. Denn wäre Alexander bald nach dem Trunk tot umgefallen, dann hätte sich der Verdacht unweigerlich gegen Jolas und seinen Vater Antipatros gerichtet.

Diese schleichende Vergiftung war umso unauffälliger, als Weißer Germer in sehr niedriger Dosis von antiken Ärzten als fiebersenkendes Mittel verwendet wurde. Die höhere Dosierung führte bei Alexander am 8. Tag nach dem verhängnisvollen Gastmahl zu Sprachstörungen bis hin zum völligen Sprachverlust – ebenfalls ein Indiz für eine Verabreichung von Germer.

Nach zwölf Tagen erlag Alexander der tückischen Krankheit. Sein Weltreich zerfiel ebenso schnell wie er es erobert hatte. Der natürliche Tod des Herrschers wurde zunächst nicht angezweifelt. Doch langsam sickerten Gerüchte durch und Alexanders Mutter Olympias ordnete sechs Jahre später eine Untersuchung an. In deren Gefolge kam es zu einigen Hinrichtungen. Die Gebeine des bereits verstorbenen Jolas wurden aus seinem Grabmal entfernt und in alle Winde zerstreut.

6. Die gestörten Kreise des Archimedes

„Heureka!" (Ich hab's gefunden) rief Archimedes, als er aus seiner Badewanne kletterte. Das überfließende Wasser brachte ihn auf das physikalische Prinzip des hydrostatischen Auftriebs. Womöglich ist dies nur eine hübsch erdachte Anekdote. Sie sollte den praktischen Sinn des Archimedes herausstreichen, der als Mathematiker und Physiker gleichermaßen zu den bedeutendsten Naturwissenschaftlern aller Zeiten zählt.

Die Veranlagung für Antworten auf wissenschaftliche Fragen war Archimedes gleichsam in die Wiege gelegt. Sein Vater Pheidias arbeitete als Hofastronom beim Herrscher von Syrakus. Diese 734 durch griechische Kolonisten an der Ostküste der Insel Sizilien gegründete Stadt nahm im 4. Jahrhundert v. Chr. einen enormen wirtschaftlichen und politischen Aufschwung. Als Seemacht bildete Syrakus das entscheidende Gewicht in der Auseinandersetzung zwischen Rom und Karthago. Der 265 zum König gewählte Feldherr Hieron hielt sich im 1. Punischen Krieg auf römischer Seite. Dies änderte sich während seiner 50-jährigen Herrschaft auch nicht.

Der um 285 geborene Archimedes war Syrakusaner mit Leib und Seele. Nur ganz selten verließ er die Stadt. Seine einzige größere Reise führte ihn als junger Mann zum Studium ins ägyptische Alexandria, dem damaligen Zentrum aller Wissenschaften. Wieder in der Heimat, widmete er sich den verschiedensten mathematisch-physikalischen Problemen. Archimedes formulierte die Hebelgesetze und entwickelte daraus den Flaschenzug, der die Architektur revolutionierte. Er berechnete als erster exakt die Kreiszahl π, entwickelte Grundlagen für die Statik fester und flüssiger Körper. Zu einer Zeit, als für die meisten Gelehrten Zahlen jenseits der 10.000 für unendlich gehalten wurden, wies Archimedes in seiner *Psammites* (Sandrechnung) die Unbeschränktheit des Zahlensystems nach.

Ganz praktische Wirkung besaß seine Erfindung einer Schraubenwelle zur Wasserhebung, die für eine Bewässerung hochgelegener Felder genutzt wurde. Voller Selbstbewusstsein soll er gesagt haben: „Gebt mir einen festen Punkt im All und ich hebe die Welt aus ihren Angeln." Als sein wichtigstes Werk bezeichnete er selbst *Peri sphairos kai kylindrou*, eine geometrische Abhandlung über Kugeln und Zylinder. Angeblich war der Gelehrte Tag für Tag so intensiv mit seinen Studien befasst, dass er darüber Essen, Trinken und Körperpflege vernachlässigte. Man berichtete, „dass er, wenn er einmal mit Gewalt zum Baden und Salben gebracht wurde, an den Kohlebecken geometrische Figuren beschrieben und selbst auf seinem Leib beim Salben mit den Fingern Linien gezogen habe".

Nach vielen arbeitsreichen Jahren wurde Archimedes in die große Politik gezogen. König Hieron von Syrakus war im Jahre 216 gestorben. Zu jener Zeit tobte in Italien der 2. Punische Krieg. Karthagos Feldherr Hannibal hatte den Römern dort mehrere empfindliche Niederlagen beigebracht und in der Schlacht von Cannae fast die gesamte feindliche Armee vernichtet. In dieser Situation hielt es Hierons junger Enkel und Nachfolger Hieronymos für geraten, das Bündnis mit Rom aufzukündigen und den Hafen von Syrakus für karthagische Kriegsschiffe zu öffnen. Der völlig unfähige Hieronymos wurde zwar schon 214 ermordet, aber Rom vergaß seinen Wortbruch nie.

Im Frühjahr 214 erschien ein römisches Belagerungsheer unter dem Kommando von M. Claudius Marcellus vor Syrakus. Die Verteidigung der Stadt übernahm der Stratege Epikydes. Er nutzte Archimedes' Fähigkeiten als Ingenieur und ließ ihn effiziente Kriegsmaschinen entwerfen, darunter Katapulte, die 500 kg schwere Geschosse ins feindliche Lager schleuderten. Besonders gefährdet war Syrakus von der Seeseite durch die römische Kriegsflotte. Dass sie durch ein von Archimedes konstruiertes Brennspiegelsystem in Flammen gesetzt wurde, ist eine physikalische Unmöglichkeit und gehört ins Reich der Legenden. Vielmehr baute er riesige Kranvorrichtungen, deren Wirksamkeit der römische Historiker Livius schildert: „Schiffe, die sich der Mauer zu nähern wagten, ließ er von einem Kran ergreifen, der mit einer eisernen, an einer Kette befestigten Zange über die Mauer ragte. Wenn das schwere Bleigewicht des Kranes auf den Boden zurückschnellte, stellte es das Schiff mit in der Luft schwebendem Vorderteil auf das Heck; dann ließ der Kran das Schiff plötzlich los, das Schiff fiel wie von der Mauer herab und schlug so heftig auf die See, dass es meist zerbrach."

So zog sich die Belagerung über Monate hin. Im Jahre 212 unternahm Marcellus einen nächtlichen Sturmangriff. Seinen Soldaten gelang es, die Wachposten am Hexapylon-Tor zu überrumpeln und den Westteil von Syrakus zu erobern. Die Verteidiger unter Epikydes hielten sich noch einige Wochen im befestigten östlichen Stadtteil Achradina. Hier konnten Archimedes' Kriegsmaschinen nicht mehr so wirkungsvoll eingesetzt werden. Noch im Jahr 212 kapitulierte die Besatzung.

Claudius Marcellus gehörte zu den Feldherren, die Kriege mit Ehre und Anstand führten. Er hielt strenge Disziplin, Übergriffe auf die Zivilbevölkerung verabscheute er. Aber selbst Marcellus musste dem Gewohnheitsrecht seiner Legionäre Rechnung tragen, wonach eine eroberte Stadt für drei Tage der Plünderung anheim fiel. Auch Syrakus blieb dieses Schicksal nicht erspart. „Dabei gab es viele hässliche Beispiele von Zorn und Habsucht", berichtete Livius. Archimedes saß zu dieser Zeit in seinem Haus „und wurde getötet, während er seine Figuren in den Sand zeichnete." Etwas detaillierter fällt die Schilderung des griechischen Historikers Plutarch aus: „Archimedes betrachtete eben für sich allein eine geometrische Figur und hatte auf diese seine Gedanken und Augen so sehr gerichtet, dass er weder das Hin- und Herlaufen der Soldaten, noch die Einnahme der Stadt bemerkte. Auf einmal trat ein Soldat vor ihn und befahl, ihm sogleich zu Marcellus zu folgen. Archimedes wollte nicht eher gehen, als bis er das Problem gelöst und zum Beweise gebracht hätte. Darüber geriet jener sehr in Wut, zog das Schwert und tötete ihn auf der Stelle."

Archimedes bezahlt seinen Wissensdurst mit dem Leben

Von Archimedes' berühmten Ausspruch „Noli turbare circulos meos" (Störe meine Kreise nicht) wissen weder Livius, noch Plutarch etwas. Diese Sentenz stammt aus der Feder des antiken Schriftstellers Valerius Maximus. Es ist indes kaum anzunehmen, dass Archimedes seine unwirsche Bitte auf Latein, statt in seiner Muttersprache griechisch formuliert hätte...

Als Marcellus vom Tod des Archimedes erfuhr, tat er für einen römischen General etwas sehr Ungewöhnliches: Er bat alle Verwandten und Freunde des Gelehrten um Entschuldigung und richtete ein feierliches Begräbnis für ihn aus. Sein Mörder wurde nie ermittelt.

7. Spartacus und die Gladiatoren

Für Karl Marx war er „der großartigste Kerl der gesamten antiken Geschichte". Ein Caesar-Biograf bezeichnet ihn als „Räuberhauptmann sehr großen Stils". Beides ist gewiss übertrieben. Spartacus und die Gladiatoren – kein Thema der römischen Antike wurde in den letzten 100 Jahren mittels effektvoller Spielfilme so bis zur Unkenntlichkeit verzerrt.

Nur sehr wenig ist von der Person des Spartacus überliefert. Laut dem antiken Historiker Plutarch stammte er aus Thrakien (heute in etwa das Gebiet Bulgariens) und war in römische Kriegsgefangenschaft geraten. An der Gladiatorenschule zu Capua organisierte er einen Aufstand, denn er „besaß nicht nur großen Mut und körperliche Kraft, sondern war, anders als man es angesichts seiner Herkunft erwarten würde, sehr intelligent und kultiviert, eher wie ein Hellene", schreibt Plutarch.

Im Jahr 73 v. Chr. floh Spartacus mit 78 Gefährten aus Capua. Von dort aus zogen sie in die unteritalische Hafenstadt Metapontum, wohl um hier auf Schiffen das Weite zu suchen. Doch ihre Flucht hatte inzwischen eine bemerkenswerte Eigendynamik gewonnen. Viele Sklaven schlossen sich dem Zug an in der Gewissheit, Spartacus wolle für ihre Befreiung kämpfen, woran dieser wohl niemals gedacht hatte.

Der römische Senat, beschäftigt mit mehreren auswärtigen Kriegen, glaubte die Sklavenarmee in einer Art Polizeiaktion vernichten zu können. Nun geschah das gänzlich Unerwartete: Spartacus erwies sich als kriegerisches Naturtalent. Mehrere römische Heeresabteilungen wurden von ihm schwer geschlagen. Im Jahre 72 war seine Streitmacht auf 30.000 Mann angewachsen. Sie durchzog ganz Italien und plünderte dabei nach Herzenslust. Auch Spartacus fand allmählich Gefallen an diesem ungebundenen Leben. Deshalb wollte er seine Sklaven gar nicht über die Alpen in ihre Heimatländer führen, wie Legenden behaupten. Vielmehr machte er Ende 72 wieder kehrt, gleich nachdem eine weitere Legion bei Mutina besiegt worden war.

Der Raubzug wiederholte sich – diesmal in Nord-Süd-Richtung. Die blamierten römischen Militärs setzten schließlich massive Kräfte unter den erfahrenen Feldherren Pompeius und Crassus ein. Spartacus' Heer war entscheidend geschwächt, weil eine Gruppe unter Führung des gallischen Ex-Gladiators Crixus sich abgespalten hatte (offensichtlich wollten sie wirklich zurück in die Heimat) und von den Römern bei Arretium vernichtet wurde.

Nach einigen sehr geschickten Ausweichmanövern musste Spartacus sich endlich 71 am Fluss Silanus in Kalabrien der vereinten Römerarmee stellen. Er verlor die Schlacht und fiel im Kampf. Etwa 5.000 Überlebende wurden zur Abschreckung entlang der *Via Appia* ans Kreuz geschlagen.

Soweit zu Spartacus. Was bedeutete aber sein Dasein als Gladiator? Zu diesem Thema sind seit der Stummfilmära bizarre Irrtümer über die Leinwände geflimmert. Den haarsträubendsten Unsinn bot 2000 der Hollywood-Streifen „Gladiator", in dem fast alles falsch ist, bis hin zu des Titelhelden Deutschem Schäferhund.

Es seien hier nur die hartnäckigsten Fehler richtig gestellt:

- Massenkämpfe, die in keinem Sandalenfilm fehlen dürfen, fanden nur sehr selten statt. Sie waren beim Publikum wegen ihres geringen Unterhaltungswertes unbeliebt. Auch heute käme ja niemand auf die Idee, statt eines individuellen Boxkampfes 50 Schwergewichtler auf einem Fußballfeld gegeneinander antreten zu lassen.
- Die Einzelkämpfe waren festen Regeln unterworfen. Für ihre Einhaltung sorgte ein Hauptschiedsrichter (*summa rudis*). Erst wenn er das Kommando *Agite!* (Handelt!) gab, durften die Gladiatoren den Kampf aufnehmen. Bei unfairem Verhalten (Sandalenfilme bevorzugen dabei gern das Werfen von Sand in des Gegners Augen) griff der Schiedsrichter mit einem Stock ein und unterbrach das Gefecht.
- Der berühmte Ausspruch *Morituri te salutant* (Die Todgeweihten grüßen dich.) wurde niemals von Gladiatoren benutzt. Allenfalls rechtskräftig verurteilte Schwerverbrecher, die man zum Kampf auf Leben und Tod in der Arena „begnadigt" hatte, benutzten diese Floskel.
- Gladiatoren waren keineswegs immer Todgeweihte. Wer nach ordentlichem Kampf unterlag, erhielt meist die *missio* (ehrenhafte Entlassung) und überlebte. Dabei ist auch die Geste des „Daumen nach oben" wohl eher eine Legende, denn in riesigen Arenen hätte man diese Handbewegung kaum deutlich erkennen können. Die *missio* wurde durch das Schwenken von Tüchern ausgesprochen.
- Bewaffnung und Ausrüstung der Gladiatoren, vom Helm bis zum Beinschutz, waren exakt genormt. Es ging darum, beiden Kämpfern ein höchstmögliches Maß an Chancengleichheit zu geben. Von dem etwa einem Dutzend sicher bezeugten Gladiatorentypen durften nur ganz bestimmte gegeneinander antreten. Willkürliche Zusammenstellung von Kämpferpaaren wäre ein Unding gewesen.
- Männer und Frauen saßen in der Arena strikt getrennt. Den weiblichen Zuschauern waren die oberen Ränge vorbehalten. Ausnahmen galten nur für die Familie des *editor*, dem Veranstalter der Spiele.
- Unter den Gladiatoren fanden sich nicht nur gezwungene Sklaven und Kriegsgefangene, sondern auch viele Freiwillige. Mit Sport war schon im alten Rom viel Geld und Ruhm zu ernten.
- Ohrenbetäubendes Gebrüll in den Arenen gehörte zu den Ausnahmen. Die meisten Gladiatorenkämpfe wurden von Musik untermalt. Wir kennen sogar die dabei üblichen Instrumente, darunter das *organum*, eine Art Wasserorgel.

In einem Punkt darf man jedoch allen Filmregisseuren Recht geben: Die antiken Gladiatorenspiele besaßen wesentlich höheren ästhetischen Schauwert als das stumpfsinnige Draufgedresche heutiger Kampfsportarten wie etwa „Ultimate Fighting".

8. Ein „Stiefelchen" im Cäsarenwahn

Als Kaiser Tiberius am 16. März 37 n. Chr. gestorben war, herrschte eitel Freude im Römischen Reich. Der greise Herrscher – misstrauisch, geizig und menschenscheu – hatte sich in seinen letzten Jahren auf eine einsame Insel zurückgezogen und die Stadt Rom mit demonstrativer Verachtung gestraft. Sein Großneffe und Nachfolger Caius hingegen galt als liebenswürdiger, viel versprechender Jüngling. Niemand konnte ahnen, dass er sich als schlimmster Tyrann der römischen Geschichte entpuppen würde.

Der neue Kaiser wurde im Jahre 12 n. Chr. als Sohn des überaus populären Feldherren C. Iulius geboren. Dieser Militär führte mehrere erfolgreiche Feldzüge gegen germanische Stämme, weswegen man ihm den Beinamen „Germanicus" gab, unter dem er in die Historie einging. Da Germanicus Neffe des kinderlosen Kaisers war, galt er als dessen designierter Nachfolger. Doch im Jahre 19 starb er erst 33-jährig im Orient, wahrscheinlich durch Giftmord.

Irre und gefährlich – Kaiser Caligula

Sein Sohn Caius begleitete den Germanicus schon als Zweijähriger auf allen Kriegszügen. Bald avancierte er zum Liebling der Soldaten. Sie kleideten ihn in eine Miniaturausgabe der Legionärsuniform. „Zur Belustigung der Offiziere und Mannschaften zog man ihm auch winzige Militärstiefel an", berichtet der Historiker Tacitus. Diese genagelten Schuhe wurden *caligae* genannt und der junge Caius erhielt daraufhin den Spitznamen „Caligula" (Stiefelchen), der trotz allen späteren Unmuts an ihm wie eine Klette haften blieb.

Als Kaiser schien Caligula viele Hoffnungen zu rechtfertigen. Er beendete sämtliche politischen Prozesse, die aufgrund von Denunziationen stattfanden, verteilte großzügige Geschenke an das Volk und heiratete eine ehrbare römische Jungfrau. Im September 37 erkrankte er schwer. Mehr als einen Monat lag er halbtot zu Bett, genas dann überraschend. Unter welcher Krankheit er litt, ist nicht exakt überliefert. Der Historiker Suetonius, von dem wir die meisten Details aus Caligulas Leben wissen, spricht von epileptischen Anfällen und Verfolgungswahn. Tatsächlich benahm der Monarch sich nach seiner Genesung häufig wie ein Geistesgestörter.

Der Leitgedanke von Caligulas Herrschaft lautete forthin: „Mögen sie mich hassen, wenn sie mich nur fürchten!" Der treue Gardepräfekt Macro musste als erster mit seiner Ehefrau Selbstmord begehen. Derweil durchstreifte der Kaiser die Kerker Roms, um Gefangene auszuwählen, die wilden Tieren zum Zerfleischen vorgeworfen werden sollten. Um seine exorbitante Verschwendungssucht zu befriedigen, ließ Caligula sich von reichen Familien als Erbe einsetzen und die Erblasser danach vergiften.

Es bereitete ihm perversen Spaß, überall Angst zu verbreiten. „Seinem schon von Natur abschreckend hässlichen Gesicht suchte er absichtlich noch einen wilderen Ausdruck zu geben, indem er vor dem Spiegel alle möglichen schrecklichen Grimassen und Fratzen einstudierte." Seine überaus starke Körperbehaarung war Gegenstand zahlreicher Witze. „Venit capra" (die Ziege kommt) tuschelten die Höflinge, wenn Caligula den Raum betrat. Schließlich verbot er bei Todesstrafe, in seiner Gegenwart das Wort „Ziege" auszusprechen. Einem Angeklagten, der seine Unschuld beteuerte, ließ er die Zunge abschneiden und dann den Prozess fortsetzen.

Caligulas Privatleben war ein einziger Skandal. Er schlief mit seinen drei Schwestern ebenso wie mit Schauspielern. Innerhalb von sechs Jahren heiratete er vier Frauen, darunter die Caesonia, deren Äußeres einer verlebten Rummeldirne glich. Oft stolzierte er mit vergoldetem Bart als römischer Gott verkleidet oder in seidenen Frauengewändern.

Konnte dies noch als persönliche Schrulle gelten, so machte der Kaiser mit seiner Außenpolitik das römische Weltreich schlicht lächerlich. Im

Herbst 39 unternahm er einen Feldzug zur Eroberung Britanniens. An der Kanalküste stellte man dann fest, dass keine Transportschiffe vorhanden waren. Der verantwortliche General wurde hingerichtet. Danach ließ Caligula die Legionen antreten. Suetonius berichtet: „Plötzlich gab er den Befehl, sie sollten Seemuscheln auflesen und ihre Helme und Kleider damit füllen." Wieder in Rom präsentierte der Kaiser seine „Siegestrophäen über den Ozean" dem verblüfften Volk.

Anfang 40 drangsalierte Caligula die Römer „mit mannigfaltigsten und ausgeklügeltsten Formen von Rechtsverdrehungen, Versteigerungen und Steuern". In seinem Cäsarenwahn verstieg er sich zu irrsinnigen Taten. Da er zeitig seine Kopfhaare verlor, mussten alle römischen Männer mit üppigen Frisuren kahlgeschoren werden. Sein Lieblingspferd *Incitatus* (Heißsporn), das in einem Marmorstall nebst Krippe aus Elfenbein und edelsteinbesetztem Zaumzeug stand, beabsichtigte er zum Konsul zu ernennen. Mitten in der Nacht beorderte er verängstigte Senatoren in den Palast, um vor ihnen halbnackt zu tanzen.

Das Maß war schließlich voll. „Überhaupt gab es keinen Menschen noch so niedrigen Standes oder in noch so armseligen Verhältnissen, den Caligula nicht irgendwie zu schädigen suchte", so Suetonius.

Der Gardeoffizier Cassius Chaerea, ein altgedienter Soldat, den der Kaiser häufig mit zotigen Namen anredete, beendete schließlich das schaurige Kapitel. Am 24. Januar 41 kehrte Caligula durch einen unterirdischen Gang vom Theater auf dem Palatinus-Hügel zurück, um seinen Mittagsschlaf zu halten. Chaerea hieb ihm mit seinem Schwert von hinten ins Genick, ein anderer Offizier durchbohrte ihm die Brust. Während sich der Kaiser schmerzverzerrt am Boden krümmte und schrie „Noch lebe ich!", machten ihm mehrere Gardisten mit 30 Wunden den Garaus. Einige „stießen ihm sogar das Schwert durch die Schamteile".

Caligulas offizieller Name wurde aus allen staatlichen Dokumenten getilgt – die Erinnerungen an seine vier irrsinnigen Regierungsjahre waren nicht so leicht auszuradieren.

9. Der Untergang Jerusalems

Den Soldaten der römischen X. Legion boten sich Anfang August 70 n. Chr. in Jerusalem Bilder, die auch den hartgesottensten Krieger erschütterten. „Wenn sie der Beute wegen in ein Haus eingedrungen waren, fanden sie oft ganze Familien tot und die Räume voller Leichen von Verhungerten – ein Anblick, über den sie sich derart entsetzten, dass sie mit leeren Händen wieder herauskamen." Dies schildert der Augenzeuge Flavius Josephus, ein Jude. Und er schreibt auch, dass Jerusalem „so großes Unglück verdient" hatte.

Die Vorherrschaft der Römer in Judäa reicht bis in das Jahr 63 v. Chr. zurück, als der große Feldherr Cn. Pompeius hier ein abhängiges Königreich installierte. Unter Kaiser Augustus bildete das Land einen Teil der Provinz Syrien. Trotz dieser weitgehend friedlichen Eingliederung in das Imperium Romanum blieb das Verhältnis zwischen der jüdischen Gemeinde und der römischen Besatzungsmacht dauerhaft gespannt. Das lag vor allem an der monotheistischen Religion der Juden, die alle anderen Glaubensrichtungen generell als minderwertig, ja feindlich einstufte. So brodelte im Land latent ein gefährliches Aggressionspotential. Nirgendwo war die allgemein geschätzte *Pax romana* (der römische Frieden) mehr bedroht als in Judäa.

Als es im Jahre 66 zu Demonstrationen gegen den römischen Statthalter wegen Steuererhöhungen kam, sah eine Sekte ihre Stunde gekommen. Die „Zeloten", orthodoxe Hebräer, welche gewaltsam das Königreich Israel wiedererrichten wollten, zettelten im ganzen Land Aufstände an, deren elementare Wut die Römer ziemlich überraschte. Im Herbst 66 entsandte der Statthalter von Syrien ein viel zu kleines Heer, das von den Aufständischen bei Beth Horon vernichtend geschlagen wurde.

Beim Untergang Jerusalems waren keine Engel im Spiel

Die Reaktion der Römer konnte nur furchtbar ausfallen, weswegen der Jerusalemer Hohepriester Ananias zu Verhandlungen riet. Er wurde gleich danach von Zeloten ermordet. Ihr Anführer Johannes von Gischala errichtete in Judäa ein Terrorregime, dem sich auch der Offizier Simon bar Giora anschloss. Anfang 67 waren fast alle römischen Truppen vertrieben.

Kaiser Nero ernannte daraufhin einen seiner besten Generale, T. Flavius Vespasianus, zum Oberbefehlshaber im Nahen Osten. Er marschierte mit 30.000 Legionären ein und konnte rasch Galiläa zurückerobern. Im Juli 67 fiel dort die stärkste Festung Jotapata. Ihr Kommandant, ein gewisser Joseph ben Mathitjahu, wurde gefangen genommen. Bald erlangte er das Vertrauen von Vespasianus, der ihn sogar in seine Familie aufnahm, wo er den Namen Flavius Josephus empfing. Ihm verdanken wir eine akribische Schilderung des Jüdischen Krieges.

Nachdem Kaiser Nero im Juni 68 ermordet wurde, brachen in Rom Thronstreitigkeiten aus. Binnen eines Jahres wechselten sich vier Kaiser ab. Schließlich zog Vespasianus mit militärischem Gefolge in die Hauptstadt, um sich hier zum Imperator ausrufen zu lassen. Seine vier Legionen umfassende Hauptstreitmacht (mit Hilfstruppen etwa 50.000 Mann) kommandierte nun sein erst 28 Jahre alter Sohn Titus. Der erwies sich als sehr energischer Feldherr. Seine Truppen kreisten den Feind systematisch um Jerusalem ein. Im April 70 war die Stadt vollständig abgeriegelt. Ihre Besatzung zählte ungefähr 23.000 Soldaten.

Gegen die mächtigen Stadtmauern setzte Titus das gesamte Arsenal römischer Belagerungstechnik ein. Dazu gehörten *onager* (Wildesel), schwere Katapulte mit einer Reichweite von 300 Metern, *aries* (Widder), mauerbrechende Rammböcke und *scorpio* (Skorpion), Wurfmaschinen, die schwere Pfeile verschossen. Auch hölzerne Belagerungstürme kamen zum Einsatz.

Jerusalem war im Südosten von Schluchten geschützt, so dass die Römer nur aus Norden und Westen angreifen konnten. Titus schlug sein Lager am nördlichen Scopusberg auf, bei der XII. Legion, die den Beinamen *Fulminata* (Blitzeschleuderer) trug. Von hier aus ließ er die Ringmauer der Neustadt angreifen, das schwächste Glied in der Verteidigungskette. Der Beschuss durch Katapulte zeigte zunächst nur wenig Wirkung. Wie Josephus berichtet, waren die Wurfgeschosse weiße und damit gut sichtbare Steine. Jedes Mal, wenn sie angeflogen kamen, hatten die jüdischen Wachen Zeit, dicke Strohmatten zur Dämpfung des Anpralls auszubringen.

Daher färbten die Römer ihre Geschosse dunkel, damit sie weniger gut zu erkennen waren.

Nach 15 Tagen war die Ringmauer durchbrochen. Titus errichtete sein Lager nun innerhalb Jerusalems beim Psephinus-Tor. In der Altstadt und auf der Burg „Antonia" herrschte derweil eine große Hungersnot. Die jüdischen Anführer gingen zur Versorgung ihrer Truppen mit äußerster Brutalität gegen die Zivilbevölkerung vor. Josephus schreibt: „Greise, die ihr Stück Brot festhielten, wurden geschlagen, Frauen an den Haaren herumgezerrt, wenn sie etwas Essbares zu verbergen suchten. Weder alt noch jung konnte auf Mitleid rechnen: Kinder, die an ihren Bissen hingen, wurden ergriffen und zu Boden geschleudert." Menschen, bei denen man Nahrungsmittel vermutete, unterwarf man „Foltern grässlichster Art".

Nach dem Fall der zweiten Stadtmauer nahte das Ende. Am 23. Juli eroberten die Legionäre den erhöhten Tempelbezirk. Von hier aus drangen sie nach zweiwöchiger Vorbereitung in die Altstadt und den dortigen Palast von Herodes dem Großen ein. Am 8. August war die Stadt vollständig erobert. Mehrere Anführer der Revolte zogen die Gefangenschaft dem Tod im Kampf vor. Johannes von Gischala wurde lebenslänglich eingekerkert, Simon bar Giora hingerichtet. „Kein Geschlecht, solange die Welt steht, war erfinderischer in Werken der Bosheit als diese beiden", urteilt Josephus.

Der Tempel von Jerusalem wurde für immer zerstört, alle Befestigungsanlagen bis auf drei Türme und die heutige „Klagemauer" geschleift. Titus zog an der Spitze eines Triumphzuges in Rom ein und folgte seinem Vater im Jahre 79 als Kaiser.

10. Zenobia – eine Frau fordert das Römische Weltreich heraus

Mitte des 3. nachchristlichen Jahrhunderts durchlebte das Römische Reich seine bisher schwerste Krise. Kriegerische Germanenstämme im Norden und die Perser im Osten bedrohten seine Grenzen, drangen sogar immer öfter in römisches Territorium ein. Tiefpunkt dieser Entwicklung war eine Schlacht, die Kaiser Valerianus im Jahre 260 gegen die Perser verlor. Er geriet in Gefangenschaft und musste fortan dem Perserkönig als Leibsklave dienen. Als er starb, stopfte man seinen Leichnam aus und präsentierte ihn rot angemalt in einem Tempel „zur ewigen Schande Roms".

Unter Valerians schwächlichem Sohn riefen die Grenzlegionen Jahr für Jahr neue Kaiser aus, die ebenso regelmäßig wieder ermordet wurden. Es begann die Zeit der „30 Tyrannen" – Militärherrscher, unter deren schwankendem Regiment das römische Weltreich zu zerbrechen drohte.

Dem Ansturm der Perser stellte sich im Nahen Osten das Reich von Palmyra entgegen. Ursprünglich nur eine Oasen- und Karawanensiedlung in der nordarabischen Wüste, blühte Palmyra (aramäisch = Palmenstadt) im 3. Jahrhundert zur Metropole auf. Ihr Herrscher Odenathus ernannte sich zum König und hielt Rom militärisch den Rücken frei. Sein hauptsächlich aus leichter Kavallerie bestehendes Heer fügte den Persern mehrere Niederlagen zu und bedrohte sogar deren Hauptstadt Ktesiphon am Tigris-Fluss.

Für diese Verdienste wurde Odenathus vom Kaiser zum *corrector totius orientis* (Statthalter des gesamten Orients) ernannt. Großen Anteil an dieser Erhöhung besaß seine Gemahlin Zenobia, eine Adlige aus Palmyra. Sie war außergewöhnlich hübsch „mit glänzenden schwarzen Augen und weißen Zähnen, die man für Perlen halten konnte". Damit verband sie einen erstaunlichen Charakter. Zenobia beherrschte fünf Fremdsprachen und liebte vor allem die griechische Kultur. Sie begleitete ihren Mann auf der Jagd. Nie reiste sie in dem üblicherweise für Frauen bestimmten Wagen. Stattdessen ritt sie wie ein Legionär, trug einen silbernen Helm und marschierte oft stundenlang an der Spitze ihrer Truppen.

Zenobias letzter Blick auf Palmyra

Die Ehe mit Odenathus scheint nicht sonderlich glücklich gewesen zu sein. Nur einmal im Monat gewährte sie ihm Zutritt in ihr Schlafgemach. Als der König im April 266 ermordet wurde, spricht einiges dafür, dass Zenobia hinter diesem Anschlag steckte. Nunmehr Königin von Palmyra, strebte sie die Errichtung eines griechisch-orientalischen Großreiches an. Sie zog den berühmten Athener Philosophen und Rhetor Kassios Longinos, die „wandelnde Bibliothek", an ihren Hof und ernannte ihn zum Chefberater. Sogar Kontakte zu den damals verfemten Christen nahm sie auf und korrespondierte mit dem Bischof Paulus von Antiochia. General Zabdas, Oberbefehlshaber des palmyrenischen Heeres, marschierte in Ägypten ein. Dieses Land war der wichtigste Getreideproduzent des Reiches und entsprechend hoch auch die Abhängigkeit Roms von seinen regelmäßigen Lieferungen.

Die politische Gelegenheit schien günstig. In Rom war gerade wieder ein Kaiser ermordet worden und die Nachfolge noch nicht geregelt. Zenobia nahm im Sommer 270 den Titel *augusta* (Kaiserin) an und erklärte das Reich von Palmyra für unabhängig. Ihre Armeen besetzten weitere Gebiete in Nordsyrien und im heutigen Irak.

Im Wettbewerb um den römischen Kaiserpurpur hatte sich indes ein Mann durchgesetzt, den keiner unterschätzen durfte. Lucius Aurelianus war ein bewährter Reiterkommandeur. Seinen bezeichnenden Beinamen *manus ad ferrum* (Hand am Schwert) trug er zu Recht, denn er übte sich täglich in der Waffentechnik. Aurelian war aber nicht nur ein glänzender Soldat, sondern auch ein kluger Politiker – „ein Kaiser gemäß den Erfordernissen seiner Zeit", wie der Historiker Eutropius urteilte. Da er zunächst die nach Norditalien eingefallenen germanischen Goten schlagen musste, erkannte er die Selbständigkeit Palmyras an.

Zenobia nutze dieses vermeintliche Schwächezeichen und untersagte den Export von Getreide aus Ägypten nach Rom. Auch ließ sie Münzen mit ihrem Bildnis prägen. Damit überspannte sie den Bogen, denn Aurelian war kein Mann, dem man solche Provokationen ungestraft bieten durfte. Nachdem er die Germanen zurückgeschlagen hatte, marschierte er an der Spitze mehrerer Legionen Ende 271 nach Osten. Über Tyana (heute in der südlichen Türkei) zog sein Heer zur syrischen Stadt Immae bei Antiochia. Dort stellte sich ihm 272 Palmyras Streitmacht unter Führung von Zenobia entgegen. Den disziplinierten römischen Legionen konnten ihre Truppen nicht lange widerstehen; die Schlacht ging verloren und Aurelian marschierte Richtung Osten nach Palmyra vor. Bei Emesa (Homs) kam es zu einem erneuten verlustreichen Gefecht. Aurelian wurde durch einen Pfeilschuss verwundet, ging aber als Gewinner aus dem Kampf hervor. „Der Sonnengott hat seine Heimat verlassen und Rom den Sieg geschenkt", triumphierte er.

Zenobia floh auf dem Rücken eines Kamels Richtung Persien. Bei der Stadt Dura Europos wollte sie über den Euphrat setzen, wurde aber ergriffen. Vor Aurelian geführt, benahm sie sich keineswegs wie ihr großes Vorbild, die Ägypterkönigin Kleopatra, welche einst den Freitod der Gefangenschaft vorzog. Vielmehr stellte sie sich als schwache, verblendete Frau dar. Ihr Handeln sei nur die Frucht schlechter Ratgeber gewesen. „Nur du allein bist mein Besieger und Herr", schmeichelte sie. Aurelian schonte ihr Leben, ließ aber Zenobias Vertrauten Longinos, die „wandelnde Bibliothek", und General Zabdas hinrichten.

Kaum war Aurelian mit dem Großteil seiner Truppen abgezogen, brach in Palmyra eine Revolte aus. Jetzt kannte der Imperator keine Gnade mehr. Die Stadt wurde in Schutt und Asche gelegt, fast alle Einwohner als Sklaven verkauft. Zenobia bildete gleichsam das Prunkstück in einem Triumphzug, den Aurelian 274 in Rom abhielt. Er war in seiner exotischen Pracht wohl das Jahrhundertereignis für die Ewige Stadt. Die einstige Königin von Palmyra musste, gefesselt mit einer Kette aus purem Gold und wankend unter der Last juwelenbesetzter Gewänder, ihrem eigenen Streitwagen vorangehen.

Hernach zeigte sich Aurelian, nun *restitutor orbis* (Wiederhersteller des Erdkreises) genannt, als großmütiger Sieger. Er schenkte Zenobia „einen freundlichen Landsitz" in Tibur (heute Tivoli). Ihre Töchter wurden mit römischen Patriziern verheiratet und sie selbst lebte noch viele Jahre als ehrbare Matrone im Kreise von Kindern und Enkeln. Kaiser Aurelianus fiel schon im Herbst 275 einer Verschwörung zum Opfer.

11. Perfekte Heuchelei – Konstantin der Große

Anfang des 4. Jahrhunderts n. Chr. hatte das Römische Reich seine existenzielle Krise überwunden (siehe Geschichte Nr. 10). Zu verdanken war das vor allem dem Wirken eines Mannes, der als einer der fähigsten Organisatoren in die Historie einging – Diocletianus. Der aus einem dalmatinischen Fischerdorf stammende Soldat machte während der Grenzkriege Karriere und wurde 284 zum Kaiser ausgerufen. In den folgenden Jahren baute er seine Herrschaft zum *dominat* aus. Der Kaiser wurde zur geheiligten Person, gleichsam zum Gott auf Erden. Ein ausgeklügeltes Hofzeremoniell schirmte ihn von den stets zu Meuterei und Kaisermord geneigten Soldaten ab.

Diocletian erkannte auch, dass ein so riesiges Gebiet wie das römische nicht mehr von einer Einzelperson effizient regiert werden konnte. So teilte er das Reich in vier Verwaltungsbezirke. Er selbst und ein alter Kriegskamerad überwachten das Ganze als *augusti* (Kaiser), zwei weitere Vertrauenspersonen agierten als *caesares* (Mit-Kaiser). Dieses System funktionierte 20 Jahre. Dann tat Diocletian etwas gänzlich Unerwartetes: Er dankte im Jahre 305 ab und zog sich ins Privatleben zurück, um „künftig in Ruhe mein Gemüse anzubauen". Vorher hatte er minutiös seine Nachfolge geregelt.

Was sich auf dem Papier folgerichtig darstellte, scheiterte in der Praxis. Diocletian unterschätzte sowohl den Ehrgeiz als auch den Familiensinn seiner Mitstreiter. Einer von ihnen, der allseits beliebte General Constantius, genannt *chlorus* (der Bleiche), regierte den Westen des Reiches. Im Sommer 306 hielt er sich in der englischen Stadt Eburacum (York) auf. Als er hier sein Ende nahen sah, ließ der bleiche Constantius am 25. Juli seinen unehelichen Sohn Constantinus (Konstantin) als Nachfolger zum *augustus* ausrufen.

Mehr schlau als fromm – Kaiser Konstantin

Das war ein massiver Verstoß gegen die Anordnungen Diocletians und hatte zur Folge, dass schon zwei Jahre nach dessen Abdankung fünf Kaiser gegeneinander zu Felde zogen. Im Jahre 310 waren es sogar sieben Bewerber. Konstantin besaß bei diesen Kämpfen die schlechtesten Karten. Seine Mutter Helena war eine schlichte Schankwirtstochter oder auch Stallmagd, wie andere behaupteten. Als Konkubine des bleichen Constantius genoss sie nur geringes Ansehen. Ihr Sohn Konstantin musste sich als Bastard unter ehelichen Kindern behaupten. Sein Hang zu Heuchelei und Intrigen wird wohl aus jener Zeit stammen.

Konstantin war klar, dass er im Kampf gegen seine Rivalen einen starken Verbündeten brauchte und er fand ihn in Gestalt der christlichen Gemeinde. Trotz teilweise sehr brutaler Verfolgungen gewann das Christentum in den vergangenen 200 Jahren immer größeren Einfluss. Es ergriff jetzt nicht nur einfache, benachteiligte Bürger, sondern fand auch in höchsten Kreisen willige Annahme. Als Konstantin 312 gegen seinen mächtigsten Widersacher, den in Rom residierenden Maxentius zog, hatte er sich bereits der Unterstützung mehrerer Bischöfe versichert.

Maxentius war ein liebenswürdiger, kunstsinniger Herr. Er verschönerte Rom durch prächtige Marmorbauten. Das Militärische lag ihm weniger. Als seine zahlenmäßig überlegenen Truppen 312 am *pons Milvius*, der Milvischen Brücke, unweit der Hauptstadt mit den Legionen Konstantins zusammenstießen, erlitt Maxentius eine schwere Niederlage und ertrank auf der Flucht im Tiber.

Diesen Sieg nutzte Konstantin zu einer groß angelegten Propagandaaktion. Er behauptete, am 27. Oktober 312, dem Vortag der Schlacht, sei ihm eine Vision erschienen. Er habe zur Mittagszeit am Himmel über der Sonne das Zeichen des christlichen Kreuzes gesehen, zusammen mit der Inschrift *In hoc signo vinces* (In diesem Zeichen siegst du). Als Ausdruck seiner Dankbarkeit befahl er allen Soldaten, die griechischen Buchstaben „chi" und „rho" als Anfangszeichen des Wortes „Christus" auf ihren Feldzeichen anzubringen. Das Ganze ähnelte einem Kreuz, weil „chi" im Lateinischen wie der Buchstabe X aussieht.

Im Jahr darauf erließ Konstantin in Mediolanum (Mailand) ein Edikt, das die Verfolgung der Christen beendete und ihnen Glaubens- und Versammlungsfreiheit gewährte. Die Dankbarkeit der christlichen Gemeinde fiel immens aus. Ihre fähigsten Propagandisten, allen voran Eusebios von Caesarea, der „Vater der Kirchengeschichte", sangen unermüdlich Konstantins Lob. So schrieb Eusebios, der Kaiser habe „den höchsten Herrn mit außerordentlicher Frömmigkeit verehrt, er allein mit Freimut die Lehre Christi verkündet".

Davon kann keine Rede sein. Vielmehr bediente sich Konstantin der christlichen Agitation, um zahlreiche Übergriffe zu entschuldigen. Seinen Schwiegervater trieb er in den Selbstmord, seinen Schwager Licinius ließ er 325 erdrosseln und dessen Sohn zum Sklaven degradieren. Als Crispus, Konstantins ältester Sohn, eines Verhältnisses mit seiner Stiefmutter Fausta beschuldigt wurde, ließ der Kaiser den 21-jährigen ohne Skrupel hinrichten. Die bedauernswerte Fausta wurde in einem Schwitzbad durch heiße Dämpfe erstickt. Voltaire nannte Konstantin einen „politisch nicht unbegabten Kriminellen".

Doch was immer der Kaiser tat, die christliche Propaganda entschuldigte es. Konstantin gefiel ganz offensichtlich die Lehre von der Vergebung aller Sünden. Bald nach der Untat an Crispus und Fausta schickte er seine betagte Mutter Helena nach Jerusalem. Sie sollte dort jenes Holzkreuz suchen, an dem einst Jesus Christus gestorben war. Wunschgemäß fand sie das 300 Jahre alte Martergerät auf dem Gelände der heutigen Grabeskirche. Weitere Punkte sammelte Konstantin bei den Christen durch die Berufung eines Kirchenkonzils in die kleinasiatische Stadt Nicaea. Hier wurden erbitterte theologische Streitigkeiten um die göttliche oder menschliche Natur Jesu Christi beigelegt. Für die Debatten stellte Konstantin den Bischöfen seinen eigenen Palast zur Verfügung.

Nur einen Gefallen tat der Kaiser seinen Freunden nicht: Er trat nie zum Christentum über, obwohl er es 324 zur Staatsreligion erklärte und dafür den Beinamen „der Große" erhielt. Bei aller geheuchelten Frömmigkeit war Konstantin viel zu gerissen. Er wusste genau, dass seine Soldaten trotz ihrer nun christlichen Feldzeichen mehrheitlich den alten heidnischen Göttern anhingen, vor allem *Sol invictus*, dem unbesiegten Sonnengott. Ein Christ als Kaiser und Oberbefehlshaber hätte die Legionen womöglich zur Meuterei getrieben.

Als Konstantin im Jahre 337 schwer erkrankte, suchte er Beistand nicht bei Gott, sondern an den antiken Heilquellen von Drepanum. Wenige Stunden vor seinem Tod am 22. Mai 337 soll er die christliche Taufe empfangen haben. Im Leben fleißig sündigen, aber völlig sündenfrei ins Jenseits gehen – diesen Hintergedanken darf man Konstantin wohl zutrauen.

12. Wie ein kleiner Mann die Ostgoten vernichtete

Während der Völkerwanderungszeit war die Landkarte Europas gehörig verändert worden. Die gesamte Westhälfte des riesigen Römischen Reiches fiel in die Hände von Germanenstämmen. Die Westgoten hatten sich in Spanien festgesetzt, die Vandalen in Nordafrika, die Ostgoten in Italien und Teilen des Balkans. Die östliche Hälfte des einstigen Imperium Romanum beherrschte großenteils der Kaiser in Konstantinopel, dessen Reich man auch das Byzantinische nannte.

Als 526 der große ostgotische König Theoderich starb, geriet Bewegung in diese Konstellation. Da er keine männlichen Erben hinterließ, brachen langwierige Streitigkeiten aus. Im Osten hingegen bestieg Justinianus den Kaiserthron zu Konstantinopel. Er stand unter dem Einfluss seiner ebenso schönen wie ehrgeizigen und klugen Gemahlin Theodora. Beide planten eine Wiederherstellung des Römischen Reiches und die Vertreibung der Germanen aus dem Mittelmeerraum.

Erster Schritt auf diesem Wege war ein Angriff auf die Vandalen in Nordafrika. Der oströmische Feldherr Belisar errang dort seit 533 mehrere Siege und vernichtete schließlich das Heer des Vandalenkönigs Geiserich. Ab 535 begannen seine Kriegszüge gegen die Ostgoten in Italien. Hier stieß Belisar auf entschiedenen Widerstand, insbesondere seit der junge Adlige Totila, ein typischer blonder Kriegsheld, zum König gewählt worden war. Die Stadt Rom wechselte mehrfach den Besitzer. Nach mehr als zehn Jahren musste sich Belisar kleinlaut aus Italien zurückziehen.

Damit war Teil zwei von Justinians Rückeroberungsplan vorläufig gescheitert und der Kaiser beschloss nun, den fähigsten Mann einzusetzen, über den das Oströmische Reich verfügte – Narses. Dieser kleinwüchsige General war als Kind aus religiösen Gründen kastriert worden. Wie viele Eunuchen hatte er am Kaiserhof als Verwaltungsbeamter Karriere gemacht, dann aber sein militärisches Talent bei der Niederschlagung eines Volksaufstands in Konstantinopel bewiesen.

Anders als der wuchtige, schwertschwingende Kämpe Belisar gehört Narses zu den kühl und leidenschaftslos kalkulierenden Strategen. Mit nachgerade mathematischer Präzision plante er seine Feldzüge. An der Orientgrenze des Reiches errang er mehrere große Erfolge gegen die Perser. Das bis dato unbesiegte Ostgotenheer stellte freilich eine weitaus größere Herausforderung dar.

Narses studierte die gotische Kriegführung sorgfältig und ihm wurde klar, dass er einen möglichst schnellen, möglichst vernichtenden Schlag führen musste, sonst würde er scheitern wie ehedem Belisar. Zunächst setzte er auf das Überraschungsmoment. Im Frühjahr 551 versammelte er ein Heer bei Salona in Dalmatien. König Totila ließ daraufhin den Landweg nach Italien bei Venetien durch seinen Feldherren Teja sperren und gleichzeitig die Küstenstraße *via Postumia* überfluten. Dem Feind blieb somit nur eine Landung in Unteritalien.

Doch Narses tat etwas völlig Unerwartetes. Er setzte seine etwa 20.000 Mann starke Streitmacht über die Adria und besetzte die von zahlreichen Sümpfen und Flussarmen durchzogene Küstenlinie. Da man sie für unpassierbar hielt, wurde sie auch nicht verteidigt. Narses vollführte dieses Manöver mit Hilfe von einmastigen wendigen Schiffen, den *dromonoi* (schnelle Renner), die als Truppentransporter umfunktioniert wurden. Kurz darauf eroberten seine Soldaten im Handstreich die Stadt Ravenna. Indem Narses das gegnerische Heer in zwei Teile spaltete (Teja stand im Norden und Totila wartete in Rom den Verlauf der Ereignisse ab), gewann er sogleich die strategische Initiative.

Anders als zur Zeit der klassischen römischen Legionen bestand Narses' Heer vor allem aus Kavallerie. Den Kern bildeten die *kataphraktoi*, eine schwere gepanzerte Reiterei. Zu ihrer Schutzausrüstung gehörten ein eiserner Spangenhelm, ein langes Panzerhemd aus Eisenplättchen, die auf Leder genäht waren, und ein kleiner Rundschild. Angriffswaffen waren ein Langschwert und zwei relativ schmale Lanzen. Das Pferd war an Kopf, Hals und Brust ebenfalls durch einen Lamellenpanzer geschützt. Außerdem kamen nach orientalischem Vorbild berittene Bogenschützen zum Einsatz.

Für Rekrutierung, Ausbildung und Bewaffnung der Truppen war damals allein der jeweilige Feldherr verantwortlich, nur der Sold wurde vom Kaiser geliefert. Narses führte also eine Art Privatarmee, zu der auch eine schwerbewaffnete Schutzgarde gehörte.

Zunächst wandte sich Narses nach Süden gegen Totila und stellte ihn bei Perugia in Mittelitalien auf einem Gelände, das man *busta Gallorum* (Grabhügel der Gallier) nannte. Vor der Schlacht am 1. Juli 552, so berichtet der zeitgenössische Historiker Prokopios von Caesarea, führte Totila noch eine Art Kriegstanz zu Pferd auf. Wenige Stunden später war er tot und sein Heer vernichtet. Durch meisterhafte Ausnutzung des hügeligen Geländes hatte Narses zwei Frontalattacken der gegnerischen Kavallerie durch Pfeilschüsse abprallen und sie dann von seinen Panzerreitern in die Zange nehmen lassen. Kaum ein Gote überlebte den Kampf.

Verzweiflungskampf der letzten Goten

Nach diesem Debakel wählte man Teja zum König, der den Feind nicht an der Eroberung Roms hindern konnte und nun mit aller Macht nach Süden Richtung Cumae strebte, wo sein Bruder den gotischen Kriegsschatz hütete. Doch Narses war schneller. Er schnitt die Straße nach Cumae ab und zwang die Ostgoten, in eine Gegend unterhalb des Vesuvs am Golf von Neapel zu marschieren. Hier belagerte er sie von Land und See aus. Dies zog sich über Wochen hin, bis die Lebensmittel knapp wurden und Teja sich zum Ausbruch entschloss.

Anfang März 553 kam es am *mons lactarius* (Milchberg) zum Endkampf. Narses hatte die modernste Kriegstechnik, darunter schwimmende Flusskatapulte, aufgeboten. Dadurch erlitten die zwischen Berg und Meer eingekeilten Goten eine vernichtende Niederlage. Über Tejas Ende berichtete Prokopios von Caesarea, er habe bis zum letzten Atemzug gekämpft. Als er seinen von Speeren gespickten Schild wechseln wollte, „da war seine Brust nur für einen kurzen Augenblick ohne Deckung und das Schicksal wollte es, dass er von einer Lanze durchbohrt wurde und auf der Stelle tot zu Boden sank". Mit ihm ging nahezu das gesamte Heer zugrunde.

Den überlebenden etwa 1.000 Ostgoten schenkte Narses Freiheit und Leben unter der Bedingung, dass sie Italien für immer verließen. Der kleine General wehrte Jahre später auch eine Invasion der Franken ab und starb 574 hochbetagt in Rom – einer der bedeutendsten Heerführer, die das Römische Reich je besessen hatte.

13. Mohammed – Vom Kaufmann zum Propheten

Der 40-jährige Mohammed ibn Abdallah gehörte zur gesellschaftlichen Spitze der arabischen Stadt Mekka. Doch um 610 n. Chr. wandelte sich die Persönlichkeit dieses Mannes auf dramatische Weise. Aus dem Kaufmann wurde ein Prophet Gottes.

Mohammed wurde wahrscheinlich Ende August 570 in Mekka geboren. Früh verwaist, wuchs er zunächst bei Beduinen in der Wüste heran. Dann nahmen ihn Verwandte in Mekka auf und er arbeitete als Kameltreiber, zog mit Karawanen durch das Gebiet zwischen Syrien und dem Jemen. Im Jahre 595 lernte der völlig mittellose Mohammed die reiche Witwe Chadidja kennen. Schnell wurde er „Geschäftsführer" und Liebhaber der wesentlich älteren Dame. Damit begann sein sozialer Aufstieg.

Chadidja wollte das Verhältnis zu ihrem jungen Galan legitimieren, doch ihr Vater sah in Mohammed nur einen dreisten Erbschleicher und verweigerte seine Zustimmung zur Heirat. Nun folgte „eine Groteske im altarabischen Stil", so Mohammed-Biograf Essad Bey. Chadidjas dem Alkohol zugeneigter Vater wurde in Vollrausch versetzt und ihm dann sein Plazet abgeschwatzt. Als er wieder nüchtern war, schwur er seinem unwillkommenen Schwiegersohn Blutrache, starb aber bald darauf.

Mit Chadidjas Vermögen tätigte Mohammed glänzende Geschäfte und zählte bald zu den Honoratioren von Mekka. Diese Kaufmannsrepublik bildete damals ein erstaunlich tolerantes Gemeinwesen. Es gab zwar ein zentrales Heiligtum, die „Kaaba", ein viereckiges Gebäude, in dem ein angeblich von Abraham eingelassener Stein ruhte. Rings um diese Kaaba standen mehr als 350 Statuen und Symbole von Göttern, Götzen und Heiligen. In Mekka durfte jeder nach seinem Glauben selig werden.

Auch Mohammed betete arabische Götzen an. Doch ab 610/11 traten in seiner Persönlichkeit Veränderungen auf. Sie waren so gravierend, dass man bis heute über die Ursachen rätselt. „Oft sah man ihn mit eingefallenen Wangen und fiebernden Augen ziellos im Land umherirren", heißt es in einem alten Bericht. „Seine Kleider waren zerrissen, seine Haare ungepflegt, tagelang rührte er keine Speise an."

Auf dem Hira-Berg im Osten Mekkas suchten Mohammed Visionen heim. Er behauptete, Steine und Felsen würden ihn mit Geheule bedrohen, bekam hysterische Anfälle und saß oft angstzitternd in Felsenhöhlen. Zu seiner Frau Chadidja sagte er: „Ich weiß nicht, ob mich ein guter

Geist oder ein Dämon verfolgt." In seiner Verzweiflung wollte er Selbstmord begehen. Doch als er dabei war, sich von einem Felsen zu stürzen, sprach ein Wesen namens Allah zu ihm und sagte, er sei auserwählt „als Verkünder der Wahrheit meines Wortes".

Mohammed begann nun in Mekka zu missionieren, zunächst im engsten Familienkreis. Als ersten bekehrte er seinen Neffen Ali, ein Kind von zehn Jahren, dann Ehefrau Chadidja. Es folgte Abu Bekr, ein Geschäftspartner, laut Chroniken „ein Witzbold und gewandter Erzähler von schlüpfrigen Geschichten". Nach zwei Jahren hatte er ganze acht Personen vom Islam überzeugt. Dann trieb es Mohammed in die Öffentlichkeit. Er hielt wütende Predigten, bedrohte Wahrsager und Zauberer im Hof der Kaaba.

Mohammed predigt vor seinen ersten Anhängern

Mohammeds Auftreten schien selbst im toleranten Mekka störend. Man hatte ihm angeboten: „Stell die Statue Deines Gottes in die Kaaba und bete ihn an, soviel Du willst. Wir werden Dich nicht stören." Doch Mohammed lehnte ab. Da es in Mekka keine Gefängnisse gab, empfahl man ihm quasi die Ausreise.

Ab 613 begab sich der neue Prophet für drei Jahre zu Beduinenstämmen. Er erzählte, der Erzengel Gabriel habe ihn aufgefordert: „Verkünde Deinen Glauben in der ganzen Welt!" Die Wüstensöhne zeigten sich freundlich, aber nicht sonderlich beeindruckt. Erst nachdem der Erzengel Mohammed nach und nach einen ganzen Glaubenskanon, den „Koran", diktiert hatte, gewann der Islam Anhänger. In Mekka freilich wurde der Prophet nach jeder Predigt ausgepfiffen und verspottet.

Im Sommer 622 zog Mohammed schließlich in die Stadt Yathrib, wo sein islamischer Glaube Anklang gefunden hatte. Bald nannte man den Ort

„Medinat en-Nebi" (Stadt des Propheten) oder Medina. Hier rief Mohammed zum „Heiligen Kampf" (Dschihad) gegen die Mekkaner auf. Dieser Kampf bestand zunächst aus blutigen Raubüberfällen auf Karawanen. Von dem Beutegut bekam Mohammed regelmäßig ein Fünftel als Privatbesitz. Die Mekkaner mussten diesem Treiben Einhalt gebieten, zogen 624 mit einem nur 900 Mann starken Heer gen Medina und erlitten bei Badr eine Niederlage. Sie waren Mohammeds totaler Kriegführung nicht gewachsen. Der Prophet hatte u. a. befohlen, im Feindesland die nach dem Gesetz der Wüste geheiligten Brunnen zu vergiften oder zu verschütten.

Im März 625 hatten die Mekkaner dazugelernt und besiegten Mohammeds Truppen beim Berg Ohod. In Medina wurde daraufhin eine Terrorherrschaft etabliert. Jeder Mann, der nicht zum Islam konvertieren mochte, wurde hingerichtet, seine Familie in die Sklaverei verkauft. 627 mussten sämtliche Juden Medinas sterben. Mohammed gebärdete sich „wie ein erbarmungsloser Rächer, ein blutdürstiger Despot." Sein Privatleben nahm skandalöse Züge an. Nach Chadidjas Tod im Jahre 619 heiratete er insgesamt 14 Frauen, die „Mütter der Rechtgläubigen" genannt wurden. In der Öffentlichkeit mussten sie einen Schleier tragen, was später zur allgemeinen islamischen Sitte wurde.

Für Aufsehen sorgte 621 die Hochzeit des über 50-jährigen Mohammed mit der erst neun Jahre alten Aischa, die als Mitgift ihr Spielzeug in die Ehe einbrachte. Eigentlich hatte er Aischa schon als Sechsjährige heiraten wollen, was der Vater unter Hinweis auf ihre „Zeit der Reife" gerade noch verhindern konnte. Trotz seines exzessiven Frauenkonsums bekam Mohammed nie einen Sohn. Seine ungeklärte Nachfolge sollte schließlich in eine Spaltung des Islam zwischen Sunniten und Schiiten münden.

Durch seine suggestive Beredsamkeit und vor allem das Versprechen auf ein Paradies nach dem Tode für alle rechtgläubigen Männer gewann Mohammed immer mehr Anhänger. 630 kapitulierte Mekka nahezu kampflos vor seinen Truppen. Der Prophet erwies sich als großmütiger Sieger, er schonte Leben und Eigentum des Feindes. Nur in Religionsfragen blieb er intolerant. Die 350 Götterbilder wurden zerstört, wer nicht zum Islam übertrat, musste mit der Todesstrafe rechnen.

Als Mohammed sein Ende nahen fühlte, zog er aus dem ihm verhassten Mekka wieder nach Medina. Hier starb er am 8. Juni 632. Einer seiner letzten Befehle lautete: „Vertreibt alle Ungläubigen aus Arabien!"

14. Eine Wunderwaffe rettet Europa vor dem Islam

Nach dem Tod des Propheten Mohammed im Jahre 632 breitete sich der aggressive Islam von Arabien mit atemberaubender Schnelligkeit aus (siehe Geschichte Nr. 13). Schon 635 wurde Syrien erobert, 637 folgte der heutige Irak. Mohammeds Nachfolger, die Kalifen, sandten ihre Heere 637 nach Persien, 640 nach Palästina, 641 nach Ägypten. Ein Jahr später fiel ihnen Alexandria in die Hände, wo sie die weltberühmte Bibliothek verbrennen ließen. Ganz Nordafrika wurde besetzt.

Eine Unterbrechung erfuhr diese Expansion durch einen mehrjährigen Religionskrieg, als dessen Resultat sich die islamische Bewegung in Sunniten und Schiiten spaltete. Kalif und Oberhaupt der Sunniten wurde 661 Moawija ibn Sufyan, ehedem Statthalter von Syrien. Unter diesem sehr kriegserfahrenen Mann, der in Damaskus residierte, errang man auch die Seeherrschaft auf dem Mittelmeer. Islamische Flotten eroberten binnen weniger Jahre Kreta, Rhodos und zahlreiche Ägäis-Inseln.

Nur das Oströmische oder Byzantinische Reich mit seiner Hauptstadt Konstantinopel trotzte dem orientalischen Sturm und erhob sich als letztes Bollwerk Europas vor der Islamisierung. Im Jahre 655 stieß der oströmische Kaiser Konstans II. beim Berg Phoinikos vor der kleinasiatischen Küste auf eine arabische Flotte. In der „Seeschlacht der 700 Masten" erlitt er eine schwere Niederlage und konnte nur mit letzter Not sein Leben retten. Moawijas Geschwader agierten danach immer dreister. 670 drangen seine Schiffe durch die Dardanellen ins Marmarameer ein und besetzten die Konstantinopel gegenüberliegende Küste.

Die schwerste Zeit für Ostroms Metropole begann 674. Der Kalifensohn Jazid begann mit einer systematischen Belagerung von See aus. Seine Schiffe konnten trotz ihrer riesigen Katapulte gegen die festen Stadtmauern zwar nicht viel ausrichten, wohl aber sämtliche Zufuhren über See abschneiden, so dass bald Hungersnöte grassierten. Dies wiederholte sich fünf Jahre lang. Dann brachte eine Wunderwaffe die entscheidende Wende im Krieg.

In Byzanz regierte seit 668 Kaiser Konstantin IV., genannt *pogonatos* (der Langbärtige). Unter seiner Führung verteidigte sich die Hauptstadt mit Tapferkeit und Geschick. Wohl im Jahre 677 empfing Konstantin einen Ingenieur aus der syrischen Stadt Heliopolis (heute Baalbek), der den bezeichnenden Namen Kallinikos trug, was „schöner Erfolg" bedeutet. Er präsentierte dem Herrscher eine Erfindung, welche die Seekriegführung revolutionieren sollte – das „Griechische Feuer". Es handelte sich um eine zähflüssige brennbare Substanz, deren Flammen sogar auf dem Wasser weiterbrannten und die höchstens mit Sand zu löschen war. Sie konnte durch *siphone* wie mit einem Flammenwerfer auf feindliche Schiffe geschleudert werden und diese unrettbar in Brand setzen.

Die Rezeptur für „Griechisches Feuer" wurde streng geheim gehalten und ist bis heute nicht gänzlich geklärt. Sehr wahrscheinlich war es ein Gemisch aus Schwefel, Pech, Salpeter und Erdöl. Letzteres gewann man seit der Antike an der Erdoberfläche im Kaukasus und in Mesopotamien. Ein griechischer Historiker aus dem 10. Jahrhundert erwähnt als Bestandteile noch *Sarcocolla* (eine persische Gummiart) und Harz. All dies wurde vorsichtig zusammengekocht und dann als Waffe eingesetzt.

Die Byzantiner sprühten „Griechisches Feuer" von Schiffen aus durch Kanalrohre auf die arabische Flotte. Es wurde auch in lange, schmale Patronen gegossen und gegen feindliche Objekte geschleudert. Die Wirkung fiel verheerend aus. Dutzende Schiffe von Jazids Flotte fielen mit ihren hölzernen Rümpfen dem Feuer zum Opfer. Jeder, der versuchte sich durch einen Sprung über Bord zu retten, kam im brennenden Wasser ums Leben.

Das „griechische Feuer" hatte verheerende Auswirkungen auf den Feind

Die Moslems waren solch heftigen Widerstand nicht gewohnt und vor allem nicht bereit, ihre Niederlage einzugestehen. Nach Einbruch des Winters zogen sie sich zurück, beorderten Verstärkungen aus Syrien und machten ihre Schiffe während der kommenden Monate wieder seetüchtig.

Ende August 678 begann eine erneute Belagerung. Jazid hatte diesmal 1.800 Schiffe zusammengezogen, davon 900 schwere Kampfeinheiten.

Wieder schossen sich deren Bordgeschütze auf Konstantinopels Stadtmauern ein. Was dann geschah, schildert ein Augenzeuge: „Der gottesfürchtige Kaiser ließ sogleich seine Feuerschiffe von der Akropolis her gegen sie ausfahren und steckte sie unter Gottes Beistand in Brand. Ein Teil der Schiffe wurde brennend zur Seemauer abgetrieben, der andere samt der Bemannung in die Tiefe des Meeres versenkt. Daher fassten die Stadtbewohner Mut, die Feinde aber wurden angesichts der grässlichen Wirkung des flüssigen Feuers von gewaltigem Schrecken ergriffen."

Nachdem nahezu die gesamte Flotte in den Flammen untergegangen war, verzichtete der Kalif auf weitere Kriegszüge gegen das Byzantinische Reich. Die Erfindung des Kallinikos und der Mut des Kaisers Konstantin IV. bewahrten die abendländische Kultur vor einer Unterwerfung durch den Islam. Die Stadt Konstantinopel behauptete sich noch mehr als 750 Jahre gegen alle Eroberungsversuche durch die Orientalen.

15. Fromme Fälscher schreiben Weltgeschichte

Nikolaus I. gehörte zu den bedeutendsten Päpsten des Mittelalters. Wie ein Prophet trat der im April 858 gewählte Pontifex für die gottgegebenen Rechte des Papsttums ein und forderte für sich die oberste Lehr- und Leitungsgewalt, der alle Menschen unterworfen sein sollten. Als Rechtsgrundlage berief er sich ab 865 auf eine Sammlung von Dekretalen (Entscheidungen), die der hochgelehrte Bischof Isidor von Sevilla erstellt hatte. Weder Nikolaus noch seine Nachfolger auf dem Stuhl Petri wussten, dass sie einer der dreistesten und geschicktesten Fälschungen der Weltgeschichte aufsaßen.

Zu einer Zeit, als auch in den höchsten Gesellschaftskreisen kaum jemand geläufig lesen oder schreiben konnte, besaßen schriftlich fixierte Dokumente einen geradezu mythischen Charakter. Deshalb kam es einer Sensation gleich, als um das Jahr 850 in der französischen Kirchenprovinz Reims eine mehrere hundert Blätter umfassende Sammlung von alten Urkunden auftauchte. Dieses Konvolut, so hieß es im Vorwort, habe niemand anderer als Isidor von Sevilla zusammengestellt. Dieser 636 gestorbene Bischof zählt zu den unangefochtenen Autoritäten des Kirchenrechts. Er hatte in jenem „dunklen Zeitalter" zwischen Spätantike und Mittelalter zahlreiche Schriften griechischer und römischer Autoren vor dem Verfall bewahrt und sich durch wissenschaftliche Veröffentlichungen einen großen Namen gemacht.

Die Isidor zugeschriebene Sammlung umfasste vier Komplexe, darunter mehr als 100 Briefe antiker Päpste, von denen höchstens ein Zehntel authentisch war. Die Fälscher gingen dabei sehr umsichtig vor und mischten zweifellos echte Urkunden mit gefälschten oder manipulierten. Da bedeutende Texte damals fast ausschließlich auf dauerhaftem Pergament geschrieben wurden, konnten sie so genannte Palimpseste anfertigen – alte Pergamentblätter, von denen die Schrift abgeschabt oder wegradiert wurde, damit man Neues darauf schreiben konnte.

Dieses Neue bestand nun darin, dass die Autoren auf teilweise sehr sublime Weise den Anschein erweckten, der Papst habe schon im 4. Jahrhundert als Bischof von Rom über allen kirchlichen und weltlichen Autoritäten gestanden. Vieles davon war nur für Theologen von nachhaltigem Interesse, nicht aber das Kernstück der Dekretalen, die „Konstantinische Schenkung" (*Constitutum Constantini*).

Isidor von Sevilla – sein guter Name wurde missbraucht

Angeblich sei der fromme römische Kaiser Konstantin (siehe Geschichte Nr. 11) im Jahre 314 oder 315 an Lepra erkrankt. Als kein Arzt ihn kurieren konnte, bat er Silvester, den Bischof von Rom, um Hilfe. „Dieser heilte ihn durch ein Taufbad." Aus Dankbarkeit habe Konstantin Silvester zum Papst ernannt, ihm den Vorrang über alle anderen Kirchen (die Patriarchate von Jerusalem, Antiochia, Konstantinopel und Alexandria) erteilt und ihm kaiserliche Insignien wie den Purpurmantel und die Tiara verliehen. Damit nicht genug, überließ der Kaiser dem Papst die Herrschaft über ganz Italien und schenkte ihm den Lateranpalast als Residenz.

Programmatisch hieß es: „Denn dort, wo ein herrliches Reich errichtet und die Hauptstadt der Christenheit gegründet worden ist, schickt es sich nicht, dass der irdische Kaiser seine Macht ausübe."

Diese Vorgänge waren von A bis Z erfunden. Konstantin und Silvester standen auf denkbar schlechtem Fuß miteinander und sind sich niemals begegnet. Völlig unvorstellbar ist, dass der berechnende Realpolitiker Konstantin große Teile seines Reiches einfach verschenkt haben sollte.

Gleichwohl dienten Isidors Dekretalen dem Papsttum während der folgenden 800 Jahre als wichtigste Rechtsgrundlage für ihren weltlichen Anspruch und Besitz. Man könnte annehmen, dass der machtbesessene Papst Nikolaus I. diese Fälschung in Auftrag gegeben hat, zogen er und seine Nachfolger schließlich erheblichen Nutzen daraus. Doch dem ist nicht so. Soweit es sich nach mehr als 1.000 Jahren noch rekonstruieren lässt, stammten die Fälscher aus den Reihen des ostfranzösischen Klerus'. Ihr Spiritus rector könnte der Bischof Rothad von Soissons oder sogar Erzbischof Ebo von Reims gewesen sein.

Die Intention der Falsifikate bestand nicht vorrangig in einer Stärkung der päpstlichen Autorität, dies war quasi ein Nebenprodukt. Den Verfassern der „pseudo-isidorischen Dekretalen" (so wurden sie nach dem Aufdecken der Fälschung Anfang des 17. Jahrhunderts genannt) ging es vor allem um die Unabhängigkeit der Bischöfe. Immer wieder ist in den Dokumenten die Rede von der Unantastbarkeit aller Bischöfe gegenüber staatlicher Gewalt und Gerichtsbarkeit. „Nie darf man diese Männer Christi bedrängen", hieß es. Das bezog sich durchaus auch auf die lästige Kirchenaufsicht der Metropoliten über die Bischöfe. Statt ihrer sollte allein der Papst die Kontrolle ausüben, denn der saß weit entfernt in Rom und konnte keinesfalls jedem Bischof in Europa auf die Finger sehen.

Zu diesem Zweck musste man aber die gottgegebene Autorität des Papstes mittels einer geschickten Mischung von Fiktion und Realität untermauern. Dass die Fälscher sich dabei des untadeligen Namens von Bischof Isidor bedienten, unterstreicht ihre Skrupellosigkeit.

Die pseudo-isidorischen Dekretalen sorgten nicht zuletzt dafür, dass die Päpste bis ins 19. Jahrhundert in Gestalt des „Kirchenstaates" ganz Mittelitalien ihr Eigentum nannten. Dabei half ihnen die Arglosigkeit von Theologen, die dieses Elaborat mehrere Jahrhunderte für authentisch hielten. Erste Bedenken kamen schließlich 1433 dem deutschen Kleriker und Philosophen Nikolaus von Kues. In seiner Schrift *De Concordantia*

Catholica wies er auf mehrere Widersprüche und Anachronismen hin. So wird etwa in einer Urkunde, die angeblich aus dem Jahre 315 stammt, Konstantinopel unter diesem Namen erwähnt, obwohl die Stadt zu jener Zeit noch Byzanz hieß...

16. Als Germanen Russland beherrschten

Ungefähr im Jahre 1100 schrieb der geheimnisvolle Mönch Nestor im Höhlenkloster zu Kiew seine „Erzählungen von den vergangenen Jahren". Diese Nestor-Chronik ist unsere wichtigste Quelle für die Entstehung des Kiewer Reiches, der Rus. Im 20. Jahrhundert zeitigte die Chronik ungeahnte Folgen. Ihretwegen verloren sowjetische Professoren den Lehrstuhl und wurden ins Konzentrationslager verschleppt.

Der Norden Russlands war im 9. nachchristlichen Jahrhundert von slawischen, finnischen und estnischen Stämmen besiedelt. Um 820 kamen von Südschweden her germanische Krieger und Händler, die sich *Vaeringjar* (Gefolgsleute) oder Waräger nannten. Sie bildeten einen Teil der normannischen Expansion, die sich bis in den Mittelmeerraum erstreckte. Von Schweden aus wählten sie den Ostweg (*austrvegr*) nach Russland und bauten hier einen florierenden Handel auf. Von den Einheimischen erhoben sie Naturalzinsen – „ein Eichhörnchenfell von jeglicher Herdstätte", wie Nestor berichtet. Ihr geschlossenes Auftreten imponierte den notorisch zerstrittenen Stämmen Nordrusslands.

Im Jahre 862 kam laut Nestor eine Delegation von Slawen und Finnen zu dem Warägerhäuptling Hrørikr, den sie „Rurik" oder „Rjurik" nannten. „Unser Land ist groß und reich, aber es ist keine Ordnung darinnen. Kommt, über uns als Fürsten zu walten und zu herrschen", sagten sie laut Nestor. „Und es wurden drei Brüder samt ihren Sippen ausgesucht und sie nahmen mit sich alle Rus und kamen hierher. Der älteste Rurik ließ sich in Nowgorod nieder."

Die Herkunft des Namens „Rus", den Nestor für die Waräger verwendet, ist bis heute nicht exakt geklärt. Zwei Deutungen sind am wahrscheinlichsten: Rus könnte vom slawischen Wort für Ruderer stammen, denn die Germanen benutzten das russische Flusssystem, namentlich Wolga und Dnjepr, das sie mit Ruderbooten bis zum Schwarzen Meer durchquerten. Andere Wissenschaftler meinen, Rus sei die slawische Umsetzung des finnischen Namens *ruotsi* für ihre schwedischen Nachbarn.

Wie dem auch sei, Rurik und dessen Brüder Truwor und Sineus zogen in das Gebiet um den Ladoga-See und bauten hier ihre Herrschaft aus. Zwei Kilometer südlich von Nowgorod am rechten Wolchow-Ufer ließ Rurik um 865 den Stützpunkt Holmgard (Stadt auf dem Hügel) errichten, die Russen nannten ihn *Rjurikowo gorodischtsche* (Ruriks befestigtes Städtchen). Schon 868 zogen die Warägerfürsten Askold und Dir auf dem Wasserweg zur slawischen Stadt Kiew (Kiänugard). Nach Ruriks Tod 879 ernannte sich dessen Nachfolger Helgi dort zum Großfürsten und gründete die Kiewer Rus.

Rurik auf einem russischen Siegesdenkmal

Dieses frühmittelalterliche Großreich, das vom Baltikum bis zur Halbinsel Krim reichte, wurde zwar von einer germanischen Adels-, Händler- und Kriegerschicht regiert, die dominierende Kultur und Sprache bildete jedoch das Slawische. Bereits nach wenigen Generationen erfuhren die Waräger eine vollständige Assimilierung im „Rus-Land". Ruriks Nachfolger Helgi nahm schließlich den slawischen Namen Oleg an und dessen Enkel hieß bereits Swjatoslaw.

Die vornehmsten russischen Fürstengeschlechter (Obolenski, Dolgoruki, Gortschakow, Wolkonski, Lwow, Gagarin, Schuiskij und Tatischtschew) führten ihre Ahnenreihe auf den Stammvater Rurik zurück und waren sehr stolz darauf.

Auch das änderte sich während Stalins Terrorherrschaft seit den 30er Jahren des 20. Jahrhunderts. Der Diktator ersetzte die bisher geltende Ideologie eines „proletarischen Internationalismus" durch großrussischen Chauvinismus. Demnach war es unerträglich, die Gründung des russischen Reiches in Gestalt der Kiewer Rus als eine von außen betriebene Entwicklung – noch dazu von Germanen – zu akzeptieren. Stattdessen wurde nun die Bildung der Rus als eigenständige slawische Leistung herausgestrichen. Stalin persönlich ordnete an, die Nestor-Chronik als Fälschung abzuwerten. Rurik und seine Nachfolger seien lediglich Sagengestalten, erdichtet von einer prodeutschen Historiografie.

In den sowjetischen Geschichtsbüchern war fortan zu lesen, die Waräger „übten keinen nennenswerten Einfluss auf die Gesellschaftsordnung und die Kultur der Rus aus." Und: „Die Zahl der Waräger in der Rus war unbedeutend und das Niveau ihrer sozialökonomischen Entwicklung niedriger als das der Slawen." Sowjetische Geschichtswissenschaftler, die aufgrund archäologischer Befunde die Stichhaltigkeit der Nestor-Chronik nachgewiesen hatten, verloren ihren Lehrstuhl und erhielten Publikationsverbot. Einige von ihnen wurden sogar in die Konzentrationslager des Gulags eingeliefert.

Das ist auch deshalb bedauerlich, weil gerade die germanisch-slawische Assimilation in der Rus mit weitgehend friedlichen Mitteln erfolgte. Die Waräger erwarben sich nicht den schrecklichen Ruf ihrer stammverwandten Normannen im Westen. Ein Jahr bevor Rurik nach Russland gerufen wurde, plünderten die Normannen Paris und verbreiteten Panik im gesamten Frankenreich. Den eigentlichen Feind der Zukunft hatten die warägisch-slawischen Heere hingegen schon 864 erkannt, als sie islamische Städte am Kaspischen Meer angriffen.

17. Der erste Europäer in Amerika

Zur Jahrtausendwende bot sich den isländischen Wikingern von ihren Schiffen aus ein trostloses Bild. „Es war alles wie ein flacher Stein, vom Strand bis zu den Gletschern, und das Land schien ihnen jeden Reizes bar zu sein." Leif Eriksson, Anführer der kühnen Schar, taufte diese Gegend *Helluland* (Flachsteinland). Hier auf der kanadischen Baffin-Insel hatte er als erster Europäer amerikanisches Territorium betreten. Das ganze besaß eine abenteuerliche Vorgeschichte.

Im Jahre 982 wurde der Wikinger Erik Thorvaldsson aus Island verbannt, weil er einen Mord begangen hatte. Er entschied sich, ein Land im Westen zu suchen, das Jahre zuvor von dem Seefahrer Gunnbjörn Ulfsson aus der Ferne gesichtet worden war. Erik gehörte zu den tatkräftigen Naturen, seinen Beinamen „der Rote" erhielt er wegen seines auffallend roten Haares, aber auch, weil Blut an seinen Händen klebte. Er verbrachte die drei Jahre seiner Verbannung damit, die sagenhaften *Gunnbjarnarsker* (Gunnbjörns Inseln) zu untersuchen und dort Siedlungsmöglichkeiten zu erkunden.

Zurück in der Heimat, warb Erik Kolonisten an. Das von ihm entdeckte Gebiet bezeichnete er verlockend als Grönland (grünes Land). Ob es damals tatsächlich eine nennenswerte Vegetation auf dieser eher unwirtlichen Insel gab oder es sich um eine werbewirksame Erfindung ihres Entdeckers handelte, sei dahingestellt. 985 segelte Erik der Rote mit 25 Schiffen und mehreren hundert Siedlern nach Grönland. Sein zehnjähriger Sohn Leif begleitete ihn. Nur 14 Schiffe überstanden diese Reise und die Isländer gründeten zwei Siedlungen, Brattahild und Eystribygo, wo Erik einen großen Bauernhof errichtete.

Leif Eriksson hatte das Temperament seines Vaters geerbt. Er wollte unbedingt herausfinden, ob es westlich von Grönland weiteres Land zu entdecken gab. Um das Jahr 1000 startete er mit 35 abenteuerlustigen Wikingern die Fahrt über den Atlantik. Nach vielen strapazenreichen Wochen erreichten sie die öde Baffin-Insel. Ihre nächste Entdeckung präsentierte sich schon erfreulicher. Leif Eriksson bezeichnete das Gebiet als *Markland* (Waldland), es handelte sich mit großer Wahrscheinlichkeit um die Ungava-Halbinsel auf Labrador.

Leif Eriksson macht eine epochale Entdeckung

Weiter südlich fanden die Männer dann ein sehr angenehmes Terrain. Sie beschlossen, dort zu überwintern. In einem Bericht, der „Erzählung von den Grönländern", heißt es: „Das Land war so gut, dass sie kein Stallfutter für das Vieh im Winter nötig zu haben glaubten. Dort gab es keinen Frost im Winter, und wenig welkte dort das Gras. Tag und Nacht waren nicht so verschieden in der Länge wie in Grönland oder Island und die Wälder waren reich an Wild."

Auch diesem Territorium, heute das kanadische Neufundland, gab Leif einen Namen, der lange für Verwirrung sorgte: *Vinland*. Das altnordische Wort *Vin* bedeutet Wein, also vermutete man die Entdeckung viel weiter im Süden Amerikas, in einer Gegend, wo Weinstöcke gedeihen. Erst 1963 kam die Wahrheit ans Licht. Im Nordwesten von Neufundland fanden Archäologen bei L'Anse-aux-Meadows Überreste einer Siedlung. Ihre Gebäude ähnelten auffallend dem skandinavischen Haustyp des 10. Jahrhunderts und insgesamt 2.400 Gebrauchsgegenstände der Nordländer ließen keine Zweifel daran, dass hier einst Wikinger gelebt hatten. Leif Erikssons *Vin* könnte demnach auch „Weide" bedeuten und *Vinland* demzufolge Weideland.

Bei seiner Rückreise nach Grönland stieß Leif auf ein havariertes Handelsschiff, dessen Mannschaft er retten konnte. Zum Dank bekam er die gesamte reiche Fracht und wurde nun „Leif der Glückliche" genannt. Sein Glück hatte ihm schon in Neufundland gelacht, weil er nicht in Kontakt mit den kriegerischen indianischen Ureinwohnern geraten war. Anders erging es seinem jüngeren Bruder Thorvald, der nun auch das Glück versuchen wollte. Nachdem Erik der Rote 1003 gestorben war, rüstete Thorvald eine Expedition aus und landete in Nordamerika an der Mündung des Sankt-Lorenz-Stromes.

Bald danach gerieten die Wikinger in blutige Gefechte mit den Einheimischen, welche sie *Skrälinger* (hässliche Menschen) nannten. Waffentechnisch waren die Europäer mit ihren eisernen Schwertern und Äxten den Indianern überlegen, aber nicht zahlenmäßig. Thorvald starb schließlich an einer Pfeilverletzung und die etwa 150 Menschen (davon 19 Frauen) umfassende Kolonie musste aufgegeben werden.

Der Seefahrer Leif Eriksson blieb bis zu seinem Tod um 1020 in Grönland. Die dortigen Siedlungen blühten und wuchsen durch weiteren Zuzug aus Island auf mehr als 3.000 Einwohner an. Leifs Ruhm als Entdecker Amerikas wurde jahrhundertelang Christoph Kolumbus zugeschrieben. Dabei ist seine Ankunft in Nordamerika sogar gut dokumentiert. Der deutsche Geschichtsschreiber Adam von Bremen berichtet um 1075 in seiner *Descriptio insularum Aquilonis* (Beschreibung der Inseln des Nordens) sehr zuverlässig über die skandinavischen Siedlungsaktionen, darunter die des Leif Eriksson.

Erst die Ausgrabungen von 1963 bewiesen endgültig, dass ein Nordmann lange vor Kolumbus seinen Fuß auf den amerikanischen Kontinent setzte.

18. Der Königsraub zu Kaiserswerth

Als Kaiser Heinrich III. am 5. Oktober 1056 gestorben war, hinterließ er als Erben einen erst sechs Jahre alten gleichnamigen Knaben. Es war jener Heinrich IV., der durch seinen Gang nach Canossa später berühmt wurde. Die Regentschaft für das unmündige Kind führte seine Mutter, die Französin Agnes de Poitou. Gegen diese ebenso fromme wie schwächliche Frau bildete sich allmählich eine Verschwörung deutscher Fürsten heraus, die in einem perfiden Kinderraub gipfeln sollte.

Nach dem straffen Regiment von Heinrich III. ließ Agnes die Zügel schleifen. Nicht zur Politik berufen, ernannte sie den Bischof Heinrich von Augsburg zum Mitregenten. Beide kamen sich auch im persönlichen Bereich äußerst nahe. Der zeitgenössische Chronist Lampert von Hersfeld berichtete, Kaiserin und Bischof konnten „dem Verdacht unzüchtiger Liebe nicht entgehen, denn allgemein ging das Gerücht, ein so vertrauliches Verhältnis sei nicht ohne unsittlichen Verkehr erwachsen".

Einziger Trumpf in Agnes' Händen war die Person des jungen Königs Heinrich IV. Wer ihn beeinflusste, der beherrschte letztlich das Deutsche Reich. Unter einigen weltlichen und geistlichen Fürsten keimte der Gedanke, man müsse sich der Person des Königs versichern, wenn nötig mit List oder Gewalt. An der Spitze dieser Verschwörung stand Anno von Steußlingen, seit 1056 Erzbischof von Köln und somit mächtigster deutscher Kirchenfürst. Er war ein Mann von geringer Herkunft, der aber an wissenschaftlicher Bildung, an Erfahrung in Kirchen- und Staatsgeschäften über seine Zeitgenossen hervorragte.

In mönchischer Einfachheit lebend, hegte Anno Stolz, Herrschsucht und Verschlagenheit. Seine wichtigsten Verbündeten waren Markgraf Ekbert von Meißen und der Bayernherzog Otto von Northeim. Sie beschlossen, Heinrich zu entführen; dabei nutzten sie sowohl dessen kindliche Arglosigkeit wie auch die Tatsache, dass er „aufgebläht von königlichem Hochmut kaum mehr auf die mütterlichen Ermahnungen hörte".

Zum Pfingstfest Anfang April 1062 hielt sich Heinrich mit seiner Mutter in der Pfalz Kaiserswerth (heute ein Stadtteil von Düsseldorf) auf. Anno und seine Mitverschwörer hatten zuvor ein herrlich ausgeschmücktes Schiff herstellen lassen „mit Tapeten und Vorhängen, Gold und Silber, Gemälden und Schnitzwerk und mit allem, was die Neugier reizen konnte". Mit diesem Schiff fuhren sie rheinabwärts bis zur Insel St. Switbert, die gegenüber von Kaiserswerth lag. Agnes richtete ein Festmahl für die hohen Gäste aus und danach lud Anno den elfjährigen König zu einer Lustfahrt in seinem schönen Schiff auf dem Rhein. Heinrich kam diesem Angebot natürlich nur zu gern nach.

Was dann geschah, schildert wiederum Lampert von Hersfeld: „Kaum hatte er das Schiff betreten, umringten ihn Leute, welche der Bischof als Genossen und Diener seiner Partei gewonnen hatte. Die Ruderer stürzten sich an die Riemen und trieben das Schiff mit kräftigen Schlägen unglaublich schnell mitten in den Strom. Der König, entsetzt und bestürzt über diese unerwarteten Vorgänge, dachte nichts anderes, als dass man ihn ermorden wolle."

Heinrichs Flucht vor den heimtückischen Entführern

Von Mut und Panik gleichermaßen erfüllt, sprang Heinrich über Bord. Höchstwahrscheinlich konnte er schwimmen, denn das gehörte damals zur Ausbildung künftiger Ritter. Ob er freilich in den zu jener Zeit von zahlreichen Strudeln durchzogenen Rheinfluten überlebt hätte, ist fraglich. Bevor die Strömung den Jungen davontragen konnte, sprang Markgraf Ekbert ins Wasser und zog ihn zurück auf das Schiff. Damit rettete er ein Leben und gleichzeitig das wichtigste Faustpfand der Verschwörer.

Anschließend führte Anno den König in seine Residenz Köln und erpresste von dessen Mutter Agnes die Herausgabe der Reichsinsignien (Krone, Zepter, Reichsapfel und -schwert sowie die Heilige Lanze). Damit war der Staatsstreich des Erzbischofs vollendet und sein Ziel erreicht, „die Verwaltung des Reiches in die Hand zu bekommen". Kaiserin Agnes wollte in ihrer Verzweiflung als Nonne in ein italienisches Kloster eintreten, konnte jedoch im letzten Augenblick von ihren Beratern umgestimmt werden. Denn allein ihre persönliche Anwesenheit in Deutschland nahm der Herrschaft Annos von Köln die letzte Legitimation.

Seit dem Sommer 1062 lenkte Anno die Geschicke des Reiches. Seine Versuche, Heinrich IV. für sich zu gewinnen, schlugen allesamt fehl. Der König vergaß ihm seine heimtückische Entführung nie. Wie häufig in der Geschichte findet ein Ehrgeizling seinen Meister in einer Person, die ihn darin noch übertrifft. Bald nach dem Kinderraub zu Kaiserswerth setzte sich der Bremer Erzbischof Adalbert in Szene. Ursprünglich ein Gehilfe Annos und womöglich in dessen Verschwörung eingeweiht, gewann er rasch Heinrichs Zuneigung.

Annos angemaßte Herrschaft endete nach kaum drei Jahren. Am 29. März 1065 fand auf Adalberts Betreiben in Worms die „Schwertleite" Heinrichs IV. statt; der 14-jährige wurde dadurch für mündig erklärt. Seine erste Amtshandlung bestand in der Verbannung des verhassten Anno vom königlichen Hof.

Nach all diesen Aufregungen durfte sich Kaiserin Agnes nach Italien zurückziehen, wo man sie mehrfach in der Nähe des Papstes erblickte. Adalbert von Bremen wurde bereits im Januar 1066 als königlicher Berater entlassen.

19. Die Assassinen – Vorläufer aller Terrorgruppen

In Tripolis an der Libanonküste fand 1151 eine Konferenz der drei christlichen Kreuzfahrerstaaten des Nahen Ostens statt. Raimund II. de Toulouse, Graf von Tripolis, empfing als Gastgeber den König Balduin von Jerusalem und Fürstin Konstanze von Antiochia. Nach Ende der Verhandlungen begleitete der höfliche Raimund die abreisende Fürstin mit mehreren Rittern eine kurze Wegstrecke. Als er wieder nach Tripolis zurückkam und „nichts Böses ahnend durch das Stadttor einritt, wurde er am Eingang des Tores von den Dolchen der Assassinen niedergestreckt und fand ein klägliches Ende". Wieder hatte diese geheimnisumwitterte Mördertruppe zugeschlagen.

Im islamischen Nahen Osten traten Ende des 11. Jahrhunderts zwei Phänomene gleichzeitig auf: die Invasion durch europäische Kreuzfahrer und eine Offensive der schiitischen Glaubensrichtung gegen die orthodoxen Kalifen in Bagdad und Kairo. Kleine religiöse Gruppen wollten seit 200 Jahren die islamische Grundordnung, wie sie der Prophet Mohammed hinterlassen habe, wiederherstellen. Diese Ordnung war nach ihrer Überzeugung von Tyrannen usurpiert worden, vor allem von den Sultanen der Seldschuken und den Kalifen, geistlichen Oberhäuptern der sunnitischen Moslems.

Der aus dem iranischen Wallfahrtsort Qom stammende Missionar Hasan al-Sabbah vereinigte die zerstreuten Sektenmitglieder und eroberte im September 1090 die Burg Alamût. Sie lag auf einem 1.800 Meter hohen Berg im iranischen Elburs-Gebirge. Unter dem Pseudonym „der Alte vom Berge" lenkte al-Sabbah von Alamût aus den Kampf gegen seine religiösen Gegner. Bevorzugtes Mittel dafür waren Meuchelmorde an hervorragenden Repräsentanten der sunnitischen Moslems. Ihre Vollstrecker wurden „Assassinen" genannt.

Das erste Opfer, das durch den Dolch eines Assassinen fiel, war am 16. Oktober 1092 Nizam al-Mulk, der Wesir des Sultans von Aleppo. In den folgenden Jahren setzen al-Sabbah und seine Nachfolger eine Strategie des kalkulierten Terrors durch. 1103 wurde der Mufti von Isfahan mitten in der Moschee dieser Stadt ermordet; der Kadi (oberster Richter) Isfahans starb 1108 bei einem Anschlag der Assassinen. 1121 schlugen sie erstmals in Kairo zu. Drei aus Syrien eingeschleuste Männer erdolchten den höchsten Militär Ägyptens al-Afdal.

Nach dem Tod des ersten „Alten vom Berge" 1124 dehnten sich die Assassinen bis nach Syrien aus, wo sie mehrere Burgen im Küstengebirge an sich rissen, die mächtigste davon war Masyâf am Rand der Orontes-Senke. Die syrischen Assassinen verbreiteten überall Furcht und Schrecken. 1126 wurde der Gouverneur von Mossul am Tigris ermordet; ein Jahr später traf es den Wesir Mu'in ad-Din. Selbst die höchsten Würdenträger konnten sich vor dem Terror nicht wirksam schützen. 1131 erlag der Emir von Damaskus einem Mordanschlag, 1139 traf es erstmals einen Bagdader Kalifen, Raschid al-Mustarschid, und schließlich den Seldschukensultan Dawud, der in Täbriz 1143 von vier Attentätern mit Dolchen durchbohrt wurde.

Der Assassinen-Fanatismus richtete sich erst in zweiter Linie gegen die christlichen Kreuzfahrer. Freilich durfte sich auch unter diesen niemand sicher wähnen, wie der eingangs beschriebene Vorfall beweist. 1192 ermordeten Assassinen sogar den König von Jerusalem, Konrad de Montferrat.

Masyaf, eine typische Burg der Assassinen im Nahen Osten

Das Agieren dieser frühen Terroristen und vor allem ihre Beweggründe blieben rätselhaft. Ebenso die Bezeichnung „Assassinen". Lange nahm man an, er stamme von dem arabischen Wort *al-haschischiyya* (Haschisch-Esser). Demnach sollen sie ihre Morde im Drogenrausch begangen haben. Das ist höchst unwahrscheinlich, wenn man die Präzision von Planung und Durchführung ihrer Attentate bedenkt.

Ein zeitgenössischer Beobachter, der im Orient weilende Domherr Gerhard von Straßburg, berichtet, der „Alte vom Berge" betöre junge Leute durch einen Rauschtrunk, um sie sich gefügig zu machen und sie für die von ihm geplanten Mordaktionen zu benutzen. „Am seligsten aber, so versichert er, seien diejenigen, die Menschenblut vergössen und zur Strafe dafür umkämen". Weiter heißt es, in den Palästen der Assassinen „lässt er zahlreiche Söhne seiner Bauern von der Wiege an großziehen und sie verschiedene Sprachen lernen... Ihnen wird von ihren Lehrern von frühester Jugend bis zur Erreichung des Mannesalters gepredigt, sie müssten dem Herrn dieses Landes in allen seinen Worten und Vorschriften gehorsam sein; wenn sie das täten, dann würde er ihnen die Wonnen des Paradieses geben". Auf der Burg Alamût feierte man jeden gelungenen Mord mit einem Freudenfest; Namen der Opfer und Täter wurden auf einer Ehrenliste verewigt.

Offenbar griff man häufig zum Mittel der geistigen Manipulation. Ohne jede familiäre Bindung durchliefen die künftigen Assassinen eine harte Ausbildung, wozu nicht nur Nahkampftechniken gehörten, sondern auch die mannigfaltigsten Verkleidungen. Als Waffen benutzten sie nur solche, die unauffällig zu tragen waren, wie Dolche, Messer, Nadeln, sogar gelegentlich Blasrohrpfeile. Manchmal wurden die Stichwaffen zusätzlich mit Gift präpariert.

Stets mussten die Assassinen damit rechnen, nach ihren Terroranschlägen entdeckt und getötet zu werden. Die Mörder des Emirs von Damaskus wurden auf der Stelle von dessen Leibwache in Stücke gehackt. Mit dem Fatalismus heutiger Selbstmordattentäter nahmen sie das als Eintrittskarte für eine bessere Welt hin.

Der jeweilige Assassinenführer veranstaltete in seinen Gebieten Umzüge. Dabei riefen Gefolgsleute: „Verneigt euch vor dem, der den Tod der Könige in seiner Hand trägt!" Diese massive Bedrohung durch die Assassinen führte zu einer partiellen Zusammenarbeit von moslemischen und christlichen Kräften. Nach 1230 überzogen die Ritter des Johanniter-Ordens das Gebiet des „Alten vom Berge" mit Krieg und eroberten etliche seiner Schlupfburgen in Syrien. Der energische Mamelukensultan Baibars führte von Ägypten aus einen Feldzug. 1271 nahm er Rukn ad-Din, den letzten syrischen Assassinenhäuptling, gefangen und deportierte ihn nach Kairo. 1272 fiel auch die letzte Burg in seine Hände.

Damit war die Schreckensherrschaft der Assassinen gebrochen. Wie tief greifend sie in das kollektive Bewusstsein der Europäer eindrang, lässt sich noch heute feststellen. Meuchelmörder heißt auf Englisch und Französisch „assassin", auf Italienisch „assassino" und „asesino" auf Spanisch.

20. Das klassische Liebespaar: Abälard und Héloise

Der berühmte Pariser Theologe Petrus Abälard erlitt in einer stockfinsteren Nacht des Jahres 1118 das schlimmste Martyrium seines Lebens. Mehrere vermummte Männer überfielen ihn in seinem Haus, rissen ihm die Kleider vom Leib. Dann packte einer der Angreifer ein Messer und schnitt dem sich wild wehrenden Abälard beide Hoden ab. „Straft ihn dort, wo er gesündigt hat", rief eine wohlbekannte Stimme. So grausam fand die wohl romantischste Liebesbeziehung des Mittelalters ihr jähes Ende.

Als Sohn eines Ritters aus der französischen Provinz machte der 1079 geborene Petrus Abälard rasch eine wissenschaftliche Karriere. Zunächst Lehrer für Dialektik und Theologie in Melun, kam er 1114 nach Paris und unterrichtete dort an der renommiertesten Klosterschule *Sainte-Geneviève*. Seine aufsehenerregenden, mit Kirchenkritik gespickten Vorträge zogen eine große Schar von Schülern und Bewunderern in ihren Bann.

1116 wurde Abälard Hauslehrer der etwa 18-jährigen Héloise. Obwohl sie der Überlieferung nach Tochter eines Hochadligen aus dem Anjou war, ist der Name ihres Vaters unbekannt. Héloise stand unter der Vormundschaft Ihres Onkels Fulbert, der es bis zum Domherren der Kathedrale Nôtre Dame in Paris gebracht hatte. Zeitgenossen schildern sie als hübsches Mädchen von großer Eleganz und Anziehungskraft.

Eine Romanze mit schrecklichem Ende beginnt

Abälard und Héloise gingen bald eine leidenschaftliche aber sehr diskrete Liebesbeziehung ein. Als die junge Frau schwanger wurde, gab es freilich nichts mehr zu verheimlichen. Der wütende Fulbert drohte, seine Nichte umzubringen und so ließ Abälard sie sicherheitshalber in das Städtchen Le Pallet entführen. Hier kam ihr Sohn zur Welt, der den höchst ungewöhnlichen Namen „Astralabius" (Sternengreifer) erhielt.

Wenig später kehrte Héloise nach Paris zurück, wo sich Abälard inzwischen mit ihrem Onkel arrangiert hatte. Es kam zur Vermählung – das war möglich, weil Abälard als „Kanonikus" zwar zur Geistlichkeit gehörte, aber nicht das Priestergelübde der Ehelosigkeit abgelegt hatte. Fulbert spielte dabei eine äußerst zwielichtige Rolle. Nachdem er zunächst die Heirat billigte, forderte er als Héloises Vormund plötzlich, sie solle als Novizin in das Benediktinerinnenkloster *Sainte-Marie* zu Argenteuil eintreten, was 1118 auch geschah.

Doch die Liebenden wollten nicht voneinander lassen. Jahre später schrieb Abälard in einem langen Brief an Héloise: „Als Du in Argenteuil bei den frommen Schwestern im Kloster weiltest, da kam ich eines Tages heimlich zu Besuch. Du weißt es noch, was ich damals in meiner gierigen Unbeherrschtheit mit Dir begangen, in einer Ecke des Refektoriums begangen – wir hatten ja sonst keinen Raum, in den wir uns zurückziehen konnten. Du erinnerst Dich noch, welch schändliche Dinge wir an diesem ehrwürdigen Ort trieben, der unter dem Schutz der heiligen Mutter Gottes steht."

Fulbert blieben diese Besuche nicht verborgen und so mietete er eine Bande von Kriminellen, an deren Spitze er den unglückseligen Mann überfiel und kastrierte. Abälard überlebte seine schwere Verletzung und zog sich tief gedemütigt als Mönch in die Abtei *Saint-Denis* zurück. 1127 wurde er Abt eines Klosters in der Bretagne.

Das gewaltsam getrennte Liebespaar führte einen Briefwechsel, der insbesondere von Seiten Héloises mit glühender Leidenschaft durchdrungen war. So schrieb sie „ihrem einzig Geliebten nach Christus" beispielsweise: „Sogar mitten im Gottesdienst drängen sich diese wollüstigen Phantasiegebilde vor und fangen meine arme, arme Seele so ganz und gar; aus reinem Herzen sollte ich beten, statt dessen verspüre ich die Reizungen meiner Sinnlichkeit." Voller Hingabe versicherte sie: „Mag Dir der Name ‚Gattin' heiliger und ehrbarer scheinen, mir war allzeit reizvoller die Bezeichnung ‚Geliebte', oder gar – verüble es mir nicht – Deine ‚Konkubine', Deine ‚Dirne'."

Der völlig deprimierte Abälard beklagte häufig beider Schicksal, schrieb dann aber an Héloise: „Flehentlich bitte ich Dich, liebe Schwester, nimm hin in Geduld, was Gott an uns getan hat aus Barmherzigkeit! Die Rute des Vaters hat uns getroffen, um uns zu bessern, auf dass nicht das Schwert des Verfolgers uns treffe, um uns zu töten."

Während Héloise in den folgenden Jahren als Äbtissin das Kloster *Paracletum* bei Nogent-sur-Seine aufbaute und leitete, widmete sich Petrus Abälard ganz der Wissenschaft. Eines seiner Hauptwerke *Sic et non* (Ja und Nein) analysiert in 158 Kapiteln die Widersprüche in den Texten der Bibel und der Kirchenväter. Er kam zu dem Schluss: „Genau dieses wird ja als der erste Schlüssel zur Weisheit bestimmt: das beständige und häufige Fragestellen." Mehrfach geriet er unter den Verdacht der Ketzerei, wusste aber alle Vorwürfe durch seine überzeugende Rhetorik zu entkräften.

Nach Abälards Tod im Jahre 1142 erbat Héloise seinen Leichnam und begrub ihn im *Paracletum*. Sie lebte noch 21 Jahre. 1164 wurde sie an der Seite ihres Gatten und Geliebten anfangs in derselben Gruft, dann gemeinsam in einem Sarg bestattet. 1817 fanden beide ihre letzte Ruhestätte auf dem Pariser Friedhof *Père Lachaise*.

Die Gedanken an Héloise hatten Abälard wohl nie verlassen. In einem seiner letzten Werke, der *Monita*, einem Ratgeber für seinen Sohn Astralabius, schrieb er: „Es gibt nichts Besseres auf der Welt als eine gute Frau."

21. Sternstunde der Gelehrsamkeit – die Universität Bologna

Wenn Kaiser Friedrich I., bekannt als „Barbarossa", nach Italien zog, dann meist, um hier Krieg zu führen. Auch im Jahre 1158 war das nicht anders. Doch gleichsam nebenbei legte der Monarch auch den Grundstein für die Wiedergeburt von Europas Gelehrsamkeit.

Das enorme Wissenspotential der griechisch-römischen Antike war während der „dunklen Jahrhunderte" bis 1050 fast vollständig aus dem Gedächtnis der Menschen geschwunden. Zumindest die lateinische Sprache und teilweise auch das Altgriechische hatten jedoch in Dom- und Klosterschulen überlebt. Ende des 11. Jahrhunderts gab es erste Bestrebungen, den intellektuellen Schatz der Antike wieder zu heben. So entstanden in Paris und Italien juristische Seminare, die sich als Keimzelle einer *universitas* (Gesamtheit) aller Wissenden verstanden.

Um 1150 existierten in Italien vier so genannte Artistenfakultäten. Die Städte Bologna, Ravenna und Padua boten ein juristisches *studium generale*, während sich in Salerno eine medizinische Schule etablierte. Das größte Ansehen genoss die Universität Bologna. Hier hatte der Jurist Gratianus de Clusio eine systematische Zusammenfassung des mittelalterlichen Kirchenrechts erstellt. Sein *Decretum Gratiani* erweckte rasch auch Interesse am nahezu vergessenen römischen Recht, das einst europaweit beispielgebend in Straf-, Zivil- und Wirtschaftsprozessen gewesen war. Dieses Recht wurde nun quasi wieder entdeckt, neu gelesen und kommentiert.

Deutsche Studenten an der Universität Bologna

Der Ruf Bolognas erreichte auch wissbegierige Studenten außerhalb Italiens. Da es in Europa nur sehr wenige Hochschulen gab, machten viele sich auf den Weg über die Alpen, ein häufig lebensgefährliches Unterfangen. Reisende Schüler fielen nicht selten Räubern, Betrügern und Menschenhändlern zum Opfer. Kamen sie glücklich in Italien an, so wurden sie von den städtischen Behörden oft einer willkürlichen und unverständlichen Rechtsprechung unterworfen. Da die Universitäten sich als selbständige Körperschaften mit eigener Verwaltung und Kassenführung betrachteten, waren Konflikte mit den Stadtherren unvermeidlich.

Im September 1158 hatte Kaiser Friedrich I. endlich die widerspenstige Stadt Mailand erobert. Sogleich nutzte er seine erneuerte Autorität und rief für den November einen Reichstag nach Roncaglia zusammen, der die kaiserliche Macht in Oberitalien bestätigen sollte. Bei dieser Gelegenheit verlieh Friedrich der Universität Bologna die *authentica habita* (Scholarenprivileg). Ihr vordergründiger Zweck bestand darin, den reisenden Studenten (Scholaren) einen kaiserlichen Schutzbrief zu erteilen. Jeder, der sie angriff, musste hinfort mit strengen Strafen rechnen. Bedeutsamer war indes die in der *habita* verliehene autonome Gerichtsbarkeit der Universität. Der damals *dominus* genannte Rektor war nun für alle juristischen Belange seiner Doktoren und Studenten zuständig, nicht mehr die Kommune von Bologna.

Das Privileg von 1158 erhöhte das Renommee der Universität erheblich. Immer mehr Ausländer schrieben sich als Studenten ein. Zunächst unterschied man sie grob in *citramontani*, das heißt diesseits der Berge (Alpen) wohnende Italiener und *ultramontani*, von jenseits der Alpen kommende Ausländer. In der Folgezeit erwuchsen daraus vier *nationes* (Volksstämme) – der Begriff „Nation" bekam hier seine spätere differenzierende Bedeutung. Die beiden zahlenmäßig größten waren *Gallici* (Franzosen, Italiener, Spanier, Griechen) und *Anglii* (Engländer, Deutsche, Skandinavier). Ihre jeweiligen Vorsteher (*procuratori*) wählten gemeinsam den Rektor.

Friedrichs Gründungsprivileg erstreckte sich zunächst nur auf die juristische Fakultät, wenig später auch auf die medizinische. Eine Promotionsordnung wurde erlassen und 1219 erfolgte schließlich die erste Verleihung eines Doktorgrades in Bologna. Zu jener Zeit boten Universitäten zwei Grundkurse an. Das *trivium* (Dreierweg) umfasste Grammatik, Rhetorik und Logik. Wer dies erfolgreich bestand, erhielt den akademischen Grad eines Bakkalaureus, was soviel bedeutet wie: jemand, der den Lorbeer errungen hat. Daran schloss sich das *quadrivium* an, bestehend aus Arithmetik, Geometrie, Astronomie und Musik. Diesem Abschluss folgte der Magister-Grad, der es seinem Träger erlaubte, an gewöhnlichen Schulen zu unterrichten. Einer weitergehenden Spezialisierung an der theologischen, juristischen oder medizinischen Fakultät folgte dann ein Doktortitel, der es ermöglichte, an Universitäten Vorlesungen zu halten.

Der bedeutende Platz, den die Musik an mittelalterlichen Hochschulen einnahm, erstaunt heute. Ihr Studium beinhaltete sowohl eine Ausbildung im Chorgesang, als auch theoretische Untersuchungen über die mathematischen Grundlagen von Klängen und Tönen, die auf den Lehren des antiken Naturwissenschaftlers Pythagoras beruhten. In diesem Zusammenhang erarbeitete der italienische Mönch Guido d'Arezzo ein erstes System der musikalischen Notenschrift auf horizontalen Linien. Auch die klassischen Tonsilben „Do-re-mi-fa-so-la" gehen auf Guido zurück.

Wer an Universitäten wie Bologna nur das *trivium* absolvierte, genoss als Halbgebildeter kein sonderlich hohes Ansehen unter Akademikern – man hielt ihn eher für „trivial".

22. Mord in der Kathedrale – Thomas Beckets Ende

Es war eine höchst demütigende Prozedur, der sich König Heinrich II. von England im Juli 1174 unterziehen musste. Nachdem Mönche ihn in der Kathedrale von Canterbury gegeißelt hatten, verbrachte er die anschließende Nacht auf Knien betend am Grab des Thomas Becket. Vier

Jahre zuvor war dieser inzwischen zum Heiligen erhobene Mann auf spektakuläre Weise ermordet worden.

Der aus einer normannischen Kaufmannsfamilie stammende, um 1115 geborene Thomas Becket nahm einen ungewöhnlichen Lebensweg. Zu seiner Zeit wurden Geistliche meist schon im frühen Jünglingsalter auf ihren künftigen Stand vorbereitet. Becket hingegen tätigte bis nach seinem 30. Lebensjahr zahlreiche Bank- und Handelsgeschäfte in Paris, Boulogne und London. Erst spät empfing er die priesterlichen Weihen im Gefolge des englischen Erzbischofs von Canterbury, der möglicherweise zu seiner Verwandtschaft gehörte. Becket zählte zu jener Sorte Menschen, die sich einer Sache langsam, aber dafür umso fanatischer verschreiben.

In England hatte 1154 der junge König Heinrich II. den Thron bestiegen. Mit seinen 21 Jahren bedurfte er einer erfahrenen Beratung und hier bot der Erzbischof von Canterbury Thomas Becket an, der Anfang 1155 zum Kanzler des Monarchen avancierte. Diese Rolle als Mentor eignete sich für den gebildeten Mann vorzüglich, zumindest solange wie Heinrich sein gelehriger Schüler blieb. Becket agierte stets an der Seite des Königs, sogar bei militärischen Unternehmungen. Er wurde großzügig mit Grundbesitz ausgestattet und gründete eine Privatschule, in die hohe Adlige Englands und Frankreichs ihre Söhne zur Ausbildung schickten. Im Mai 1162 wurde Thomas zum Erzbischof von Canterbury gewählt und war damit de facto das Oberhaupt der englischen Kirche.

Heinrich II. erhoffte sich von der Erhebung seines Günstlings großen Einfluss auf die Belange der Kirche. Er wollte, dass alle von Klerikern verübten Verbrechen (die häufiger vorkamen als man annehmen möchte) auch von weltlichen Gerichten geahndet werden durften. Meist kamen nämlich geistliche Übeltäter vor ihren eigenen Gerichten mit Bagatellstrafen wie Klosterhaft davon. Selbstverständlich ging es auch ums Geld, in diesem Fall um das königliche Besteuerungsrecht gegenüber dem Klerus.

Dem zunehmend selbstbewussteren König gelang im Januar 1164 der Abschluss einer 16 Artikel umfassenden „Konvention von Clarendon", benannt nach einem seiner Jagdschlösser. Darin waren die königlichen Privilegien festgeschrieben, einschließlich der Bestimmung, dass kein Geistlicher das Land ohne Erlaubnis des Königs verlassen dürfe (etwa für eine Reise zum Papst nach Rom). Becket hatte dieses Dokument schweren Herzens akzeptiert, doch bald reute ihn das. Er weigerte sich, die Konvention endgültig zu besiegeln, was Heinrich sehr erbitterte. Auf einer Synode zu Northampton wurde Becket des Hochverrats angeklagt.

Während der turbulenten Versammlung konnte er sich davonstehlen und floh in wechselnder Verkleidung nach Frankreich.

Sechs Jahre währte Beckets Exil. Hier traf er mit Papst Alexander III. in Sens zusammen und profilierte sich als Vorkämpfer der kirchlichen Hierarchie. Heinrich II. geriet allmählich in eine missliche Lage, denn sein ältester Sohn musste zum König gekrönt werden, um die Herrschaft der Familie abzusichern. Diesen Akt konnte jedoch nur der Erzbischof von Canterbury, also Thomas Becket, vornehmen. Im Juli 1170 trafen sich die beiden Kontrahenten in Nordfrankreich mit „einer so großen Vertrautheit..., als wenn niemals zwischen uns irgendeine Zwietracht gewesen wäre", schrieb Becket an den Papst.

Doch dieses gute Einvernehmen bildete nur die Fassade. Nachdem Becket im November 1170 nach England zurückgekehrt war, knüpfte er an eine Krönung des Thronfolgers die Bedingung, dass Heinrich wesentliche Teile der Konvention von Clarendon zurücknehme. Der cholerische König geriet darüber in Wut. Während der Weihnachtstage beschimpfte er sein Gefolge als Feiglinge und schrie: „Wie könnt ihr es geduldig zulassen, dass ich so lange von einem gemeinen Pfaffen verspottet werde!" Dies als Mordauftrag zu interpretieren, wie es einige Historiker tun, geht zu weit. Das beweisen die folgenden Ereignisse.

Vier Ritter aus dem königlichen Gefolge, William de Tracy, Reginald Fitz-Urse, Hugh de Morville und Richard le Breton, begaben sich am Nachmittag des 29. Dezember 1170 zur Kathedrale von Canterbury. Im Hof des erzbischöflichen Palastes lieferten sie ihre Waffen ab. Dann stellten sie Becket vor seinen versammelten Klerikern zur Rede. Reginald FitzUrse machte sich zum Ankläger und warf ihm seine Obstruktion gegen des Königs Politik vor. Anstatt den merklich gereizten Rittern mit Ruhe entgegenzutreten, provozierte Becket sie. Nach einem heftigen Wortwechsel ließ er sie aus dem Dom entfernen mit den Worten: „Wisst, dass ich nicht zurückgekehrt bin, um zu fliehen." Und: „Hier werdet ihr mich finden." Es schien fast so, als ob er seinen Märtyrertod geradezu herausforderte.

Die vier Ritter drangen mit dem Ruf „Zu den Waffen!" wieder in den Hof ein. Inzwischen waren sämtliche Türen verriegelt worden, doch die Männer gelangten mit Hilfe ortskundiger Freunde durch ein Fenster von hinten in die erzbischöflichen Gemächer. Becket bereitete sich im Chor des Kirchenschiffes auf den Gottesdienst vor, während langsam die Dunkelheit hereinbrach. Kurz darauf kamen vom Großen Kreuzgang die vier Ritter mit gezückten Schwertern und Äxten in die Kathedrale. FitzUrse rief: „Wo ist Thomas Becket, Verräter an König und Reich!" Der gab sich zu erkennen und wieder folgte ein erregter Wortwechsel. Schließlich hieben die Ritter Tracy und le Breton auf Becket ein, der tödlich getroffen niedersank. Anschließend wurde der erzbischöfliche Palast geplündert.

Tödliches Ende im Gotteshaus

Der Mord von Canterbury – an einem hohen Geistlichen und in einem geweihten Gotteshaus – rief in ganz Europa Entsetzen hervor. Heinrich II. reagierte auf das Geschehen sehr intelligent. Er distanzierte sich von der Tat und ließ die vier Ritter verhaften, sorgte aber auch dafür, dass sie nur milde Strafen, wie etwa eine Pilgerfahrt ins Heilige Land, bekamen. Die allfälligen Todesurteile wurden vermieden.

Nachdem der Papst Thomas Becket 1173 heilig gesprochen hatte, entschloss sich Heinrich zur demonstrativen Reue. Ihm ging es allein darum, die Bestimmungen der Konvention von Clarendon zu erhalten. Also erklärte er sich zu den eingangs geschilderten Bußhandlungen bereit. Er tat dasselbe wie 100 Jahre zuvor Kaiser Heinrich IV. mit seinem Gang nach Canossa (siehe „111 Geschichten zur Geschichte", S. 48 ff.): eine persönliche Demütigung in Kauf nehmen, um politische Macht und Handlungsfreiheit zu behalten.

23. Der Verrat von 1204

Als die Flotte von 450 Schiffen sich am Morgen des 22. Juni 1203 über den Bosporus der Stadt Konstantinopel näherte, schwärmte ein Beobachter: „Im Osten erstrahlte die Meerenge... Es war so wunderschön, dass man es sein ganzes Leben lang nicht vergessen wird." Zehn Monate später sollte all dies in Rauch und Blut getaucht sein. Der 4. Kreuzzug stand von Beginn an unter einem unseligen Stern.

Ende des 12. Jahrhunderts waren wichtige Bastionen des Christentums im Nahen Osten verloren gegangen. Papst Innocenz III. rief deshalb 1201 zu einem erneuten Kreuzzug auf, dem vierten. Seine Vorkämpfer sollten sich in Venedig versammeln und von dort aus übers Mittelmeer segeln. Der Vatikan erhoffte sich eine Streitmacht von 30.000 Mann. Dies wäre nicht nur militärisch notwendig gewesen, sondern auch finanziell. Denn die geschäftstüchtige Republik Venedig dachte nicht daran, das Kreuzfahrerheer zum Nulltarif auf ihren Schiffen zu transportieren. Vielmehr schloss man zuvor einen Vertrag ab, wonach die Venezianer gegen Zahlung von 85.000 Mark (mehreren Tonnen) Silber ein Jahr lang Schiffe nebst Verpflegung stellen würden.

Im Sommer 1202 fanden sich aber nur ganze 10.000 Mann in der Lagunenstadt ein. Es waren mit wenigen Ausnahmen französische Ritter und Kriegsknechte. Fast alle deutschen Fürsten und auch König Otto IV. hatten dankend abgelehnt. Seit Kaiser Friedrich I. „Barbarossa" 1190 beim 3. Kreuzzug ums Leben gekommen war, hielt sich die Begeisterung in Grenzen (siehe „111 Geschichten zur Geschichte", S. 55 ff.). Die Transportkosten waren also auf keinen Fall zu bezahlen.

In dieser prekären Situation unterbreitete der Doge von Venedig, Enrico Dandolo, einen verhängnisvollen Vorschlag. 16 Jahre zuvor hatte der König von Ungarn die strategisch wichtige Stadt Zara in Dalmatien den Venezianern entrissen. Falls die Kreuzfahrer bereit wären, Zara zurückzuerobern, würde man ihnen einen Großteil der Transportkosten stunden. Die Führer des Kreuzzuges, Markgraf Bonifatius von Montferrat und Graf Hugo de Saint Paul, waren dumm genug, auf dieses Ansinnen einzugehen. Damit wurde das Anliegen jedes Kreuzzuges, zu dem alle Teilnehmer sich per Eid verpflichten mussten, schon früh außer Kraft gesetzt. Ein solches Unternehmen durfte sich nur gegen „Ungläubige" richten, niemals gegen christliche Herrscher wie etwa den König von Ungarn.

Obwohl Papst Innocenz heftig protestierte, segelte das Kreuzfahrerheer am 8. Oktober 1202 von Venedig ab, belagerte und eroberte Zara. Enrico Dandolo hegte aber weiter reichende Pläne. Wenn seine Armada schon einmal unterwegs war, dann könnte sie doch Konstantinopel, der Metropole des Byzantinischen Kaiserreiches, einen Besuch abstatten. Hier hatte die Herrscherfamilie sich bis aufs Blut zerstritten. Kaiser Isaak Angelos war von seinem eigenen Sohn Alexios IV. abgesetzt und geblendet worden. Nun zankte der sich mit seinem gleichnamigen Onkel um den Thron.

Trotz seines jugendlichen Alters steckte Alexios voller Skrupellosigkeit. Um Verbündete zu gewinnen, stellte er die Vereinigung der seit 1054 getrennten griechisch-orthodoxen Kirche mit der römisch-katholischen in Aussicht. Diesen religiösen Deckmantel ergriff der Doge Dandolo, um Venedigs Stellung im Handelszentrum Konstantinopel weiter zu festigen. Die Kreuzfahrer erschienen im Juni 1203 vor der Stadt und am 1. August wurde Alexios IV. unter ihrem Schutz zum Kaiser gekrönt. Es gefiel ihnen inzwischen so gut in diesem Märchenreich, dass sie keinerlei Anstalten machten, ihre eigentliche Aufgabe zu erfüllen, den Kampf gegen die Moslems.

In Konstantinopel erhob sich nach einiger Zeit Missmut gegen die ungebetenen französischen Gäste und ihren Marionettenkaiser. Am 25. Januar 1204 wurde Alexios IV. abgesetzt und wenig später ermordet. Sein Nachfolger auf dem Thron war ein Adliger mit dem Spitznamen *Murtzuphlos* (dicke Augenbraue). Er komplimentierte die überraschten Kreuzritter zurück auf ihre Schiffe. Für sie wäre es jetzt an der Zeit gewesen, nach Palästina zu verschwinden, doch die Reichtümer von Byzanz weckten ihre Habgier.

Die Kreuzfahrer erstürmen Konstantinopel

Am 9. April 1204 befahl Bonifatius von Montferrat den Angriff. Murtzuphlos wollte Blutvergießen vermeiden und übergab die Stadt drei Tage später. Daraufhin begann ein derart ungehemmtes Plündern und Morden, dass selbst die Kreuzfahrer sich in ihren Berichten gegenseitig die Schuld dafür zuschieben. Leicht angewidert schrieb Graf Geoffroi de Villehardouin über das Treiben seiner Leute: „Sie stahlen Gold und Silber, Edelsteine, Geschirr und Besteck aus edlen Metallen, Seide, Pelzmäntel und alle Reichtümer der Erde." Ganz anders klingt die Schilderung des einfachen Ritters Robert de Clari. Ihm zufolge hatten zuerst die großen Herren jeden Palast leergeräumt. „Als aber das übrige Heer schließlich entdeckte, was vor sich ging, begannen sie sich ebenfalls umzusehen und an sich zu reißen, was ihnen eben in die Hände fiel."

Drei Tage lang wurde Konstantinopel verheert und mehr als 2.000 Einwohner getötet. Die französischen und venezianischen Eroberer hatten damit gleich dreifachen Verrat begangen: an ihrem Kreuzfahrergelübde, am christlichen Glauben und an den Byzantinern, welche ihre Stadt kampflos übergeben hatten. Die Kreuzzugsidee war damit für immer diskreditiert.

24. Das „Schreckenskonklave" von 1241

Die Frage, wer saß im Jahre 1242 auf dem päpstlichen Thron, ist ganz einfach zu beantworten – niemand. Mehr als 18 Monate konnte und wollte man sich nicht auf einen geeigneten Kandidaten einigen. Wie kam es zu dieser bis dato einmaligen Situation in der Geschichte des Christentums?

Die Wahl des Bischofs von Rom, Keimzelle der späteren Papstwürde, war ursprünglich ein eher basisdemokratischer Vorgang. In der Stadt anwesende Kirchenobere schlugen einen Kandidaten vor und das römische Volk gab seinen Beifall, die Akklamation, oder auch nicht. Dieses Zustimmungsrecht entfiel seit dem 8. Jahrhundert und im Jahre 1059 legte Papst Nikolaus II. fest, dass künftig allein die Kardinäle berechtigt seien, einen Kandidaten auszuwählen und in sein Amt einzuführen. Damit erlangte die Papstwahl endgültig politische Dimensionen. Ein Kardinal musste nämlich nicht zwangsläufig auch geweihter Priester sein, sondern konnte als Verwaltungsbeamter der Kurie in Gestalt eines Kardinaldiakons sogar dem Laienstand angehören.

Die Zahl der Kardinäle betrug selten mehr als 20 Männer. Sie entschieden mit einfacher Mehrheit über den künftigen Papst, bis das III. Laterankonzil 1179 für die Gültigkeit der Wahl eine Zweidrittelmehrheit vorschrieb. Dies führte 60 Jahre später zu einem tiefen kirchlichen Konflikt, zur Zerreißprobe zwischen weltlicher und geistlicher Gewalt.

1241 saß Gregor IX. bereits seit 14 Jahren auf dem Stuhl des Heiligen Petrus. Diese Zeit war geprägt von dem zunehmenden Zerwürfnis zwischen dem Papst und dem deutschen Kaiser Friedrich II. aus der Staufer-Dynastie. Das traditionell schlechte Verhältnis eskalierte, als Gregor zweimal (1227 und 1239) den Kirchenbann über Friedrich verhängte. Der Monarch betrieb eine sehr eigenwillige Orientpolitik, hatte sich mehrfach geweigert, einen schriftlich versprochenen Kreuzzug zu unternehmen und stattdessen Bündnisse mit islamischen Herrschern geschlossen.

Als Gregor im Frühjahr 1241 dutzende westeuropäische Kirchenfürsten nach Rom beorderte, schien das ein sicheres Indiz dafür, dass ein allgemeines Kirchenkonzil Friedrichs Absetzung betreiben sollte. Der beauftragte seinen unehelichen Sohn Enzio damit, die übers Mittelmeer mit einer genuesischen Flotte anreisenden Prälaten anzugreifen und gefangen zu nehmen. Enzio bewerkstelligte das Anfang Mai vor der Insel Elba, auch zwei Kardinäle gerieten so in kaiserlichen Gewahrsam.

Nach dem Tod Gregors am 22. August 1241 frohlockte Friedrich: „Der Himmel wird zum Trost der wehklagenden Christenheit auf dem apostolischen Stuhl einen Mann nach seinem Herzen erheben." Um diesen Wunsch zu befördern, ergriff in Rom der einflussreiche Senator Matteo Rosso Orsini die Macht. Er nahm die verbliebenen zehn Kardinäle gefangen, um sie gewaltsam zur Papstwahl in Friedrichs Sinne zu zwingen. Die Kleriker wurden ausgerechnet in ein heidnisches Gebäude gesperrt, das aus dem 3. Jahrhundert stammende *Septizonium*, einen dreigeschossigen Hochbrunnen an der Südostecke des Palatins, aus dem ein Entkommen unmöglich war. Ironisch nannte Orsini dieses Vorgehen *conclave*, das lateinische Wort für abgeschlossenes Zimmer.

Im *Septizonium* unterwarf man die Kardinäle einer rohen und unwürdigen Behandlung. Sie wurden bei glühender Hitze in winzige fensterlose Zellen gesperrt, bekamen als Verpflegung einzig Wasser und Brot; ihre Notdurft mussten sie in Bottiche verrichten, die nur einmal wöchentlich entleert wurden. Tag für Tag versammelte sich eine Volksmenge vor dem Gebäude, beschimpfte und bedrohte die teilweise sehr bejahrten Männer.

Es grenzt unter diesen Umständen an ein Wunder, dass die Kardinäle unter Führung von Rinaldo di Ienne ihren symbolischen Widerstand mehr als acht Wochen durchhielten. Am 25. Oktober beendeten sie schließlich das „Schreckenskonklave" und wählten Goffredo Castiglione, den Kardinalbischof von Santa Sabina, zum neuen Pontifex. Er gab sich den Namen Cölestin IV. Die Strapazen des vorangegangenen Konklaves hatten ihn freilich dermaßen geschwächt, dass er schnell erkrankte und am 10. November starb. Mit 17 Tagen zählt sein Pontifikat zu den kürzesten der Kirchengeschichte.

Die Kardinäle handelten nun blitzschnell, denn sie sie wollten kein zweites Schreckenskonklave erleiden. Sie flüchteten zunächst nach Anagni, wo ein befestigtes Schloss Schutz bot. Von hier aus unterrichtete der Sprecher des Kardinalkollegiums, Graf Sinibaldo Fieschi, den Kaiser, man werde erst dann einen neuen Papst küren, wenn er die zwei bei Elba gefangenen Kardinäle freilasse.

Es begann eine monatelange „Sedisvakanz" (Leere des Papstsitzes). Diese Kraftprobe zwischen Krone und Tiara konnte Friedrich nur verlieren, denn je länger die Christenheit ihr seit 1.000 Jahren gewohntes Oberhaupt entbehrte und je weniger rituelle Handlungen deswegen stattfinden konnten, desto mehr würde man ihm dafür die Schuld geben. Sein Stolz kämpfte mit seiner Intelligenz. Endlich siegte Letztere und Friedrich entließ Ende Mai 1243 die zwei Kardinäle aus der Haft. Er garantierte militärischen Schutz für die Wahl in Anagni, wo das Kardinalskollegium (zehn Italiener, ein Spanier, ein Franzose) am 15. Juni zum Konklave zusammentrat. Innerhalb von nur zehn Tagen einigte man sich auf den Kardinalpriester Sinibaldo Fieschi als neuen Papst, jenen Mann, der vor Jahresfrist dem Kaiser gegenüber so energisch die Belange des Klerus vertreten hatte. Unter dem Namen Innocenz IV. regierte er die nächsten elf Jahre und überlebte Kaiser Friedrich II.

Die Krise von 1241 war überwunden, doch es zeigte sich, dass auch in Kirchenkreisen nur zögernd Lehren aus der Vergangenheit gezogen wurden. Die längste Sedisvakanz dauerte fast zweieinhalb Jahre von 1314 bis 1316. Auch 1268 benötigten die Kardinäle 21 Monate, bis sie sich auf einen Kandidaten verständigten. Später agierte man klüger. In den letzten zwei Jahrhunderten dauerte ein Konklave selten länger als zwei bis drei Wochen. Der amtierende Papst Benedikt XVI. wurde innerhalb von 24 Stunden gewählt.

25. Kamikaze – ein Wind rettet Japan

Der Begriff „Kamikaze" ist heute unweigerlich verbunden mit den Bildern japanischer Jagdbomberpiloten, die im 2. Weltkrieg unter Opferung ihres eigenen Lebens gegen die Alliierten kämpften. Vor allem aber war das ein bewusster Rückgriff auf die 700 Jahre alte Tradition vom „Sturm der Götter".

Im 13. Jahrhundert erreichte das Mongolenreich seine größte territoriale Ausdehnung; dessen Grenzen erstreckten sich von Südostasien bis nach

Osteuropa. Der Herrscher dieses Riesenreiches Kublai Khan, Enkel des legendären Reiterführers Dschingis Khan, verfolgte ehrgeizige Ziele. So wollte er auch die japanischen Inseln erobern. Als reines Binnenvolk verstanden die Mongolen zwar nichts von Seefahrt – umso mehr aber die Fischer und Matrosen aus den unterworfenen Gebieten in China und Korea.

Japan schien eine verhältnismäßig leichte Beute, denn das Land war geschwächt durch Kriege großer Feudalherren untereinander. Der Kaiser (*mikado*) führte nur noch ein Marionettendasein. Im 12. Jahrhundert ging seine Macht an *shogune* (Feldherren) über. Diese *shogun*-Würde sicherte sich seit 1185 die Kamakura-Familie. Sie verstand es jedoch nicht, ihre Position zu festigen und so sank auch der *shogun* bald zum Schattenherrscher herab. An seine Stelle trat ein *shikken* (Leitender Minister), ein Amt, das seit 1200 die Familie Hojo erblich bekleidete, ohne freilich das Land dauerhaft befrieden zu können.

Seit 1268 amtierte Hojo Tokimune als *shikken*, ein Glücksfall für Japan. Er zählte zwar erst 17 Jahre, zeichnete sich aber durch Mut und Energie aus. Beides war bitter nötig, denn vor Japans Küsten braute sich 1274 eine tödliche Gefahr zusammen.

Kublai Khan hatte im Süden Koreas eine gewaltige Flotte versammelt. Sie bestand hauptsächlich aus chinesischen Dschunken. Diese besaßen Bambusmasten und um 360 Grad drehbare Segel aus Reisstrohmatten, die wie Jalousien aussahen. Es gab den größeren nordchinesischen Typ *Hung-tu* mit fünf Masten und hoch aufragendem Heck und den kleineren Typ der kantonesischen Dschunke mit zwei bis drei Masten. Diese Schiffe waren äußerst seetüchtig, denn sie verkehrten normalerweise auf der Handelsroute zwischen Gelbem und Südchinesischem Meer mitten durch eine gefährliche Monsunzone. Wegen ihres großen Tiefgangs benötigten sie ausgebaute Häfen. Anders die koreanischen Flachschiffe, „Schildkröten" genannt, die von Rudern angetrieben und durch eine starke Panzerung nahezu unverwundbar waren, aber schon bei mittlerem Seegang zu kentern drohten.

Diese Flotte segelte im Sommer 1274 unter dem Kommando des koreanischen Admirals Hong Tagu los, eroberte ohne Mühe die vorgeschobenen Inseln Tsushima und Ikishima. Schließlich landete sie in der Hakata-Buch auf der japanischen Südinsel Kyushu. Mit einer Truppe von Samurai-Kriegern zog ihnen Hojo Tokimune entgegen. Er gab die Parole *Katsu!* (Sieg) aus – angesichts des Kräfteverhältnisses eine sehr kühne Losung.

Bei den Samurai handelte es sich um ritterliche Einzelkämpfer zu Pferd. Sie waren gewohnt, mit Bogen oder Lanze Mann gegen Mann anzutreten, während das Fußvolk (*genin*) meist nur Transport- und Hilfsdienste übernahm. Anders die kriegserprobten Mongolen. Sie führten kollektive Reiterattacken durch, gingen schnell an den Feind, schossen ihre Bögen ab, zogen sich ebenso rasch zurück und zermürbten so den Gegner. Ihre kleine aber sehr disziplinierte Infanterie griff in geschlossenen Formationen an und konnte mit langen Speeren die Samurai erfolgreich abwehren.

Tokimunes Krieger erlitten bereits am ersten Tag schwere Verluste. Dabei handelte es sich nur um ein Gefecht mit einer Vorhut. Am Abend zogen sich die Mongolen wieder auf ihre Schiffe zurück, um am folgenden Tag den Hauptangriff zu beginnen. Doch während der Nacht brach ein heftiger Sturm los, der fast die Hälfte der Invasionsflotte zum Kentern brachte. Die Mongolen mussten heimsegeln und zum ersten Mal sprach man in Japan von einem göttlichen Sturm (*kamikaze*), der das Land gerettet habe.

Kublai Khan fand sich mit dieser Schlappe nie ab. Nachdem seine Heere weitere Teile Südostasiens (das heutige Vietnam) erobert hatten, unternahm er 1281 einen erneuten Vorstoß nach Japan. Im Juni versammelten sich 900 Schiffe in Korea. Sie waren mit 17.000 Seeleuten bemannt und transportierten 25.000 Soldaten. Gleichzeitig wurde im Süden an der Mündung des Yangtse-Flusses eine weitere Streitmacht von 3.500 Schiffen und fast 100.000 Mann zusammengezogen.

Die aus Korea kommende Flotte, wieder von Hong Tagu befehligt, kam am 21. Juni in der Hakata-Bucht an, einige Kilometer nördlich des Landungspunktes von 1274. Die südliche Flotte hingegen blieb aus. Chinesische Hafenarbeiter weigerten sich, die Schiffe der unbeliebten Eroberer zu beladen – eine der ersten Streikaktionen in der Geschichte. Hong Tagu musste mit weiteren Schwierigkeiten kämpfen, denn die Japaner hatten in der Bucht seit Jahren Verteidigungswälle mit hölzernen Wachtürmen errichtet. Die Angriffe rannten sich daran fest und nachdem Samurai sich nachts mehrfach auf die feindlichen Schiffe schlichen und dort mit ihren Schwertern furchtbar wüteten, zogen sich die Mongolen zur Insel Tsushima zurück, wo sie auf die südliche Flotte warteten. Diese traf am 16. Juli ein. Vier Wochen später begann die Invasion gegen das japanische Kernland.

Als die Flotte am 15. August 1281 die Straße von Tsushima durchquerte, raste über den Pazifik ein Taifun von gigantischen Ausmaßen heran. Er dauerte zwei Tage und zerschlug die Schiffe der Invasoren mit voller Wucht. Viele dieser Einheiten waren nur chinesische Flussboote, die man einigermaßen seetauglich gemacht hatte, aber einem solchen Sturm hilflos ausgeliefert waren. Von mehr als 4.500 Schiffen überstanden nur 200 das Unwetter. 80 Prozent aller Soldaten und Seeleute ertranken oder wurden an den Küsten von Samurai niedergemacht. Nach dieser Katastrophe verzichtete Kublai Khan auf weitere Feldzüge zur See.

Wieder hatte der göttliche Wind zugeschlagen. Dieses Ereignis grub sich tief in das kollektive Bewusstsein der Japaner ein. Es entstand der Mythos, dass ihre Heimat ein auserwähltes Land der Götter sei und wenn eine feindliche Macht versuche, Japan zu erobern, dann würde ein göttlicher Sturm, der *kamikaze*, diesen Gegner hinwegfegen. Dieser Mythos schwand erst nach der bitteren Niederlage von 1945 dahin, als auch „Kamikaze"-Piloten Japan nicht retten konnten.

26. Ein Sexualtäter setzt Sizilien in Flammen

Ein Jahr lang durchstreifte der Geheimagent Giovanni da Procida als Franziskanermönch verkleidet die Insel Sizilien. Überall stachelte er die Bevölkerung zur Rebellion gegen die Franzosen auf, welche das Land seit 1266 als Besatzer unterdrückten. Procidas Mission glückte erst, als ein französischer Söldner jeglichen Anstand vergaß und eine junge Sizilianerin vergewaltigte.

Nach dem Untergang des römischen Weltreiches war Sizilien zum Zankapfel zwischen den Nachbarstaaten geworden. Die Mittelmeerinsel stand unter der Herrschaft von Goten, Byzantinern, Arabern und Normannen. Ende des 12. Jahrhunderts etablierten sich hier die deutschen Kaiser aus der Dynastie der Hohenstaufer. Der in Palermo geborene Kaiser Friedrich II. betrachtete die Sizilianer als seine Landsleute, begünstigte sie in wirtschaftlicher Hinsicht und führte ein für mittelalterliche Verhältnisse sehr liberales Regiment. Das änderte sich grundlegend nach dem tragischen Untergang der Staufer (siehe „111 Geschichten zur Geschichte", S. 68ff).

Papst Urban IV. hatte schon 1263 Karl von Anjou, den Bruder des französischen Königs, mit dem unteritalienischen Königreich Neapel belehnt. Drei Jahre später wurde er auch Herrscher von Sizilien. Nach allem, was wir über Karl von Anjou wissen, besaß er das Zeug zum finsteren Despoten. Zeitlebens ergrimmt darüber, dass sein älterer Bruder Ludwig auf dem Thron Frankreichs saß, versuchte er sich als Ausgleich ein Imperium im nördlichen Mittelmeerraum zu schaffen. Neapel und Sizilien bildeten die Grundlage, von hier aus wollte Karl dann die moslemischen Staaten in Nordafrika angreifen.

Bei der Besetzung Siziliens gingen die Franzosen sehr unsensibel vor. Karl von Anjou „wurde mit seinen Anhängern wegen ihrer Härte, ihres Übermuts, ihrer Habsucht und ihren Erpressungen allgemein gehasst und verabscheut. Hinzu kam noch ihr unverschämtes Benehmen gegenüber den Frauen", klagte ein einheimischer Chronist. Sorgte schon der immense Steuerdruck für böses Blut, so steigerte die Empfindlichkeit der Italiener in Fragen der Familienehre ihre Erbitterung weiter.

Karl von Anjou hätte alles daransetzen müssen, die Sizilianer als Verbündete zu gewinnen. Denn sein Herrschaftsbereich war durchaus gefährdet. Sowohl der spanische König Peter III. von Aragón, als auch Kaiser Michael Palaiologos von Byzanz lauerten darauf, dem Franzosen seine Beute abzujagen. Der spanische Monarch sandte den bereits erwähnten Giovanni da Procida als Agenten auf die Insel. Der ehemalige Hofarzt von Kaiser Friedrich II. nahm Kontakt zur Mafia auf, damals eine Selbsthilfeorganisation der Einheimischen gegen jegliche Besatzungsmacht.

Es bedurfte nur noch eines Funkens, um den Aufstand explodieren zu lassen. Am Ostermontag, dem 30. März 1282, strömten viele Einwohner Palermos zur vor den Stadttoren gelegenen Kirche *Santo Spirito*. Hier sollte ein Nachmittagsgottesdienst, die Vesper, stattfinden. Die Menge vertrieb sich ihre Zeit zuvor mit allerlei harmlosen Spielen. Doch dann „mischten sich die Franzosen in ihre Vergnügungen ein und veranlassten schon dadurch manches Gezänke".

Die Situation eskalierte, als ein französischer Söldner namens Drouet sich einer jungen Sizilianerin unsittlich näherte. Er fasste ihr unter den Rock und verkündete lachend, er wolle nur überprüfen, ob die Kleine verborgene Waffen bei sich führe. Für ihren Bräutigam und dessen Familie kam das einer Vergewaltigung gleich und Drouet bezog gewaltige Prügel, schließlich traf ihn ein Dolchstoß. Seine Kameraden stürzten sich daraufhin unter dem Geläut der Vesperglocken mit blankem Schwert auf die Menschenmenge. Dieses brutale Vorgehen führte zu unerwarteten Gegenreaktionen.

„Tausende bisher verborgen gehaltene Dolche sah man entblößt, unter Rachegeschrei fiel man über alle Franzosen her, und in wenigen Minuten wurden sie niedergemacht", berichtet der Chronist. „Rasch verbreitete sich das Morden auch über Palermo, wo man den Fremdlingen so lange nachstellte, bis man sie gänzlich vertilgt zu haben glaubte." Um die Franzosen sicher zu erkennen, ließ man jeden Unbekannten das fremder Zunge ungeläufige Wort *cicerchia* (Kichererbse) aussprechen. Wer das nicht konnte, wurde niedergemetzelt „Weiber und Kinder, ja sogar an Franzosen verheiratete Sizilianerinnen".

Ein Angriff auf die Frauenehre führt zum Massenmord

In ganz Sizilien erhob sich die Bevölkerung und richtete ein Massaker unter den französischen Besatzern an, das als „Sizilianische Vesper" in die Geschichte einging. Die gesamte Garnison Palermos wurde bis auf zwei Ritter, die mit letzter Not entrinnen konnten, niedergemacht. In Catania fielen 8.000 und in Messina 3.000 Franzosen dem Morden zum Opfer.

Karl von Anjou befand sich als Gast des Papstes in Rom, als die Nachricht von diesem Blutbad eintraf. „Er biss vor Wut in seinen Stockknauf und schwor den Sizilianern die entsetzlichste Rache." Doch dazu kam es nicht mehr. König Peter von Aragón nutze die Gunst der Stunde, vernichtete Karls Flotte im September 1282 bei Messina und landete mit einer Armee von 30.000 Mann auf Sizilien. Hier wurde er in Palermo Ende November zum König ausgerufen.

Mit der „Sizilianischen Vesper" hatten sich die Insulaner zum ersten Mal selbst befreit. Allerdings tauschten sie letztlich nur die französische Fremdherrschaft mit der spanischen. Für die Mafia eröffnete das in den folgenden Jahrhunderten ein reiches Betätigungsfeld.

27. Das Geheimnis des Rattenfängers von Hameln

„Also ließ sich im Jahre 1284 zu Hameln ein wunderlicher Mann sehen. Er hatte ein Obergewand aus vielfarbigem, buntem Tuch an und gab sich für einen Rattenfänger aus, indem er versprach, gegen ein gewisses Geld die Stadt von allen Mäusen und Ratten zu befreien." So beginnt die Sage vom Rattenfänger zu Hameln und sie endet mit 130 spurlos verschwundenen Kindern. Wirklich nur eine Sage – oder steckt mehr dahinter?

Ratten und Mäuse waren im Mittelalter zwar noch nicht als Überträger der Pest bekannt, galten aber wegen ihres Körnerfraßes als gefährliche Schädlinge. Namentlich Ratten hielt man für dämonische Kreaturen, die kirchlichen Verfluchungen anheim fielen. Rattenfänger sah man als nützliche Zeitgenossen an, die aber – ähnlich wie etwa Latrinenreiniger oder Henker – außerhalb der normalen Gesellschaft standen. Manche Fänger besaßen den Ruf, Zauberer oder Schwarze Magier zu sein. Man bediente sich ihrer, wollte jedoch ansonsten nichts mit ihnen zu tun haben. Sie zogen deshalb meist als Wandergesellen ohne bürgerliche Rechte von Ort zu Ort.

Das gekonnte Aufstellen von Fallen bzw. das Auslegen von Gift zählten zu den probaten Bekämpfungsmitteln der Rattenjäger. Im Fall Hameln kam eine eher ungewöhnliche Methode zur Anwendung. „Er zog seine Flöte oder Schalmei heraus und spielte eine Melodie. Da kamen alsbald die Ratten und Mäuse aus allen Häusern hervorgekrochen und sammelten sich um ihn herum. Als er nun meinte, es wäre keine zurückgeblieben, ging er aus der Stadt hinaus in die Weser; der ganze Haufen folgte ihm nach, stürzte ins Wasser und ertrank."

Nach getaner Arbeit verlangte der Rattenfänger seinen vereinbarten Lohn. Die Bürger verweigerten das, warum auch immer, „so dass er zornig und erbittert wegging". Einige Zeit später kehrte er zurück, erstaunlicherweise nennen die Überlieferungen ein präzises Datum, was für eine Sage ungewöhnlich ist: „Am Tag von Johanni und Pauli" (26. Juni) 1284. Er kam wieder mit bunten Kleidern „und trug einen wunderlichen Hut". Während die Eltern beim Gottesdienst weilten, ließ der Rattenfänger wiederum seine Pfeife ertönen. „Alsbald kamen nicht Ratten und Mäuse, sondern Kinder, Knaben und Mägdlein vom vierten Jahr an, in großer Zahl gelaufen, worunter auch die erwachsene Tochter des Bürgermeisters war. Der ganze Schwarm folgte ihm nach."

Dann soll der Rattenfänger die insgesamt 130 Jugendlichen – wieder fällt die präzise Beschreibung auf – durch die Bungelosenstraße über die Weserbrücke heraus zum Ostertor geführt haben. In einem Hügel bei Koppenbrügge verschwanden der Pfeifer und die Hamelner dann auf Nimmerwiedersehen.

Ist das ganze nur eine Parabel auf Geiz und Wortbruch, die stets Strafe nach sich ziehen oder die Geschichte eines Mannes, der sich vom hilfreichen Retter zum dämonischen Rächer wandelt? Ein teuflischer Pfeifer, der unschuldige Kinder ins Verderben lockt? Einen interessanten Hinweis gibt die Überlieferung, wonach die Entführten am anderen Ende des Hügels in Siebenbürgen (heute Rumänien) wieder zum Vorschein kamen.

Seit die Brüder Grimm das Geschehen von Hameln in ihren Sagenkanon aufnahmen, versuchen Wissenschaftler, den rationalen Kern herauszufinden. Als Variante bietet sich vielleicht ein Kinderkreuzzug an. Doch diese irrationalen Unternehmungen waren schon mehr als 100 Jahre zuvor grässlich gescheitert. Man sollte auch den Hamelnern nicht so große Naivität unterstellen, dass sie geglaubt hätten, mit 130 Kindern den Orient zu erobern. Flucht vor einer Pestepidemie lautet eine weitere Erklärung. Dafür war es wiederum zu früh. Die erste große Welle des „Schwarzen Todes" erreichte Europa erst 1347. Besonders originell ist die These, wonach ein heidnischer Sektenführer die Kinder betört haben soll und sie zu orgiastischen Riten und Tänzen in die Wälder bei Koppenbrügge entführte. Dort seien sie infolge eines Bergrutsches umgekommen.

Die entscheidenden Fragen lauten: Waren die Eltern von 130 Kindern wirklich so verantwortungslos, ihre Sprösslinge gänzlich unbeaufsichtigt zu lassen und konnte sie nicht einmal die laute Musik des Rattenfängers alarmieren? Etliches spricht für eine geplante Aktion, war doch auch „die erwachsene Tochter des Bürgermeisters" mit von der Partie. Womöglich fand in der Weserstadt nur einer der üblichen Auszüge zur „Ostkolonisation" statt.

Seit Mitte des 11. Jahrhunderts begann eine Siedlungsbewegung deutscher Bauern, Handwerker und Händler nach Osten, erst jenseits der Elbe, dann der Oder und der Weichsel. Diese Aktionen erfolgten nicht spontan, sondern einer deutschen Charaktereigenschaft gemäß planvoll und organisiert. Die künftige Besiedelung des Ostens geschah stets im Auftrag eines adligen oder geistlichen Grundherrn. Er sicherte den Siedlern vorher vermessenes Land zu, das sie als freie Bauern bebauen konnten.

Den praktischen Teil, beginnend mit der Anwerbung von Kolonisten, übernahm ein „Locator" (Platzmacher), eine Art Siedlungsunternehmer.

Dieser Locator trug häufig bunte Kleidung, um aufzufallen. Er hatte einen Pfeifer oder Trommler bei sich, um auch akustisch Aufmerksamkeit zu erregen. Auf dem Marktplatz sprach er meist junge Leute an und versuchte sie zu werben. Dabei spielte sowohl der Appell an Abenteuerlust eine Rolle, wie auch die Aussicht auf kostenlose Landzuteilungen.

Mehr als eine Legende – der geheimnisvolle Pfeifer

Es ist im Falle Hameln sehr gut möglich, dass ein solcher Locator die Stadtjugend, darunter auch Ehepaare mit Kleinkindern, gewinnen konnte. Schwerpunkte der Ostkolonisation bildeten im 13. Jahrhundert Mähren, Ostpreußen und das auf dem Balkan liegende Siebenbürgen. Laut Sage sollen ja die Kinder in Siebenbürgen wieder aufgetaucht sein. Dieses Land lag mehr als 1.400 Kilometer von der alten Heimat entfernt. Beim damaligen Stand der Kommunikationstechnik haben die Eltern sicher nie wieder etwas von ihren Kindern erfahren. Sie waren wirklich auf Nimmerwiedersehen verschwunden.

Triebfeder für die Hamelner Jugend waren wohl die Hoffnung auf bessere Zeiten und eine Portion Neugier auf unbekannte Länder. Der brave Rattenfänger dürfte daran völlig unschuldig gewesen sein.

28. „Wir wollen sein ein einzig Volk von Brüdern" – Wilhelm Tell und der Rütlischwur

Friedrich Schillers wirkungsmächtiges Drama von 1804 preist den Freiheitsdrang unterdrückter Völker in Gestalt des Schweizers Wilhelm Tell. Man kennt von ihm seinen Armbrustschuss auf Sohn und Apfel, den verweigerten Gruß gegenüber dem Gesslerhut und Sentenzen wie „Der kluge Mann baut vor", „Früh übt sich, was ein Meister werden will" oder „Deine Uhr ist abgelaufen". Zahlreiche Denkmale wurden dem heldenhaften Tell errichtet und seine Taten in Gemälden verewigt. Doch Schiller, der von Beruf Geschichtsprofessor war, hatte in diesem Fall keine reale historische Gestalt als Sujet erwählt (wie etwa zuvor Wallenstein, Maria Stuart und Jeanne d'Arc), sondern seiner dichterischen Phantasie die Zügel freigegeben.

Die drei Schweizer Kantone Uri, Unterwalden und Schwyz – auch „Waldstätten" genannt – beherbergten ein freiheitsliebendes Volk. Ihr etwa 2.500 Quadratkilometer großes Gebiet hatte 1231 bzw. 1240 die Reichsunmittelbarkeit erlangt, das heißt es unterstand einzig und direkt dem Römisch-Deutschen Kaiser und keinem anderen Territorialherren. Der in Österreich residierenden Habsburger-Dynastie missfiel diese Entwicklung. Sie beherrschte bereits den Schweizer Aargau und wollte ihren Einfluss auch auf die Waldstätten ausdehnen, deren strategische Bedeutung in der Beherrschung des Handelsweges über die Alpen nach Italien bestand. Diese Bestrebungen wurden intensiver, nachdem 1273 der Habsburger Graf Rudolf den deutschen Königsthron bestieg (siehe „111 Geschichten zur Geschichte", S. 72 ff.).

Noch konnten sich die Schweizer behaupten, aber als König Rudolf am 15. Juli 1291 gestorben war, galt es rasch zu handeln. Es standen langwierige Thronstreitigkeiten bevor, weil Rudolfs Sohn Albrecht nur geringe Aussichten auf sein väterliches Erbe besaß. Die Aufmerksamkeit der Habsburger würde sich so von den Schweizer Angelegenheiten zunächst abwenden.

In einer Augustnacht des Jahres 1291 trafen sich auf einer Uferwiese des Urner Sees, Rütli oder Grütli genannt, je elf Abgesandte der drei Kantone. Man vereinbarte die gemeinsame Organisation des Widerstandes gegen jeden äußeren Feind und betonte die Gültigkeit sämtlicher altverbrieften Rechte auf Unabhängigkeit. Letztere bezog sich nicht etwa auf eine Trennung vom Deutschen Reich, sondern richtete sich gegen die Herrschaft der Habsburger. Der Schwur umfasste zwölf Punkte. Der erste und wichtigste legte fest, die Kantone werden „sich gegenseitig mit Hilfe, jeglichem Rat und Förderung mit Leib und Gut beistehen, innerhalb der Täler und außerhalb, mit aller Macht und Kraft gegen eine Gesamtheit oder gegen Einzelne, die ihnen oder einigen von ihnen Gewalt antun, sie belästigen oder ihnen Unrecht zufügen". Und weiter: „Es hat jede Gemeinde versprochen, der anderen in jedem Falle zu Hilfe zu eilen, wenn es nötig ist."

Der Rütlischwur in pathetischer Darstellung

Stellvertretend für ihre Männer leisteten Walter Fürst aus Uri, Werner Stauffacher aus Schwyz und Arnold Melchthal aus Unterwalden den feierlichen Eid. Die Bezeichnung „Eidgenossen" für Schweizer stammt aus dieser Zeit. Im Rütlischwur war nirgendwo die Rede davon, dass die drei Kantone einen eigenen Staat gründen wollten oder den bewaffneten Aufstand planten. „Dann ging jeder in seine Hütte, schwieg still und winterte das Vieh", hieß es.

Die militärische Kraftprobe erfolgte 1315, als der Habsburger Herzog Leopold I. mit einem 3.000 Mann starken Heer in die Waldstätte einmarschierte. Am 15. November kam es am Rossberg bei Morgarten zur Schlacht, die erstaunlicherweise das schlecht bewaffnete Fußvolk der Schweizer gegen Leopolds gepanzerte Ritter gewann. Drei Wochen später wurde der Rütlischwur im Ort Brunnen als „Ewiger Bund" erneuert. Ihm traten auch die Städte Zürich, Bern, Glarus und Luzern bei.

Welche Rolle spielte bei all dem Wilhelm Tell? Gar keine. Der wackere Armbrustschütze und Freiheitskämpfer ist lediglich eine Kunstfigur, die 200 Jahre später in die Historie eingeführt wurde, zu einem Zeitpunkt, als die Schweizer sich tatsächlich vom Deutschen Reich lostrennen wollten. Im „Weißen Buch von Sarnen" taucht 1471 erstmals ein Wilhelm Tell oder Täll auf. Um der Sache etwas Glaubwürdigkeit zu verleihen, wird er darin zum Schwiegersohn des Rütlischwörers Walter Fürst aus Uri gemacht. Genealogische Überprüfungen ergaben jedoch, dass es im Kanton Uri nie eine Familie namens Tell oder Täll gegeben hat.

Die Geschichte mit dem Apfelschuss ist ebenso erdichtet, wie Tells Mord an dem grausamen Landvogt Gessler oder seine heldenhafte Rolle während der Schlacht am Morgarten. Als freiheitsdurstige Gründergestalt der Schweiz sicherte sich Wilhelm Tell gleichwohl über mehrere Jahrhunderte seinen Platz in den Geschichtsbüchern. Friedrich Schiller komplettierte diesen Mythos dann gekonnt, indem er seinem Helden so treffende Sätze in den Mund legte wie:

> *„Es kann der Frömmste nicht in Frieden bleiben,*
> *Wenn es dem bösen Nachbar nicht gefällt. "*

29. Marco Polos phantasievoller Ghostwriter

„Kein Mensch, mag er nun Heide, Christ oder Sarazene sein, hat seit der Erschaffung Adams bis auf den heutigen Tag so viele und so gewaltige Dinge gesehen wie der erwähnte Marco Polo." Mit diesem Selbstlob beginnt das um 1300 herausgegebene *Livre des merveilles du monde* (Buch von den Wundern der Welt). Es begründete Jahrhunderte später den Ruf Marco Polos als einer der bedeutendsten Entdeckungsreisenden aller Zeiten.

Halten wir uns zunächst an die offizielle Version. Demnach zog der 17-jährige Venezianer Marco Polo 1271 mit seinem Vater Niccolò und einem Onkel nach Zentralchina zum Hof des Mongolenherrschers Kublai Khan in Peking. Dort gewann er das Vertrauen des Herrschers, der ihn während der kommenden 17 Jahre als Gesandter und Statthalter verwendete. Auf seinen Reisen durchquerte Polo China, Vietnam und Burma. 1292 bis 1295 kehrte er auf dem Seeweg über den Vorderen Orient nach Venedig zurück. 1298 bei einer Seeschlacht von den Genuesen gefangen genommen, diktierte er im Kerker binnen sieben Monaten seine Erlebnisse in Fernost. Deren Niederschrift erwies sich dann als eine der wertvollsten Quellen über das mittelalterliche Asien.

Auch wenn man das Werk Marco Polos nicht im Detail kennt, offenbaren sich sogleich mehrere Ungereimtheiten seiner Biografie. Wenn der Großkhan wirklich einen ihm völlig unbekannten Jüngling mit hohen Staatsämtern betraute (dazu gehörten angeblich auch Reisepässe aus purem

Gold), warum kehrte Polo als armer Mann zurück? Weshalb nahm nach 24-jähriger Abwesenheit niemand von dem Weltreisenden Notiz? Wie konnte er in den wegen ihrer Grausamkeit berüchtigten Genueser Gefängnissen monatelang ungehindert seine Erlebnisse erzählen und wenn es wirklich gelang, dort genügend Schreibmaterial aufzutreiben, warum notierte er seine Memoiren nicht selbst? Wieso galt er bei seinen Zeitgenossen als Prahlhans und Lügenerzähler und wurde als *Messer milione* (Millionen-Herr) verspottet?

Die venezianische Polo-Familie zählte zu den größeren Handelshäusern, die Geschäftsbeziehungen mit dem Orient pflegten. In Konstantinopel besaß sie ein Haus und betrieb von dort aus Im- und Export mit den Stützpunkten an der Schwarzmeerküste. An den dafür notwendigen Reisen nahm Marco Polo mit Sicherheit teil und er kam mit Menschen aus aller Herren Länder in Berührung. Sehr unwahrscheinlich mutet aber seine Begründung für die Reise nach Zentralasien an. Angeblich handelten die Polos im Auftrag des Papstes, um die Mongolen zum christlichen Glauben zu bekehren und als Verbündete gegen den Islam zu gewinnen.

Solche Versuche hatte es tatsächlich gegeben, so erstmals 1245/46 durch den Franziskanermönch Giovanni de Carpini. Naturgemäß erwählte der Papst aber für solch heikle Missionen Geistliche und keine wenig bekannten Kaufleute aus Italien.

Marco Polo war zweifellos ein sehr aufgeweckter und interessierter Mann. Er konnte Informationen über das Land der Mitte und die Mongolen in der Vielvölkerstadt Konstantinopel relativ mühelos erlangen. Reiseberichte von Persern und Arabern existierten ebenfalls schon. Manchmal verrät Polo unfreiwillig seine Quellen, so etwa wenn er Schweinefleisch als „unreines Gericht" bezeichnet, was eindeutig auf moslemischen Ursprung deutet, denn in China wird Schweinefleisch damals wie heute sehr gern gegessen. Unkritisch übernimmt er auch schwer zu widerlegende Anekdoten. Über die Wüste Taklamakan heißt es; „dass sich dort viele böse Geister tummeln, die den Reisenden mit allerlei Blendwerk ins Verderben locken".

Verdächtig ist weniger, was Polo beschreibt, als vielmehr das, worüber er schweigt. Minutiös schildert er Kleidung und Schmuck von Kublai Khans Hofdamen, erwähnt aber mit keinem Wort die für jeden Europäer befremdliche Sitte der Chinesen, ihren Frauen die Füße zu verstümmeln. Die überall verbreiteten Teehäuser kommen bei ihm ebenso wenig vor, wie der Gebrauch von Stäbchen beim Essen.

War Marco Polo tatsächlich in China?

Mag dieses fehlende Lokalkolorit eventuell an Polos nüchterner Sicht als Kaufmann liegen, so ist es doch völlig unwahrscheinlich, dass ihm bei seinen Seereisen der Gebrauch von Kompassen entging oder die Verwendung von Schießpulver beim Militär. Marco Polo, der drei Jahre als Statthalter der Provinz Yangzhou fungiert haben will, kennt das chinesische Schriftsystem nicht und nennt die meisten Orte mit ihrer persischen Bezeichnung. Auf seiner ersten Reiseroute hätte er unbedingt die chinesische Große Mauer passieren müssen, doch sie bleibt unerwähnt!

Dass Polos Werk sich sehr unterhaltsam liest, ist vor allem das Verdienst des aus Pisa stammenden Schriftstellers Rusticiano. Dieser Verfasser längst vergessener Ritter- und Schauerromane lernte Marco Polo angeblich 1298 im Kerker des Palazzo del Capitano zu Genua kennen. Die Liste der Staatsgefangenen weist allerdings diese beiden Namen nicht auf. Höchstwahrscheinlich bekam Rusticiano das nötige Faktengerüst von seinem neuen Freund und schmückte es kräftig aus. 1307 verfasste er eine durchgesehene Auflage in französischer Sprache, die Polo nicht verstand.

In Venedig, wo man allerhand phantastische Geschichten zu hören bekam, galt Marco Polo nach Erscheinen seines Buches als eine Art Baron Münchhausen. Man nahm ihm weder die 10.000 Konkubinen des Großkhans ab und schon gar nicht die Millionenbevölkerung vieler chinesischer Städte. Mit 100.000 Einwohnern gehörte Venedig zu den größten Metropolen Europas, da wirkte die Behauptung, Polos Residenz Yangzhou sei von 1,6 Millionen Menschen bewohnt worden, fast beleidigend. Diesen *Messer milione* konnte man einfach nicht ernst nehmen.

Das änderte sich im Laufe der Zeit. Marco Polos Quellen waren ja großenteils durchaus seriös, so dass Christoph Kolumbus sie als Anregung für seine Entdeckungsfahrten nutzte. Alexander von Humboldt pries sein Buch als „vortreffliches Werk". Es sei dem Reisenden als postume Ehrung gegönnt, wenn Venedigs großer Flughafen heute den Namen „Marco Polo" trägt.

30. Anagni – ein Überfall spaltet das Abendland

Die kleine italienische Stadt Anagni, südlich von Rom, war am 7. September 1303 Schauplatz eines grausamen Vorfalls. In seiner Landvilla wurde Papst Bonifazius VIII. von einer Bande Bewaffneter überfallen, verprügelt und mit dem Tod bedroht. Dann versuchten die französisch sprechenden Häscher den 63-jährigen Pontifex zu entführen, wurden aber ihrerseits von den beherzten Bürgern attackiert und mussten Bonifazius nach drei Tagen wieder freilassen. Dieser Überfall von Anagni gab den Auftakt zum „Großen Schisma", einer mehr als 100 Jahre währenden Spaltung der christlich-europäischen Kirche.

Macht und Ansehen des Papsttums erreichten im 12. Jahrhundert einen Höhepunkt. Der 1294 gewählte Papst Bonifazius VIII. wollte diese Tatsache besonders augenfällig machen und verkündete 1300 ein Heiliges oder Jubeljahr, das künftig alle 100 Jahre stattfinden sollte. Allen Rompilgern wurde vollständiger Sündenablass versprochen, wenn sie 15 Tage lang die vier Hauptkirchen der Stadt besuchten. Das lockte unzählige Menschen nach Rom und bedeutete für die Kirche ein glänzendes Geschäft.

1302 unternahm Bonifazius einen weiteren Schritt. In seiner Bulle *Unam sanctam* stellte er das Amt des Papstes über alle weltliche Macht. Die geistliche Gewalt habe die weltliche einzusetzen und sie gegebenenfalls zu richten. Es hieß, dass Monarchen „sich Gott widersetzen, wenn sie sich dem Papst widersetzen".

Für Frankreichs machtbewussten König Philipp IV. war das eine glatte Provokation. Er trachtete schon lange danach, an die Schätze des Ordens der Tempelritter zu kommen. Diese Mönchskrieger waren im Orient reich geworden, unterstanden nur dem Papst und bildeten gleichsam einen Staat im Staate. Natürlich dachte Bonifazius VIII. nicht daran, gegen seine treuen Verbündeten, die Templer, vorzugehen. Mit seiner Bulle hatte er sich aber auch Feinde in Rom gemacht. Die mächtige Familie Colonna sah durch den päpstlichen Machtanspruch ihre eigenen Privilegien bedroht.

Gemeinsam mit Philipps verschlagenem Kanzler Guillaume de Nogaret heckten die Colonna den Plan aus, Bonifazius zu überfallen und nach Frankreich zu verschleppen. In Rom wäre das nur schwer möglich gewesen, also wartete man, bis der Papst seine Geburtsstadt Anagni besuchte. Der dortige Anschlag scheiterte, wie erwähnt, doch die Geschehnisse beeinflussten den Papst körperlich und seelisch so negativ, dass er einen Monat später, am 11. Oktober 1303, verstarb.

Sein Nachfolger Benedikt XI. war kompromissbereiter. Doch als er merkte, dass die Franzosen sein Amt grundsätzlich missachteten, bereitete er einen Prozess vor. Angeklagt werden sollten die beiden Hauptverantwortlichen für den Anagni-Überfall, Guillaume de Nogaret und Sciarra Colonna. Kurz vor Prozessbeginn, am 7. Juli 1304, starb Benedikt plötzlich und unerwartet nach dem Genuss einiger Feigen. Es ist sehr wahrscheinlich, dass seine politischen Gegner hier zum Mittel des Giftmords gegriffen hatten.

Nun sorgten die Colonna dafür, dass in Rom elf Monate lang kein Papst gewählt werden konnte, während König Philipp sich als Retter der Christenheit aufspielte. Er ließ in Lyon von fünf Kardinälen und fünf Bischöfen, die zur Wahl gar nicht legitimiert waren, am 5. Juni 1305 einen neuen, ihm ergebenen Pontifex ausrufen: Bertrand del Goth, Erzbischof von Bordeaux. Er nahm den Namen Clemens V. an.

Papst Bonifazius VIII. überlebte das Attentat

König Philipp wies dem neuen Papst Avignon als Residenz zu, eine Stadt, die zwar zum Kirchenstaat gehörte, bequemerweise aber auf französischem Boden lag. Es begann die „Avignonesische Gefangenschaft" der Päpste. 1307 befahl Philipp die Verhaftung aller Tempelritter in Frankreich und zog ihr Vermögen ein. Clemens protestierte zunächst, hob indes 1312 den Orden endgültig auf. Während der folgenden Jahre führte er das Pontifikat in völlige Abhängigkeit von der französischen Krone. Die Römer wählten derweil einen Gegenpapst und so begann eine jahrzehntelange Spaltung der Kirche und des Abendlandes. Die Päpste exkommunizierten sich gegenseitig, von kirchlicher Autorität konnte keine Rede mehr sein.

Nachdem Papst Gregor XI. 1376 wieder nach Rom zurückgekehrt war, installierten die Franzosen einen Konkurrenten. Von 1378 bis 1449 regierten in Avignon und Pisa fünf Gegenpäpste. Das Konzil von Konstanz versuchte diesen Übelstand abzuändern, doch erst mit der Abdankung des Gegenpapstes Felix V. im April 1449 war das Große Schisma beendet – 146 Jahre nach dem Überfall von Anagni.

31. Ein Hochstapler hält Brandenburg zum Narren

Erzbischof Otto von Magdeburg glaubte an einem schönen Frühlingstag 1348 seinen Augen nicht zu trauen. „Das ist Markgraf Waldemars Siegelring!", rief er. Präsentiert hatte dieses Schmuckstück ein grauhaariger Pilger, der vor Ottos Residenz Wolmirstedt um Einlass „und einen Labetrunk" bat. Die Wachen führten den Mann zum Erzbischof und kaum erblickte der ihn, so glaubte er zu erkennen, wer da vor ihm stand: der vor 29 Jahren gestorbene Markgraf Waldemar von Brandenburg. Damit begann eine der größten Betrugsaffären des deutschen Mittelalters.

200 Jahre war die Mark Brandenburg vom Herrschergeschlecht der aus Anhalt stammenden Askanier regiert worden. Ihr letzter Repräsentant Waldemar wurde „der Große" oder „der Glorreiche" genannt, weil er sein Land von der Bedrohung durch Dänemark befreite und territorial erheblich vergrößerte. 1319 starb Waldemar erst 28-jährig und durch eine Reihe von Unglücksfällen war die gesamte Askanierdynastie schon 1320 im Mannesstamm ausgestorben.

Brandenburg fiel nun als „erledigtes Reichslehen" an den Kaiser zurück. Der damalige Monarch Ludwig IV. aus dem Geschlecht der bayerischen Wittelsbacher belehnte seine Söhne mit der Mark, die aber meist durch

Abwesenheit glänzten und sich lieber in Süddeutschland aufhielten. Das Land ließen sie von Verwesern regieren, die sich fast nur für die Eintreibung von Steuern interessierten. Wirtschaftlich verfiel die Mark zusehends.

Das änderte sich auch nicht, als nach Ludwigs Tod 1347 Karl IV. aus der Luxemburger Dynastie Kaiser wurde. Viele Märker wünschten sich in jenen Jahren die glückliche, glanzvolle Zeit unter den Askaniern zurück. Das Auftauchen des totgeglaubten Waldemar erfüllte also geheime Wünsche genauso wie politische Intentionen. Erzbischof Otto von Magdeburg, bei dem der Markgraf so unverhofft erschien, gehörte zu den erbittertsten Gegnern der Wittelsbacher. Das galt auch für zwei benachbarte Fürsten, Herzog Rudolf I. von Sachsen-Wittenberg und Graf Albrecht von Anhalt.

Es verwundert demnach nicht, wenn diese drei Adligen überall folgende Geschichte verkündeten: Waldemar habe sich als Pilger auf eine Wallfahrt nach Palästina zum Heiligen Grab begeben. Sein Tod 29 Jahre zuvor sei nur ein Täuschungsmanöver gewesen, er sei „heimlich davongegangen" und an seiner Stelle im Kloster Chorin die Leiche eines Unbekannten begraben worden. „Als er aber hörte, wie sein geliebtes Brandenburg unter fremden Herrschern leiden müsse, habe er sich eiligst auf den Heimweg gemacht, um seinem Lande zu helfen."

Nachdem Erzbischof Otto die Echtheit Waldemars bestätigt hatte, strömten zahlreiche Menschen herbei, um sich persönlich von der Wiederkehr des beliebten Fürsten zu überzeugen. In der Tat machte dieser Mann einen bemerkenswerten Eindruck. Seine Gestalt, die Gebärden (etwa die Art, wie er sich auf sein Schwert zu stützen pflegte) sowie seine Sprache schienen authentisch. Überdies wäre ja Waldemar mittlerweile 57 Jahre alt und dürfte sich äußerlich um einiges verändert haben.

Die Koalition der Anti-Wittelsbacher zögerte nicht lange. Binnen weniger Wochen konnte der Waldemar-Imitator auf einer Huldigungsreise große Teile der Mark von sich überzeugen. Am 20. September 1348 zog er in Berlin ein, wo er durch großzügige Schenkungen die Sympathie der Bürger gewann. Die Abgesandten von 35 Städten erkannten ihn „als ihren rechten Erbherren" an. Nachdem er im September 1348 mit einem Heer aus magdeburgschen und anhaltinischen Söldnern die Altmark unterworfen hatte, entschloss sich Kaiser Karl IV. zum Handeln. Es kam ihm damals sehr gelegen, dass seine Rivalen aus Bayern so große Schwierigkeiten in Brandenburg plagten. Im Herbst 1348 zog er in ein Feldlager bei Müncheberg und belehnte den falschen Waldemar am 2. Oktober mit der Mark. Als gewiefter Geschäftsmann ließ Karl sich diesen Akt mit der Übertragung der Niederlausitz als Pfand bezahlen.

1349 beherrschte Waldemar fast das gesamte Land. Der rechtmäßige Markgraf Ludwig der Ältere und seine Wittelsbacher Familie mussten reagieren, wollten sie sich nicht gänzlich der Lächerlichkeit preisgeben. Ludwig schloss ein Bündnis mit Dänemark und Pommern. Von der Neumark aus betrieb er erfolgreich die Rückeroberung Brandenburgs.

Schlau wie Karl IV. war, entging ihm diese Wendung der Dinge nicht. Es war offenbar an der Zeit, sich mit den mächtigen Wittelsbachern zu arrangieren. Am 7. Februar 1350 befahl Karl in Bautzen eine erneute Untersuchung über die Authentizität Waldemars. Schon nach einer Woche tauchten ernste Zweifel auf. Der Kaiser belehnte nun demonstrativ Ludwig den Älteren mit der Mark und erklärte am 26. Februar, dass der Prätendent „nicht der eigentliche und wahre Waldemar ist"; er selbst sei „gänzlich betrogen worden". Auf dem Reichstag zu Nürnberg wurde der Markgraf öffentlich als Betrüger zum „Trug-Waldemar" erklärt.

Damit war die Komödie aber noch nicht zu Ende. Der Bluffer Waldemar wanderte nicht etwa in den Kerker. Vielmehr fand er freundliche Aufnahme am anhaltinischen Hof in Dessau. Man hielt ihn hier „in stiller Verborgenheit", aber mit fürstlichen Ehren. Erst am 10. Mai 1355 entsagte er förmlich seiner Herrschaft über Brandenburg und starb ein Jahr später.

Doch wer spielte nun jahrelang die Partie des falschen Waldemar? Außer Mutmaßungen von Zeitzeugen und Chronisten gibt es keine Anhaltspunkte. Angeblich soll der Müllerbusche Jakob Rehbock aus Anhalt in diese Rolle geschlüpft sein. Er habe dem echten Waldemar als Junker gedient und ihn daher gut gekannt. Andere meinten, der brandenburgische Bäckergeselle Meinecke aus Beelitz sei Trug-Waldemar gewesen.

Etliches spricht dafür, dass die politischen Gegner der Wittelsbacher einen geeigneten Mann jahrelang auf seine Rolle als Markgraf vorbereiteten und zum günstigen Zeitpunkt präsentierten. So dürfte es nur hochgestellten Herrschaften möglich gewesen sein, den Hochstapler mit Waldemars Siegelring auszustatten. Die Verfasser der zeitgenössischen Magdeburger Schöppenchronik müssen darüber recht gut informiert gewesen sein, denn sie schreiben: „Da erhob sich mit Hilfe und Rat einiger Fürsten jemand und sagte, er sei Markgraf Waldemar von Brandenburg."

32. Volkstribun im Größenwahn – Cola de Rienzi

Die Volksmenge rund um die Kirche *San Giovanni in Laterano* geriet vor Begeisterung schier aus dem Häuschen. Soeben hatte sich am 1. August 1347 Cola de Rienzi zum Ritter schlagen lassen. Er trug nun den selbst verliehenen Titel „Kandidat des Heiligen Geistes, Ritter Niccolò der Gestrenge und Gnädige, Befreier der Stadt, Vorkämpfer für Italien, Freund des Erdkreises und erhabener Tribun". Diese Prahlerei schien nur wenigen lächerlich, doch bald sollten die Römer von ihrem Tribun die Nase gründlich voll haben.

Niccolò, genannt „Cola", de Rienzi stammte aus einer einfachen römischen Familie, der Vater Schankwirt, die Mutter Wäscherin. Trotzdem muss der 1313 geborene Junge eine gute Schule absolviert haben. Dies legen seine fundierten Kenntnisse der antiken Literatur nahe. Später betrieb er autodidaktische Studien über Grammatik, Rhetorik und alte Geschichte.

Um 1335 ergriff Rienzi den angesehenen Beruf des Notars. Dies war verbunden mit einer Tätigkeit als Rechtsberater, die ihn mit Sorgen und Nöten des einfachen Volkes konfrontierte. Die Stadt Rom bot damals einen erbärmlichen Anblick. Aus der stolzen Weltmetropole war ein verfallenes Provinznest geworden, auf dessen Trümmern sich einzelne Adelsfamilien bekämpften. Seit der Papst 1309 Rom verlassen und seine Residenz im französischen Avignon aufgeschlagen hatte, war es mit der Rechtssicherheit in der Stadt gänzlich vorbei.

Cola de Rienzi entwickelte bald Vorstellungen von einer Wiedergeburt Roms in Freiheit und antiker Würde, die er mit missionarischem Sendungsdrang verband. Besonders beeindruckte ihn 1341 die Dichterkrönung des Francesco Petrarca auf dem Kapitol, welche durch Nachahmung antiker Traditionen die Erinnerung an einstige Größe und Freiheit des römischen Volkes wieder belebte.

1343 war Rienzi Mitglied einer Delegation, die Papst Clemens VI. zur Rückkehr nach Rom bewegen sollte. Den aus Südfrankreich stammenden Pontifex zog aber nichts in die heruntergekommene Stadt am Tiber. Dafür fiel ihm der beredsame Cola auf. Vielleicht konnte man ihn als Instrument zur Stärkung der päpstlichen Autorität gegen den römischen Stadtadel verwenden. Clemens ernannte ihn zum persönlichen Notar bei der Stadtverwaltung. Mitte 1344 kehrte Rienzi zurück, überzeugt davon, dass der Papst es billigen würde, wenn das Volk von Rom sich aus eigener Kraft gegen den Adel seine Rechte erkämpfte.

Lange bereitete Rienzi einen Umsturz vor, den er zum Pfingstfest (20. Mai) 1347 erfolgreich durchsetzte. Seine Parteigänger aus dem unzufriedenen Volk besetzten das Kapitol und vertrieben den Stadtadel, vor allem die gefürchteten Familien Colonna und Orsini. Dem folgte eine Proklamation der Republik nach altrömischem Vorbild, als deren oberster Repräsentant sich Rienzi ausrufen ließ. Er erhielt den Titel „Tribun der Freiheit". Dem folgten Reformen der Finanzen, der Rechtspflege und des Wirtschaftslebens. Binnen kurzem erlebte die Stadt einen ökonomischen Aufschwung.

Diese Erfolge trugen aber auch dazu bei, dass Rienzi bald einer maßlosen Selbstüberschätzung erlag. Er wollte die Erneuerung des römischen Imperiums unter einem italienischen Kaiser, wobei er an sich selbst dachte, sowie die Entscheidungsgewalt Roms und des römischen Volkes über alle Belange der Welt. Den Deutschen König Karl IV. lud er nach Rom ein, um ihm hier seine Krone zu verleihen.

Nach der eingangs beschriebenen Zeremonie drang bei Cola de Rienzi endgültig der Größenwahn durch. Er stolzierte jetzt mit pelzverbrämtem Purpurmantel und goldenen Sporen durch die Stadt und ließ sich an jeder Straßenecke huldigen. Waren diese theatralischen Selbstinszenierungen noch halbwegs zu ertragen, machte der Tribun sich durch Steuererhöhungen sehr unbeliebt. Die verfeindeten Adelsclans verbündeten sich gegen ihn und als er am 20. November 1347 wieder einmal in goldbestickter Toga im Triumphmarsch durch Rom zog, kam es an der *Porta San Lorenzo* zu einer Massenschlägerei, bei der fast 100 Menschen den Tod fanden.

Als der aufgebrachte Papst mit dem Bannfluch drohte, floh Rienzi am 15. Dezember bei Nacht und Nebel aus der Stadt. Zwei Jahre versteckte er sich im Abruzzen-Gebirge bei einer Sekte, die sich von den Franziskanermönchen abgespalten hatte. 1350 erschien er plötzlich am Hof von König Karl IV. in Prag, dem er während dreier Audienzen seine Vorstellungen von einer Erneuerung des Erdkreises darlegte. Karl hörte interessiert zu, lieferte den unbequemen Mann aber 1352 nach Avignon aus.

Noch einmal hatte Rienzi Glück, denn Clemens VI. starb im Dezember 1352 und der neue Papst hielt es für ratsam, ihn als Bevollmächtigten und Senator nach Rom zu entsenden. Als Aufpasser stellte er ihm den spanischen Kardinal Egidio Albornoz zur Seite, der aber dieser Aufgabe nicht gewachsen war.

Am 1. August 1354 zog Cola de Rienzi wieder ins Kapitol ein, auf den Tag genau sieben Jahre nach seiner Erhebung zum Volkstribun. Aber was für ein Unterschied zu jener Zeit. Ein zeitgenössischer Chronist beschreibt Rienzi als „durch unmäßigen Weingenuss und vieles Tafeln dick und unförmig geworden". Schlimmer noch, er führte sich nun wirklich wie ein Tyrann auf. Seinen alten Freund Pandulfo di Guidi, den man der Konspiration mit der Colonna-Familie verdächtigte, ließ er ohne Gerichtsverfahren hinrichten. Aus dem freiheitsliebenden Volkstribun war eine Kreatur des Papstes geworden.

Am Morgen des 8. Oktober drangen Bewaffnete der Orsini und Colonna in sein Haus ein und verhafteten ihn. Dem einst vergötterten Tribun schrie man ins Gesicht: „Tod dem Verräter, der die Steuern eingeführt hat!" Als Rienzi sich bei einem inszenierten Prozess rechtfertigen sollte, wurde er von einem Unbekannten hinterrücks ermordet, sein Leichnam durch die Straßen geschleift und dann öffentlich zur Schau gestellt.

Bis heute schwankt Rienzis Charakterbild in der Geschichte. 1887 wurde auf dem Kapitol sein Bronzedenkmal aufgestellt. Sehr stimmig hat ihm Richard Wagner in seiner gleichnamigen Oper als letzte Worte in den Sängermund gelegt:

> *„Solang die sieben Hügel Romas stehen*
> *Solang die ew'ge Stadt nicht wird vergehen*
> *Sollt ihr Rienzi wiederkehren sehen."*

33. Skandinaviens Urmutter Margarethe I.

König Albrecht von Schweden glaubte eine besonders witzige Idee zu haben. Kurz vor der Schlacht bei Falköping am 24. Februar 1389 sandte er Dänemarks Herrscherin Margarethe einen Wetzstein nebst der Aufforderung, die „Königin Ohnehose" möge damit ihre Nähnadeln und Schneiderscheren schleifen. Margarethe schärfte lieber ihre Schwerter und siegte in der Schlacht. Der spottlustige Albrecht wanderte für sechs Jahre ins Gefängnis.

Margarethe war die jüngere Tochter des Königs Waldemar IV. von Dänemark. Schon im zarten Alter von zehn Jahren wurde sie 1363 mit dem norwegischen König Håkon VI. verheiratet und siedelte nach Oslo über. Mitten während einer Pestepidemie brachte sie hier 1370 ihren Sohn Olaf zur Welt. Es war eine chaotische Welt, denn die Königreiche Schweden, Norwegen und Dänemark kämpften seit Jahrzehnten erbittert um die Vorherrschaft im skandinavischen Raum. Da sowohl in Schweden wie in Dänemark damals keine Erbmonarchie, sondern ein Wahlkönigtum existierte, wurden immer häufiger ausländische Potentaten zum König gewählt.

Energische Herrscherin – Margarethe I.

Margarethes Vater Waldemar lag im Dauerstreit mit dem mächtigen deutschen Handelsbund der Hanse. Dabei bewies er zuletzt eine wenig glückliche Hand und musste vier Jahre in Europa vergeblich um militärischen Beistand bitten. Als er 1375 starb, erbte die 22-jährige Margarethe den Königsthron von Dänemark, weil ihr einziger Bruder schon im Kindesalter gestorben war. Eine regierende Königin gehörte im Mittelalter zu den außergewöhnlichen Fällen. Geistreich, charakterfest und mit einer gehörigen Portion Mut und Selbstbewusstsein gelang es Margarethe, alle Schlüsselpositionen Dänemarks mit loyalen Gefolgsleuten zu besetzen, allen voran ihr Berater, der Deutsche Henning von Putbus.

Als Regentin für ihren Sohn Olaf hatte Margarethe sich kaum etabliert, da starb 1380 auch ihr Gemahl. Håkon war nominell nicht nur König von Norwegen, sondern auch von Schweden gewesen. Dort hatte der Adel allerdings mit Albrecht von Mecklenburg einen Gegenkandidaten gewählt. Margarethe begründete zunächst 1380 die Personalunion zwischen Dänemark und Norwegen, die bis zum Jahre 1814 Bestand haben sollte. Unterstützt wurde sie dabei von der katholischen Kirche, zu der sie zeitlebens ein inniges Verhältnis pflegte.

Nachdem 1387 ihr junger Sohn Olaf gestorben war, entwickelte Margarethe kraft ihrer faszinierenden Persönlichkeit eine erstaunliche Aktivität. Nur eine Woche nach Olafs Tod wurde sie in der Domkirche zu Lund vom dänischen Reichsrat zur „Herrscherin und zum mächtigen Vormund des Reiches" gewählt. Im Februar 1388 folgte der norwegische Reichs-rat und erkor sie – trotz des hier geltenden Erbkönigtums – zur Monar-chin. Und nur einen Monat später einigte sie sich mit den mächtigsten Magnaten Schwedens, die sie ebenfalls anerkannten als „bevollmächtigte Frau und rechte Hausherrin auf Lebenszeit".

Das rief Albrecht von Mecklenburg auf den Plan, der seinen schwedischen Thron nicht ausgerechnet an eine Frau verlieren mochte. Sein Heer stieß am 24. Februar 1389 beim südschwedischen Asle nahe Falköping mit Margarethes Streitmacht zusammen und erlitt eine schwere Niederlage. Albrecht bekam eine Narrenkappe als Geschenk und musste solange ins Gefängnis, bis er auf sein Königtum verzichtete. Während ihrer Aufent-halte in Schweden residierte Margarethe meist im Kloster Vadstena. Dort lernte sie auch den Adligen Abraham Brodensson kennen, der angeblich ihr Liebhaber gewesen sein soll.

Anders als ihr Vater bemühte Margarethe sich um ein gedeihliches Ver-hältnis zur Hanse. Das diplomatische Meisterstück ihres Lebens schmie-dete sie am 20. Juni 1397. Auf der schwedischen Burg Kalmar sankti-onierte eine Ständeversammlung die Vereinigung der skandinavischen Reiche Schweden, Dänemark und Norwegen. Sie verpflichtete alle drei Länder zum gemeinsamen Auftreten nach außen sowie zur einheitlichen Thronfolgeregelung. „Hiermit soll alle Fehde und Zwietracht, die zwi-schen den Reichen hier seit langen Zeiten bestanden, niedergelegt und nie mehr aufgenommen oder hervorgebracht werden", hieß es in der Ur-kunde. Jeder Landesteil sollte seine innere Selbständigkeit sowie eigene Verwaltung und Rechtsprechung behalten.

Die Bestimmungen dieser „Kalmarer Union" legten auch fest: „Es soll un-sere Frau Königin Margarethe zu ihren Lebzeiten und mit allen könig-lichen Rechten ausnahmslos nach ihrem Willen alles besitzen und nutzen, beherrschen und behalten." Damit wurde sie Herrscherin eines riesigen Reiches, das sich von Holstein bis zu den norwegischen Besitzungen Grön-land, Island, Färöer und den Shetland-Inseln erstreckte. Die drei Kronen in Schwedens Wappen erinnern bis heute an diese Union.

Nominell führte Margarethe I. das Zepter für ihren Großneffen Erik, den sie 1396 als Kandidaten für den dreifachen Thron durchsetzen konnte. Realiter führte sie bis zu ihrem Tode sämtliche inneren und äußeren An-gelegenheiten der Union in alleiniger Verantwortung. Bald nannte man sie mit Anspielung auf die sagenhafte babylonische Königin „Semiramis des Nordens".

1407 erlangte sie auch die Herrschaft über die Insel Gotland. Um das Herzogtum Schleswig enger an ihr Reich zu binden, reiste Margarethe 1412 mit dem Thronfolger Erik nach Flensburg. Dort wollte sie sich den Beistand der einflussreichen Kaufmannsgilde sichern. Doch unerwartet erkrankte die Königin an der Pest und starb am 28. Oktober 1412 auf einem Schiff im Flensburger Hafen.

Margarethe I. wurde im Dom zu Roskilde bestattet. Anders als ihre 37 Vorgänger und Nachfolger bekam sie das Grabmal nicht in einer Seitennische, sondern als Zeichens des Respekts für ihre Lebensleistung direkt vor dem Altar.

34. Klaus Störtebeker – der geheimnisumwitterte Pirat

Viel neugieriges Volk versammelte sich im Oktober 1401 auf dem Hamburger Grasbrook. Es war die bevorzugte Hinrichtungsstätte für Gesindel aller Art, in erster Linie aber Seeräuber. Hier wurde auch Klaus Störtebeker mit seinen Spießgesellen enthauptet – einer der wenigen gesicherten Fakten im Leben des berüchtigten Piraten.

Nach zahlreichen widerstreitenden Legenden war Klaus Störtebeker ein Bauernjunge aus Wismar, ein adliger Bastard von der Insel Rügen, ein friesisches Findelkind oder ein verarmter Ritter aus Verden an der Aller. Seinen Namen (vom Niederdeutschen „Stürz den Becher") soll er wegen bemerkenswerter Trinkfestigkeit bekommen haben; angeblich konnte er einen Vierliter-Humpen ohne abzusetzen in einem Zug leertrinken.

Jenseits aller Sagen ist gewiss, dass 1380 ein „Nicolao Stertebeker" wegen Körperverletzung aus der Stadt Wismar verbannt wurde. Ganz offensichtlich ging der Verstoßene zur See und ergatterte sein Geld als staatlich lizensierter schwedischer Freibeuter. 1394 beklagte sich Henry of Bolingbroke, der spätere König Heinrich IV. von England, über geraubte Schiffe und Waren. Er forderte Schadenersatz und nannte allein 14mal Klaus Störtebeker als Übeltäter. Hier taucht auch erstmals der Name „Goddekin Mighel" auf; es handelte sich um Störtebekers Mitstreiter Godeke Michels.

Als Heinrich seine Klage erhob, hatten die Piraten in Nord- und Ostsee bereits Geschichte geschrieben. Die mächtige Königin Margarethe von Dänemark und Norwegen lag im Krieg mit König Albrecht von Schweden (siehe Geschichte Nr. 33). 1391 belagerten die Dänen Stockholm zu

Wasser und zu Land; es drohte eine Hungersnot. In dieser Situation unternahm Störtebekers Flotte mehrere kühne Handstreiche und versorgte so die schwedische Hauptstadt mit Viktualien (Lebensmitteln). Deshalb nannten sich seine Männer hinfort „Viktualienbrüder" oder verkürzt „Vitalienbrüder" – so zumindest die einleuchtendste Erklärung.

Als 1395 Dänemark und Schweden Frieden schlossen, war die rechtliche Grundlage für Seeräuberei, die „Kaperbriefe" des inzwischen abgesetzten Schwedenkönigs Albrecht, hinfällig geworden. Störtebeker hatte jedoch Vorsorge getroffen. Schon 1392 besetzte er die Insel Gotland. Von diesem Hauptquartier aus unternahmen die Vitalienbrüder ihre Raubzüge und „richteten bösen Schaden an", wie ein Lübecker Chronist berichtet. Besonders empfindlich wurde der Handel des Deutschen Ritterordens vor den Küsten des Baltikums geschädigt. Deshalb entschloss sich Konrad von Jungingen, Hochmeister des Deutschen Ordens, dem Treiben der Vitalienbrüder ein Ende zu setzen.

Kampfgetümmel an Bord von Störtebekers Schiff

Am 17. März 1398 stach eine Flotte unter Führung von Johann Pirts aus Danzig in See: 84 Schiffe mit 4.000 Kriegern. Trotz des Schutzes durch die dicken Mauern der Hauptstadt Visby konnten die undisziplinierten Piraten nicht lange standhalten. Am 5. April eroberten die Deutschordensritter Gotland. Viele Vitalienbrüder gerieten in Gefangenschaft. Störtebeker und Godeke Michels aber konnten sich in die Nordsee retten.

Hier empfingen sie die Häuptlinge der Ostfriesen mit offenen Armen. Neuer Stützpunkt der versprengten Schar wurde Marienhafe, ein heute völlig versandetes Gebiet.

Von Ostfriesland segelten Störtebekers Männer als „Gottes Freunde und aller Welt Feind" kreuz und quer über die Nordsee. Sie machten reiche Beute, die gerecht und zu gleichen Teilen vergeben wurde, weshalb die Piraten sich nun „Likedeeler" (Gleichteiler) nannten. Keineswegs aber bedeutet dieser Name, dass sie ihr Raubgut mit den Armen teilten. Altruistische Seeräuber kommen nur in der Romanliteratur vor.

Die dreisten Raubzüge der Likedeeler schmiedeten schließlich eine übermächtige Koalition zusammen. Margarethe, inzwischen auch Königin von Schweden, verbündete sich mit den deutschen Hansestädten Hamburg, Lübeck und Bremen. Langsam wurde es eng für Störtebekers Piraten in der Nordsee. Am 22. April 1401 stellte eine Hanse-Flotte unter Nikolaus Schocke und Hermann Lange die Seeräuberarmada vor der Insel Helgoland. Nach erbitterten Gefechten verlor Störtebekers Schiff seinen Hauptmast, von einer Kanonenkugel des Hanseflaggschiffs *Bunte Kuh* glatt abrasiert. Die Piraten mussten sich ergeben und wanderten nach Hamburg in den Kerker.

Klaus Störtebeker wurde zusammen mit etwa 70 Gefährten, darunter sein Steuermann Humbert Grobherz, am 21. Oktober 1401 auf dem Grasbrook bei Hamburg geköpft. Angeblich hatte man ihm versichert, dass all jene Männer überleben würden, an denen er nach seiner Enthauptung noch vorbeigehen könne. Bei elf Todeskandidaten soll ihm dieses Kunststück gelungen sein. Tatsächlich aber wurden sämtliche Verurteilten ihrer gerechten Strafe zugeführt.

35. Die Katastrophe von Nikopolis

„Selbst wenn der Himmel einstürzen sollte, werden wir ihn auf den Spitzen unserer Lanzen aufrecht halten." Diesen stolzen Satz sprach der französische Kronfeldherr Philippe d'Artois im September 1396 zu König Sigmund von Ungarn. „Wir sind mit der Absicht hierher gekommen, ruhmvolle Waffentaten zu verrichten und den Feind zu verjagen", ergänzte der erfahrene Kämpfer Enguerrand de Coucy. Dieser Feind in Gestalt des Türkensultans machte den selbstbewussten Rittern einen fatalen Strich durch die Rechnung.

Die islamischen Türken drängten nach der Eroberung Anatoliens Mitte des 14. Jahrhunderts weiter in Richtung Westen. Das geschwächte ost-römisch-byzantinische Kaiserreich konnte ihnen kaum noch Widerstand entgegensetzen. Nach der Besetzung von Gallipoli, dem strategischen Schlüsselpunkt an der Dardanellen-Meerenge zwischen Schwarzem und Mittelmeer strömten türkische Heere auf den Balkan. Sultan Murad I. eroberte 1362 Adrianopel, 1382 Sofia und 1387 Thessaloniki. Die Armee des Königs von Serbien wurde 1389 in der Schlacht auf dem Amselfeld (*Kosovo polje*) vernichtend geschlagen. Murads Sohn und Nachfolger Bayezit mit dem bezeichnenden Beinamen *Yildirim* (Blitzstrahl) setzte diese Eroberungspolitik fort. 1393 zerstörten seine Truppen die alte bul-garische Zarenresidenz Tirnowo und belagerten zwei Jahre später Kons-tantinopel.

König Sigmund von Ungarn, Sohn des Römisch-Deutschen Kaisers Karl IV., sah sein Reich, das fast den gesamten Balkan umfasste, von den Tür-ken tödlich bedroht. Er schloss ein Bündnis mit der Republik Venedig, die 45 Schiffe zur Verfügung stellte. Sie sollten über das Schwarze Meer zur Donaumündung segeln und dort Sigmunds von Land entlang der Donau vorrückende Streitmacht unterstützen.

Zu jener Zeit war im sogenannten Hundertjährigen Krieg zwischen Frank-reich und England ein Waffenstillstand erreicht. Viele französische und burgundische Ritter, nun quasi beschäftigungslos, sagten ihre Teilnahme am Kampf zu, den der Papst zum Kreuzzug deklariert hatte.

An der Spitze des französischen Heeres – etwa 8.000 Mann, davon 2.000 gepanzerte Ritter – standen Philippe d'Artois und Johann der Unerschro-ckene, Sohn des Herzogs von Burgund. Als hervorragende Einzelkämpfer neigten diese Adligen dazu, ihre Gegner grundsätzlich zu unterschätzen, insbesondere wenn es sich dabei um das verachtete Fußvolk handelte. Die Anfangserfolge gaben ihnen Recht.

Ende Juli 1396 setzte sich die verbündete Armee aus Ungarn, Walachen, Franzosen und Burgundern in Bewegung und zog am linken Donau-Ufer nach Süden. Am 27. August konnte sie die Festung Widin ohne größere Probleme besetzen. Auf dem Fluss erschien auch die venezianische Flot-tille, mit deren Hilfe eine weitere Bastion, Rachowa, erobert wurde. Aller-dings zeigte sich schon hier die enorme Gefahr, welche von der türkischen Infanterie ausging. 500 französische Ritter wären bei Rachowa beinahe von ihr in einen Hinterhalt gelockt und vernichtet worden. König Sig-mund gelang es, die Bedrängten herauszuhauen. Zu seinen Gefolgsmännern gehörte auch der spätere Kurfürst Friedrich I. von Brandenburg aus der Hohenzollerndynastie.

Als letztes Hindernis auf dem Balkan stand jetzt noch die starke Festung Nikopolis (heute das rumänische Turnu Magurele) am Zusammenfluss von Olt und Donau. Am 13. September 1396 begannen die Kreuzfahrer mit der Blockade. Schon bald rückte Sultan Bayezit mit 15.000 Mann von Süden vor und traf am 24. September im Rücken von Sigmunds Streitmacht ein. Die Schlacht war nun unvermeidlich.

Das Fußvolk der Türken war zu jener Zeit sorgfältig ausgebildet. Ihren Kern bildeten die „Janitscharen" – im Kindesalter zwangsrekrutierte Christen. Sie wurden islamisiert, in Kasernen einem erbarmungslosen Drill unterworfen, aber auch regelmäßig besoldet und gut verpflegt. König Sigmund schlug im Kriegsrat vor, sein Fußvolk aus Ungarn und der Walachei, das die zähe Kampfesweise der Janitscharen bereits kannte, als erste gegen die türkische Vorhut zu schicken, um diese zu ermüden.

König Sigmund auf der Flucht vor den Türken

Dieser vernünftige Vorschlag wurde von den Franzosen energisch zurückgewiesen. Man sei niemals bereit, „einer elenden Bauernmiliz den Vortritt auf dem Schlachtfeld zu lassen", polterte Philippe d'Artois. „Wer uns in die Nachhut stellt, entehrt uns und gibt uns der Verachtung preis", sekundierte Burgunderherzog Johann der Unerschrockene. Der Ehrenkodex des Ritterstandes führte dazu, dass sämtliche Vorteile einer klug gestaffelten Schlachtordnung aus der Hand gegeben wurden.

So hatten die Türken verhältnismäßig leichtes Spiel. Mit ihrer beweglichen Infanterie ließen sie die gegnerischen Panzerreiter ins Leere laufen.

Sie mussten absitzen und wurden rasch von Bayezits leichter Kavallerie eingekesselt. Berittene Bogenschützen versetzten Sigmunds Fußvolk in Panik. Bald waren der König und sein Gefolge von türkischen Truppen umzingelt. Sein Leben hing am seidenen Faden. Mit letzter Kraft konnte man ihn heraushauen und auf einem Fischerkahn zur verbündeten venezianischen Flottille bringen.

Nahezu die gesamte Ritterschaft des Kreuzfahrerheeres fiel bei Nikopolis oder geriet in Gefangenschaft. Der stolze Philipp d'Artois starb 1397 im Kerker, neun Tage bevor sein Lösegeld am Sultanshof eintraf. Der Burgunderherzog konnte sich rechtzeitig freikaufen. 2.000 weniger vornehme oder wohlhabende christliche Gefangene wurden von den Türken in einem 24-stündigen Gemetzel ermordet.

König Sigmund, der spätere Römisch-Deutsche Kaiser, war kein großer Feldherr, schätzte aber die Ursachen der Katastrophe von Nikopolis realistisch ein: „Wir haben die Schlacht durch den Stolz und die Eitelkeit dieser Franzosen verloren."

36. Hochmut kommt vor dem Tod – Jan Hus in Konstanz

Seit dem Jahr 1414 wurde im Bodensee-Städtchen Konstanz Weltgeschichte geschrieben. Der Römisch-Deutsche König Sigmund hatte hier ein allgemeines Kirchenkonzil berufen, die höchste geistliche Instanz der Christenheit. Seine wichtigste Aufgabe bestand darin, die verhängnisvolle Spaltung der katholischen Kirche zu überwinden. Zu jener Zeit bekämpften sich drei Päpste, deren lautstarkes Agieren das gesamte Abendland in Aufruhr versetzte. Dem musste endlich ein Ende bereitet werden.

Das Konzil begann am 5. November 1414. In Konstanz waren u. a. 99 Kardinäle, 47 Erzbischöfe sowie hunderte Theologen und Rechtsgelehrte zusammengekommen. Als Schutzpatron der Versammlung fungierte König Sigmund persönlich. Um die Einheit der Kirche für jedermann überzeugend wiederherzustellen, galt es auch, die Verbreiter ketzerischer Irrlehren zu bekämpfen. Ihr prominentester Vertreter war der böhmische Theologe Jan Hus. Dieser Mann von ebenso großer Gelehrsamkeit wie Rhetorik predigte seit 1402 in der Prager Bethlehemkapelle. Zentraler Punkt seiner Lehre war die Abschaffung der seit 1.500 Jahren tradierten

Papstwürde. Ihre Autorität sei überflüssig, denn „nicht der Papst kann Sünden vergeben, sondern Gott allein."

Hus wandte sich an das einfache Volk in seiner tschechischen Muttersprache und forderte, den Reichtum der Kirche an die Armen zu verteilen. Solcherart Populismus kam damals wie heute gut an, zumal er seine Predigten mit einer gehörigen Portion Nationalismus durchsetzte. Er wiegelte Tschechen gegen Deutsche auf, wobei Letztere dank ihres Unternehmergeistes die Oberschicht in Böhmen bildeten. Aus Protest verließen 1409 nahezu 2.000 deutsche Professoren und Studenten die Universität Prag.

Die Amtskirche nahm Hus' Provokationen jahrelang mit erstaunlicher Langmut hin. 1410 erst belegte ihn der Prager Erzbischof mit dem Bannfluch. Daraufhin zog Hus nach Südböhmen, wo er immer radikalere Predigten hielt, die schließlich 1413 in seiner Kampfschrift „De ecclesia" (Über die Kirche) gipfelten. Darin stellte er die Autorität der kirchlichen Hierarchie grundsätzlich in Frage.

Die Konzilsväter machten Jan Hus das Angebot, nach Konstanz zu kommen und dort seine Thesen darzulegen und zu diskutieren. Viele Freunde warnten ihn vor diesem Schritt. Doch Hus gehörte zu den begnadeten Selbstdarstellern; er war voller Hochmut gewiss, mit seinem Charisma und seiner Beredsamkeit alle in den Schatten zu stellen. Überdies besaß er einen Geleitbrief König Sigmunds vom 18. Oktober 1414. Darin wies der Monarch alle Reichsstände und Untertanen an, Hus „transire, stare, morari et redire libere permittis" (mit Sigmunds Erlaubnis frei durchreisen, bleiben, Aufenthalt nehmen und zurückkehren zu lassen). Dieses Dokument wird häufig fehlinterpretiert. Es handelte sich keinesfalls um einen Schutzbrief gegen eine drohende Verurteilung als Ketzer, sondern um eine Art Empfehlungsschreiben.

Hus traf am 3. November 1414 in Konstanz ein und wartete auf seinen Termin. Stattdessen wurde er am 28. November festgenommen und im Kloster der Dominikaner interniert. Offenbar fürchteten die Konzilsväter, der eigenwillige und unberechenbare Prediger könne sich die Sache anders überlegen und die Stadt wieder verlassen. Seine Haftbedingungen waren durchaus nicht unmenschlich. Seit März 1415 war er sogar recht behaglich auf Schloss Gottlieben untergebracht, das dem Bischof von Konstanz gehörte.

Am 5. Juni 1415 fand die erste Anhörung statt. Unter Vorsitz des französischen Kardinals Pierre d'Ailly verlief dieser Termin unter tumultartigen

Umständen, wobei man Hus kaum zu Wort kommen ließ. Da griff König Sigmund gemeinsam mit seinem engsten Berater, dem Kurfürsten Friedrich I. von Brandenburg, ein. Während der folgenden Anhörungen am 7. und 8. Juni durfte der Böhme seine Thesen ausführlich darlegen. Sigmund und Friedrich versuchten dem vom Feuertod Bedrohten goldene Brücken zu bauen. Man versicherte ihn der königlichen Gnade, wenn er abschwöre. Selbstgerecht und schroff beharrte Hus auf seiner Meinung und sprach sogar Sigmund sein Königtum ab, weil er sich im Zustand der Sünde befände.

Das Konzilsgericht verurteilte Hus am 4. Juli 1415 „als hartnäckigen und unbelehrbaren Ketzer" zum Tod auf dem Scheiterhaufen. Wieder versuchte König Sigmund durch einen Widerruf das Schlimmste zu verhindern. Er unterbreitete das Angebot, Hus dürfe seinen Lehren abschwören unter gleichzeitigem Protest gegen das ihm aufgezwungene Gerichtsverfahren. Auch dies wurde abgelehnt. Selbst wenige Minuten vor seinem Tod fragte man, ob er nicht doch widerrufen wolle. Hus weigerte sich.

Klägliches Ende auf dem Scheiterhaufen

Das Urteil wurde am 5. Juli auf dem „Brühl", einer Wiese vor den Toren von Konstanz, vollstreckt. Hus trug seine beste Kleidung sowie eine weiße Bischofsmütze mit der Inschrift „Häresiarcha" (Oberhaupt der Ketzer). Ein Augenzeuge, der Konstanzer Bürger Ulrich von Richental, berichtet: „Da nahm ihn der Henker und band ihn in seinen Kleidern an einen Pfahl und stellte ihm einen Schemel unter die Füße und legte Holz und Stroh um ihn und schüttete Pech darein und zündete es an." Der Delinquent sang zunächst mit lauter Stimme den Choral „Christus, Sohn des lebendigen Gottes, erbarme dich!"

Sein letzter Ausspruch galt der Legende nach einem alten Weiblein, das voller Glaubenseifer ihr Reisigbündel zum Scheiterhaufen herbeitrug. „O, sancta simplicitas!" (Heilige Einfalt).

37. Skanderbeg – Albaniens Held der Berge

In der albanischen Festung Kruja wurde am 27. November 1443 eine rote Fahne gehisst. Auf ihr prangte ein schwarzer doppelköpfiger Adler. Es war das persönliche Banner des „Skanderbeg", ein Symbol für den Freiheitswillen der Albaner und bis heute gültig als eine der ältesten Nationalflaggen Europas.

Der Name „Skanderbeg" stammt aus dem Türkischen und bedeutet Fürst Alexander. Tatsächlich hieß sein Träger Georgi Kastriota und stammte aus einem der ältesten albanischen Adelsgeschlechter. Der 1405 geborene Georgi, Sohn des Fürsten Gjon Kastriota, wurde im Alter von zehn Jahren mit seinen drei Brüdern als Geiseln an den Sultanshof von Edirne (Adrianopel) gebracht. Dies war die bei den Türken übliche Methode, sich der Loyalität unterworfener Familien zu versichern. Georgi musste zum Islam übertreten und den türkischen Namen „Iskender" (Alexander) annehmen.

An dem von blutig-finsteren Serailintrigen durchwaberten Hof Sultan Murads II. verlor Iskender alle seine Brüder durch Giftmord. Der Jüngling schwur den Türken dafür Rache, spielte aber nach außen, um sein Leben nicht zu gefährden, weiter den treuen Gefolgsmann. 1438 ernannte ihn Murad zum Beg und Wali (Statthalter) der albanischen Provinz Jonima. Hier befand sich die stärkste Festung des Lande, Kruja, nördlich der heutigen Hauptstadt Tirana.

Skanderbeg nahm Verhandlungen mit albanischen Aristokraten auf, die eine Befreiung ihres Landes von der türkischen Fremdherrschaft anstrebten. Misstrauisch geworden, versetzte ihn der Sultan nach Dibra. Doch als sich 1443 die Ungarn gegen die Türken erhoben, schlug Skanderbeg zu. Am 27. November besetzte er die Festung Kruja im Handstreich und konvertierte am folgenden Tag wieder zum Christentum. Er erklärte sich zum Rächer seiner Familie und des Landes. Zu den versammelten Albanern sagte Skanderbeg: „Ich habe Euch nicht die Freiheit gebracht, sondern sie bei Euch gefunden."

1444 gründete er die „Union von Lezha" als Verteidigungsbündnis gegen die Türken. Der Sultan sandte noch im selben Jahr ein 40.000 Mann starkes Heer unter Ali Pascha aus, das im Juni 1444 von Skanderbeg bei Torviol vernichtend geschlagen wurde, obwohl er nur über 7.000 Reiter und 8.000 Fußsoldaten verfügte.

Einen weiteren Sieg errang Skanderbeg im August 1448 bei Oranik, in der Nähe seiner Geburtsstadt Dibra. 1450 zog Sultan Murad II. persönlich nach Albanien. Auch sein Heer erlitt eine Niederlage. Die sehr gut bewaffneten und organisierten Türken waren zu jener Zeit in offener Feldschlacht nahezu unbesiegbar. Das bergige und tief zerklüftete Terrain Albaniens sagte ihnen weit weniger zu. Hier gelang es Skanderbegs Guerilla-Taktik immer wieder, den Feind in Hinterhalte zu locken und zu dezimieren. So musste auch Murad Ende 1450 das Land der Skipetaren wieder verlassen.

Skanderbeg wurde zum legendären Volkshelden. Auf seinem mächtigen weißen Streitross reitend, trug er einen Helm, der mit vergoldeten Ziegenhörnern geschmückt war, der späteren Königskrone Albaniens. 1451 heiratete er Andronika Arianitis, Tochter des Fürsten von Vlora. Dadurch beherrschte er ganz Nord- und Mittelalbanien.

Als Sultan Murad II. 1451 gestorben war, erwuchs in seinem Nachfolger Mohammed II. der Christenheit des Ostens ein furchtbarer Gegner. Er vollendete im Mai 1453, was der Islam seit 800 Jahren vergeblich erstrebte: die Eroberung Konstantinopels (siehe „111 Geschichten zur Geschichte, S. 99ff.). Skanderbeg hatte derweil ein Bündnis mit König Alfons I. von Neapel geschlossen und von ihm leichte Geschütze erhalten. Mit ihrer Hilfe brachte er den Türken am 7. September 1457 bei Albulen in der Nähe von Kruja eine vernichtende Niederlage bei. Papst Pius II. ernannte ihn daraufhin zum *Athleta Christi* (Vorkämpfer von Christus).

1460 musste Sultan Mohammed II. einen Waffenstillstand schließen. Fünf Jahre später entbrannten die Kämpfe aufs Neue. Da die von Skanderbegs Schwester Mamica energisch verteidigte Bastion Kruja nicht zu bezwingen war, gründeten die Türken in Mittelalbanien einen eigenen befestigten Stützpunkt, das heutige Elbasan. Von dort aus marschierte Balaban Pascha wiederum gegen Kruja, wurde aber im April 1467 hier von Skanderbegs Truppen geschlagen. Seine Persönlichkeit bildete das charismatische Zentrum des Freiheitskampfes der Albaner. Als er am 17. Januar 1468 in Lezha (Alessio) starb, versuchten seine Witwe Andronika und sein erst 12-jähriger Sohn Gjon, den Türken weiter Widerstand zu leisten.

Mohammed II. wartete einige Jahre ab. Am 16. Juni 1478 musste Kruja vor seiner überlegenen Streitmacht kapitulieren. Skanderbegs Grab wurde von den Osmanen geplündert und zerstört. Albanien blieb für mehr als 400 Jahre unter türkischer Zwangherrschaft. Erst 1912 erlangte das Land seine Unabhängigkeit. Und als sich 1928 Ahmed Zogu zum König von Albanien krönen ließ, tat er das symbolisch mit dem Helm des Skanderbeg.

38. Das betrogene Mainzer Genie – Johannes Gutenberg

Der Buchdruck mit beweglichen Lettern revolutionierte das Geistesleben Europas. Über seinen Erfinder wissen wir jedoch nur wenig. Johannes Gutenbergs Vita erschließt sich vor allem aus Gerichtsakten, denn der Tüftler aus Mainz geriet immer wieder vor Justitias Schranken. Es ging um Erbstreitigkeiten, Beleidigung, nicht eingehaltene Kreditrückzahlungen und sogar um ein gebrochenes Eheversprechen.

Mit erfolglosen Politikern ging man im Mittelalter nicht so zimperlich um, wie heutzutage. Als der Patrizier Friele Gensfleisch 1411 die Wahl zum Bürgermeister von Mainz verlor, musste er die Stadt mit seiner Familie verlassen. Zu ihr gehörte auch sein jüngster um 1395 geborener Sohn Johannes Gensfleisch, der sich später nach einem väterlichen Anwesen „Gutenberg" nannte. 1419 taucht dieser Name erstmals in einem Gerichtsdokument auf, dem Erbstreit mit seiner Schwester.

Gutenberg war mit den Eltern zunächst in das deutsche Rheinstädtchen Eltville gezogen. Hier verliert sich seine Spur. Erst 1434 belegen Urkunden, dass er als Goldschmied und Spiegelmacher in Straßburg arbeitete, einer der größten Städte im Deutschen Reich. Gutenberg wohnte in der Vorstadt St. Arbogast und begann hier ab 1436 an drucktechnischen Erfindungen zu werkeln. Er beauftragte den Feinschmied Hans Dünne mit der Herstellung verschiedener Metallgeräte, die er „zu dem trucken" benötigte. Gutenbergs Geselle Andreas Dritzehn, ein Spiegelschleifer, ging ihm dabei zur Hand.

Zu jener Zeit existierten bereits Buchdruckereien. Dort verwendete man zur Vervielfältigung Holztafeln, in denen jeweils Zeile für Zeile die einzelnen Wörter geschnitzt wurden. Ihre Herstellung dauerte lange und war kostspielig; außerdem nutzte das Holz sich schnell ab. Gutenberg hingegen arbeitete an einer mechanischen Vervielfältigung der Buchstaben und

Satzzeichen. Er wollte diese Lettern in Metall durch ein Gussverfahren herstellen. Dafür benötigte man ein Handgießinstrument, mit dessen Hilfe Drucklettern einzeln, schneller und feiner gegossen werden konnten.

Gutenberg stellte seine Lettern aus einer Legierung von Blei und Zinn, angereichert mit Antimon und Wismut her. Blei sorgte für schnelles Erkalten des Gusses; durch das Zinn erhielten die Zeichen eine große Härte, damit sie dem Druck der Spindelpresse standhalten konnten. Mittels eines sogenannten Winkelhakens wurden sie zu Wörtern und Zeilen zusammengefasst. Verbesserte Druckfarbe erzielte ein klareres Bild der Buchstaben auf dem Papier. Diese genialen Erfindungen ermöglichten ein so effizientes Druckverfahren, dass Bücher, Flugschriften und Plakate bald große Teile der Bevölkerung erreichten.

Gutenbergs erster Bibeldruck

Was heute höchst plausibel anmutet, war tatsächlich ein langwieriger und vor allem sehr teurer Entwicklungsprozess. Gutenberg geriet häufig in Geldnöte und stand öfter vor Gericht als ihm lieb sein konnte. Finanzielle Hintergründe besaß auch ein 1437 in Straßburg ausgetragener Rechtsstreit. Eine Frau namens Ännchen von der Isern Türe verklagte Johannes Gutenberg wegen eines gebrochenen Eheversprechens. Ein Zeuge der Dame erhob Klage gegen ihn wegen Ehrenbeleidigung. 1439 gab es ein weiteres Verfahren wegen Übervorteilung von Geschäftspartnern und Kreditbetrug.

Seit Herbst 1448 wohnte Gutenberg wieder in Mainz, wo er mit geborgtem Familiengeld seine erste Werkstatt einrichtete. 1449 begegnete ihm der reiche Kaufmann Johann Fust, der sein böser Geist werden sollte. Die beide schlossen einen Vertrag, wonach Fust für den Ankauf von Druckerpressen 1.600 Gulden (etwa 110.000 Euro) zum Zins von 6 % verlieh. Seltsamerweise wurde in dem Kontrakt nichts über Fristen und Modalitäten der Kreditrückzahlung festgelegt. Fust bedang sich lediglich aus, dass sein Schwiegersohn, der Kalligraph Petrus Schöffer, als Kompagnon Gutenbergs in dessen Druckerei „Offizin im Humbrechtshof", eintreten durfte.

Im Oktober 1454 verließen die ersten 180 mit beweglichen Lettern gedruckten Bücher die Offizin an der Schustergasse. Es handelte sich um die berühmte 42-zeilige Bibel, so genannt, weil ihre Normalseite 42 Zeilen umfasste. Der Verkauf dieser Bibel erwies sich als durchschlagender Erfolg.

Noch im selben Jahr forderte Johann Fust seinen gesamten Kredit nebst Zins und Zinseszins zurück. Gutenberg, der immense Kosten für die Löhne seiner zwölf Mitarbeiter sowie Miete und Material zu tragen hatte, war dazu keinesfalls in der Lage. Gnadenlos verklagte Fust ihn. „Ich habe Gutenberg das Geld redlich geborgt. Damit sollte er das begonnene Werk zu Ende bringen. Und ob das mehr oder weniger kostete, was geht mich das an", heißt es in der Klageschrift. Umsonst verwies Gutenberg auf mündliche Abmachungen, wonach er erst dann Rückzahlungen leisten müsse, wenn das Geschäft mit den gedruckten Büchern floriere. „Auch gestehe ich ihm keine Zinsen und Wucherzinsen zu und bin auch dazu nach dem Gesetz wohl nicht verpflichtet."

Im November 1455 verurteilte das Gericht Johannes Gutenberg zur sofortigen Rückzahlung, und weil er dazu nicht in der Lage war, übernahm Fusts Schwiegersohn Petrus Schöffer die Druckerei. Finanziell ruiniert, zog sich Gutenberg in seine alte Werkstatt zurück, die an den Mainzer Stadtschreiber verpfändet war, der ihm hier Domizil gewährte. Da Fust nun das Monopol für den Bibeldruck besaß, verlegte er sich auf weltliches Schrifttum. So druckte er mehrere Ausgaben der lateinischen Grammatik und Etymologie des Aelius Donatus. Dieses Traktat war damals, als Latein die Universalsprache der Wissenschaft bildete, für Gelehrte unentbehrlich. Großen finanziellen Erfolg vermochte Gutenberg daraus nicht zu ziehen. Alte Darlehensforderungen aus seiner Straßburger Zeit drückten ihn. 1462 musste er nach einem Urteil des kaiserlichen Hofgerichts Mainz wieder verlassen, um nach Errichtung von Druckmaschinen mit verbessertem Typenapparat in Eltville etwas Geld zu verdienen.

Schließlich nahm sich der neue Mainzer Erzbischof Adolf von Nassau des bedrängten Erfinders an. Er ernannte ihn Anfang 1465 zum Mitglied seines Hofgesindes. Jedes Jahr erhielt Gutenberg kostenfrei vom bischöflichen Hof Kleidung und Lebensmittel. Das blieb so bis zu seinem Tod am 3. Februar 1468 in Mainz.

Interessantes Kuriosum: Zu den jährlichen Lieferungen des freigiebigen Erzbischofs gehörten auch zwei Fuder Wein, etwa 1.800 Liter. Dies war mit der Auflage verbunden, dass Gutenberg den Rebensaft weder verkaufen noch gewerbsmäßig ausschenken, sondern nur „zu seinem Hausgebrauch" verwenden durfte. Man muss sich fragen, was der alte, nahezu erblindete Mann wohl mit fast fünf Litern Wein täglich angefangen hat...

39. Dolche gegen die Medici

Der Priester hatte gerade die Hostie erhoben und alle Gläubigen ihren Kopf vor ihr geneigt, da brach im Dom *Santa Maria del Fiore* zu Florenz ein ungeheurer Tumult aus. Mehrere bewaffnete Männer stürzten sich auf die Brüder Lorenzo und Giuliano de Medici. Das Massaker zur Ostermesse am 26. April 1478 sollte Auftakt eines Staatsstreiches sein. Doch dann kam alles anders als geplant.

Die Familie Medici wurde im 13. Jahrhundert erstmals urkundlich erwähnt. Durch glückliche Handelsunternehmungen sowie das damals in Norditalien entstehende Bankgeschäft gelangten sie bald zu beträchtlichem Reichtum. Ihren wirtschaftlichen Einfluss münzten sie in politische Macht um. Als 1421 Giovanni de Medici zum *Gonfaloniere* (Stadtoberhaupt) gewählt wurde, dehnte die Familie ihr Herrschaftsgebiet allmählich bis in die gesamte Toskana aus.

Cosimo de Medici, den man *Pater patriae* (Vater des Vaterlandes) nannte, leitete die Hausbank mit zahlreichen Filialen in Italien sehr erfolgreich. Kunstsinnig und gebildet wie die meisten Medici, gründete er 1459 in Florenz eine wissenschaftliche Akademie. Cosimos Enkel Lorenzo und

Giuliano übernahmen 1469 die Herrschaft. Vor allem Lorenzo, genannt *Il Magnifico* (der Prächtige), machte Florenz zum Sammelplatz von Gelehrten und Künstlern. Zu letzteren gehörte der große Maler Sandro Botticelli.

Bei der Bevölkerung waren die Medici-Brüder sehr beliebt, denn sie legten ihr Geld überall in der Stadt an. Ihre Anhänger nannten sich *Palleschi* nach dem Wappen der Medici, das fünf rote Kugeln (*palle*) führte. Der zeitgenössische Schriftsteller Niccolò Machiavelli kam zu der Einschätzung, das Volk „hatte dank des Reichtums und der Freigebigkeit der Medici das Gehör verloren, und was die Freiheit anbelangt, so wollte man in Florenz gar keine andere als die ihre haben".

Soviel Erfolg ruft natürlich Neid hervor. Die Florentiner Bankierfamilie Pazzi hatte ihre führende Stellung im Finanzgeschäft an die Medici abtreten müssen und nahezu jeden Einfluss in der *Signoria*, dem Stadtrat, verloren. Das Oberhaupt der Sippe Jacopo Pazzi, ein Mann „kälter als Eis", verband sich mit den Salviati, die in Florenz die Bankgeschäfte des Vatikans erledigten. Auch sie hassten die Medici, weil Lorenzo verhinderte, dass Francesco Salviati sein Amt als Erzbischof von Pisa antreten konnte. Schließlich war da noch Papst Sixtus IV., ein dickköpfiger, streitsüchtiger Greis. Er lag mit den Medici im Zwist um den Besitz der Festung Imola.

Anfang 1478 nehmen die potentiellen Verbündeten erste Kontakte auf. Zentrale Figur dabei ist Jacopo Pazzis Neffe Francesco, ein bedenkenloser Fanatiker. Man will die Medici-Herrschaft beenden und dazu müssen Lorenzo und Giuliano aus dem Weg geräumt werden. Sixtus IV. gibt seinen Segen zur Verschwörung, „solange niemand dabei getötet wird", eine reichlich naive Bedingung. Tatsächlich beordert der Papst einen seiner unehelichen Söhne mit mehreren hundert Bewaffneten in die Nähe von Florenz, um nach erfolgtem Staatsstreich hier die Macht zu übernehmen.

Francesco Pazzi sieht sich derweilen nach geeigneten Männern für den Mord um. Einer von ihnen ist Bernardo Bandini, ein hochverschuldeter Söldner, der aus Geldgründen mitmacht. Welche Motive ausgerechnet zwei Priester, Antonio Maffei und Stefano da Begnone, umtreiben, ist nicht geklärt, zeigt aber deutlich, wie tief große Teile von Italiens Geistlichkeit gesunken waren.

Ursprünglich soll das Attentat Anfang April 1478 bei einem Bankett der Pazzi-Familie erfolgen. Doch der 25-jährige Giuliano de Medici muss absagen, weil er an einer Entzündung am Knie leidet. Jetzt wird die Untat während der Ostermesse im Dom stattfinden, denn dieses Ereignis wollen die Medici-Brüder gewiss nicht versäumen. Wieder glänzt Giuliano durch Abwesenheit, erscheint jedoch in letzter Minute, weil er sich zuvor noch sein schöngelocktes Haupt frisieren lassen musste.

Lorenzo de Medici entkam seinen Mördern

In jenem Moment, als der Gemeinde im *Sanctus* die Hostie präsentiert wird, schlagen die Attentäter zu. Bandini und Francesco Pazzi werfen sich mit gezückten Dolchen auf Giuliano. Im Gesicht getroffen, sinkt er zu Boden und Pazzi sticht voll blinder Wut 19-mal auf ihn ein. Die beiden Priester, weniger erfahren im Mörderhandwerk, verletzen Lorenzo de Medici nur leicht. Er kann sich mit seinem zusammengerollten Mantel wehren und wird von zwei Freunden in die Sakristei gerettet.

Während Giuliano de Medici vor dem Altar verblutet, tritt Erzbischof Francesco Salviati auf den Plan. Gemeinsam mit Jacopo Pazzi will er die Macht im Florentiner Regierungsgebäude übernehmen. Doch sie haben die Reaktion des Volkes völlig falsch eingeschätzt. Hunderte *Palleschi* üben furchtbare Rache an den Mördern. Jacopo und Francesco Pazzi werden aus den Fenstern des *Palazzo della Signoria* geworfen, nackt durch die Straßen geschleift und dann an der Nordseite des Palastes an den Füßen aufgehängt. Wenig später erleidet Erzbischof Salviati dasselbe Schicksal.

Maffei und Begnone, die beiden mörderischen Priester, werden nach wenigen Stunden im Benediktinerkloster *Asilo ordinario* entdeckt und von der wutentbrannten Menge zu Tode geprügelt. Einzig Bandini, dem Mörder Giuliano de Medicis, gelingt die Flucht. Er kommt bis zur türkischen Hauptstadt. Von dort liefert ihn der Sultan aus, dem an guten Handelsbeziehungen mit Florenz gelegen ist. Bandini wird am 29. Dezember 1479 an einem Fenster des *Palazzo Bargello* gehängt.

Lorenzo de Medici erholte sich rasch von seiner Verwundung. Das gescheiterte Attentat erhöhte seine Autorität und Beliebtheit noch. Zeitgenossen priesen „Ehrgefühl, Intelligenz, Großmut und vor allem seine Vernunft". Er besaß auch das Glück des Tüchtigen, als 1484 mit Innocenz VIII. ein Freund der Medici den Papstthron bestieg.

Die Pazzi-Familie, Urheber des Mordanschlages, verlor ihr gesamtes Eigentum in Florenz. Sämtliche Mitglieder wurden von öffentlichen Ämtern ausgeschlossen und das Wappen der Pazzi aus der Stadt entfernt.

40. 1494: Ein Weltreich wird geteilt

Als Christoph Columbus im März 1493 von seiner ersten Reise nach Spanien zurückkehrte, brach ein neues Zeitalter an. Was er aus dem vermeintlichen Indien – tatsächlich Nordamerika – mitbrachte, verhieß unglaubliche Reichtümer. Ein Beobachter am spanischen Königshof schwärmte über „die in vollem Schmucke prangenden, phantastisch bemalten Wilden, welche mit Goldklumpen und ihren aus diesem Metalle gearbeiteten heimischen Schmuckstücken beladen waren".

Die führenden Seefahrermächte jener Zeit, Spanien und Portugal, hatten schon Anfang des 15. Jahrhunderts einen Wettlauf bei der Entdeckung neuer Territorien in Afrika und Übersee begonnen. Bevor Columbus 1493 zu seiner zweiten Reise aufbrach, sahen beide Staaten die Notwendigkeit, ihre Interessensphären gegeneinander abzugrenzen. Bemerkenswerterweise erfolgte das nicht durch einen Krieg, sondern durch Anrufung einer Vermittlungsinstanz, die über allen weltlichen Belangen zu stehen schien – den römischen Papst.

Seit August 1492 saß Alexander VI. auf dem Stuhl Petri. Der gebürtige Spanier hieß früher Rodrigo de Borja und gehörte zu den typischen Renaissancefürsten. Hervorragender Diplomat einerseits, hemmungsloser Wüstling andererseits, hatte er sieben Kinder von drei Frauen. Kennzeichnend für Alexander war auch, dass er seine Sprösslinge nicht wie andere Kirchenobere verleugnete oder beschönigend als Neffen und Nichten bezeichnete, sondern sich offen zu ihnen bekannte und ihnen seinen Namen „Borgia" gab. Sohn Cesare wurde einer der fähigsten und skrupellosesten Politiker Italiens, Tochter Lucrezia erwarb sich wohl sehr zu Unrecht (siehe „111 Geschichten zur Geschichte", S. 119 ff.) den Ruf einer männermordenden Nixe.

Bald nach Alexanders Krönung war sein staatsmännisches Talent gefragt. Das spanische Königspaar Isabella und Ferdinand sowie König Johann II. von Portugal wandten sich an den Papst mit der Bitte, eine Abgrenzung ihrer gegenseitigen Besitztümer außerhalb Europas vorzunehmen. Das hätten die Monarchen gewiss nicht getan, wenn die Kirche damals so wissenschaftsfeindlich gewesen wäre, wie bis heute unermüdlich kolportiert und etwa die Erde für eine Scheibe gehalten hätte. Ihre Kugelgestalt war – vielleicht nicht in jeder Dorfpfarrei, so doch bei der römischen Kurie – akzeptierte Tatsache.

Portugal hatte unter Führung des genialen Prinzen Henrique o Navegador (Heinrich der Seefahrer) im 15. Jahrhundert Pionierleistungen der Entdeckungsgeschichte vollbracht. 1419 erreichten portugiesische Schiffe erstmals Madeira, es folgten die Azoren und die Kapverdischen Inseln. König Johann ging es nun um eine Kontrolle des Seeweges entlang der afrikanischen Küste, um so den einträglichen Gewürzhandel im pazifischen Raum zu sichern. Die Spanier wollten ihre Kontrolle und die Rechte über die erst kürzlich von Columbus entdeckten Länder im Westen behalten.

Beraten von Seefahrtsspezialisten beider Seiten legte Alexander VI. im Mai 1493 durch seine Bulle *Inter cetera* eine Trennlinie fest. Sie verlief 100 Leguas (etwa 500 Kilometer) westlich der Kapverdischen Inseln in Nord-Süd-Richtung von Pol zu Pol durch den Atlantischen Ozean. Alle Territorien „mitsamt ihren Herrschaften, Städten, Lagern, Plätzen und Dörfern und allen Rechten", die westlich dieser Linie lagen (Amerika) wurden den spanischen Königen und ihren Erben zugesprochen; sämtliche Gebiete östlich davon (Afrika und Asien) fielen an Portugal.

Kaum hatte Columbus Ende September 1493 mit 17 Schiffen seine zweite Reise begonnen, erhob König Johann II. Einspruch. Er verwies darauf, dass die Bulle *Inter cetera* nicht festlegte, ob der Ausgangspunkt der Messungen auf der westlichsten oder der östlichsten Kapverdeninsel lag; das machte immerhin einen Unterschied von 300 Kilometern. Nach zähen Verhandlungen gelang es dem portugiesischen Geografen und Seefahrer Duarte Pacheco Pereira, die Trennungslinie auf 370 spanische Leguas (2.400 Kilometer) westlich der Kapverden zu verschieben.

Pacheco Pereiras Hartnäckigkeit besaß einen geheimen Hintergrund. Die neue Grenzmarkierung entsprach einer Länge von 46° 37' West und durchschnitt so den vorspringenden Teil des südamerikanischen Kontinents, das heutige Brasilien. Zwar wurde dieses Territorium erst 1500 als *Terra da Vera Cruz* durch Pedro Álvares Cabral entdeckt, doch viele Indizien sprechen dafür, dass der gewitzte Pacheco schon vorher Teile des brasilianischen Küstenverlaufes kannte und deshalb auf einer Verlegung der Trennlinie beharrte.

Papst Alexander VI. präsentierte am 7. Juni 1494 den Vertrag von Tordesillas (benannt nach einer Stadt in Kastilien). Als gebürtiger Spanier musste er sorgsam darauf bedacht sein, nicht für parteiisch gehalten zu werden. Er legte „zum Wohl des Friedens und der Eintracht und zur Erhaltung der Verwandtschaft und Liebe" der Vertragspartner die neue Trennlinie fest. Alles Gebiet östlich davon, „seien es Inseln oder Festländer, bleibt und gehört dem König von Portugal und seinen Nachfolgern für immer". So kam es, dass in Brasilien bis heute portugiesisch gesprochen wird.

Besser als sein Ruf – Papst Alexander VI.

Der Vertrag von Tordesillas sollte auch künftige Konflikte vermeiden. So verpflichtete sich die portugiesische Seite, dass alle Schiffe Spaniens „frei, sicher und in friedlicher Weise, ohne Widerspruch die genannten Meere, die dem König von Portugal verbleiben, auf dem Hin- und Rückweg durchfahren können". Das Abkommen wurde erstaunlich schnell am 2. Juli von Spanien und am 5. September 1494 von Portugal ratifiziert. Die erst in der Entwicklung begriffenen europäischen Seemächte England,

Frankreich und Holland erhoben zwar Protest gegen diese Regelung, allein damals galt noch der Grundsatz *Roma locuta, causa finita* (Rom hat gesprochen, der Fall ist erledigt).

Der Vertrag von Tordesillas sicherte lange Zeit den außenpolitischen Konsens auf der Iberischen Halbinsel, bis es nach 90 Jahren zur Konfrontation kam (siehe Geschichte Nr. 57). Nach der Gründung großer Kolonialreiche durch die anderen Seemächte wurde das Abkommen schließlich gegenstandslos und 1750 einvernehmlich aufgehoben.

41. Der Kurfürst räumt auf – Joachim I. von Brandenburg

Ende des 15. Jahrhunderts machte in Deutschland ein hämischer Spruch die Runde: Wenn jemand etwas als gestohlen vermisse, so brauche er nur in der Mark Brandenburg zu suchen, dort werde es gewiss aufgefunden. Tatsächlich hatten Raubritter Brandenburgs Ruf erheblich geschädigt. Das änderte sich nach 1499 grundlegend.

Schon Anfang des 15. Jahrhunderts war das freie Rittertum in der Mark als politisch-militärischer Faktor durch Kurfürst Friedrich I. von Hohenzollern ausgeschaltet worden. (Siehe „111 Geschichten zur Geschichte", S. 89ff.) Auch der Raub- und Fehdeadel trieb es lange nicht mehr so ungeniert wie zuvor. Ende des Jahrhunderts setzten jedoch zwei Phänomene ein: Die Ausweitung des Fernhandels und die Intensivierung der Landwirtschaft.

Steigende Preise für Getreide führten auch in der Mark dazu, dass viele adlige Grundeigentümer ihre Einkünfte zunehmend aus dem Ackerbau bezogen. Eine Minderheit konnte und wollte dieser neuen Entwicklung nicht folgen. Sie verachtete jede landwirtschaftliche Unternehmung und widmete sich lieber illegalen Machenschaften.

Es gab Adlige, die auf ihrem Gebiet ein Geleitschutzrecht beanspruchten. Reisende und Händler, welche diesen Geleitschutz nicht durch Geldzahlungen erkaufen wollten, wurden überfallen und ausgeplündert. Diese Edelleute nahmen sich auch das Recht heraus, auswärtige Raubritter auf ihren Burgen zu beherbergen. Das fügte dem Handel erhebliche Schäden zu und verteuerte die Waren. Wenn gerade kein Gewinn durch Schutzgelderpressung zu erzielen war, wurden Bauernhöfe, Dörfer, Weiler überfallen und ausgeraubt. Im einfachen Volk waren die Übeltäter durchaus bekannt. In einem zeitgenössischen Gebet heißt es:

„Vor Köckeritze und Lüderitze,
Vor Krachten und vor Itzenplitze
Behüt' uns, lieber Herre Gott!"

Auch Joachim I. kannte seine Störenfriede, als er 1499 die Regierung in Brandenburg übernahm. Da der Fürst erst 15 Jahre alt war, glaubten die märkischen Raubritter offenbar, leichtes Spiel mit ihm zu haben. Sie sollten sich schwer irren. Unter Berufung auf den 1495 im Reich verkündeten „Ewigen Landfrieden" ging Joachim konsequent gegen Raub- und Fehdeunwesen in seinem Staat vor. Adlige Friedensbrecher wurden verfolgt und ins Gefängnis geworfen. Aus den ersten Regierungsjahren des neuen Kurfürsten sind allein 146 derartige Bestrafungen urkundlich belegt.

Joachim schreckte auch vor drastischen Maßnahmen nicht zurück. 1504 ließ er drei Ritter von Lindenberg, die sich wiederholter Überfälle schuldig gemacht hatten, als „Landbeschädiger" am Galgen aufknüpfen. Nahezu 40 andere adlige Raufbolde teilten dieses Schicksal. Dagegen erhob sich natürlich Widerstand. Das Leben des Kurfürsten war bedroht. Eines Nachts schrieb ein Anonymus, wahrscheinlich der berüchtigte Junker von Otterstedt auf Dahlewitz, ans Portal des Berliner Stadtschlosses: „Joachimchen, Joachimchen hüte Dich – fangen wir Dich, so hangen wir Dich."

Joachim machte kurzen Prozeß mit Straßenräubern

Das schien deutlich genug, zumal dem Kurfürsten auch von der unmittelbaren Umgebung vorgeworfen wurde, dass seine Maßnahmen sich gegen adlige Standesgenossen richteten. Unbeirrt entgegnete Joachim: „Adlig

Blut habe ich nie vergossen, sondern nur Schelme, Räuber und Mörder hinrichten lassen. Wären dies redliche Edelleute gewesen, so würden sie auch keine Verbrechen begangen haben."

1502 lauerte Otterstedt dem Kurfürsten mit mehreren Spießgesellen in der Köpenicker Heide auf. Nach kurzem Gefecht wurde er gefangen, enthauptet und sein Kopf in Berlin als Abschreckung, auf eine Eisenstange gespießt, zur Schau gestellt. Schon im Februar 1504 konnte Joachim I. seinem Oheim berichten, wie er „der täglichen Plackerei und Räuberei wehre". Bald waren die Raubritter und Wegelagerer auch als ökonomisch-handelspolitische Gefahr erledigt.

Der Hohenzoller erwies sich nicht nur als tatkräftiger, sondern auch als gebildeter Fürst. Im April 1506 eröffnete er die *Viadrina* genannte Universität in Frankfurt (Oder). Hier konnten die Studenten „ihre Gärtchen aus den Quellen der Gelehrsamkeit berieseln". 1516 gründete Joachim I. das Berliner Kammergericht. Es sollte nach seinem Befehl unparteiisch richten, alle Weitschweifigkeiten vermeiden und vor allem den Weg gütlichen Vergleichs anstreben. Die klassische brandenburg-preußische Rechtsstaatlichkeit nahm damit ihren Anfang. Seinen Beinamen *Nestor* (kluger Ratgeber) trug der 1535 gestorbene Kurfürst mit vollem Recht.

42. Das Geheimnis der Mona Lisa

Lähmendes Entsetzen verbreitete sich unter der Belegschaft des Pariser Louvre. Im *Salon Carré* des renommierten Kunstmuseums fand sich an diesem 22. August 1911 lediglich ein leeres Rechteck – kurz zuvor hing hier noch Leonardo da Vincis Gemälde der Mona Lisa. Obwohl man einen Kriminalpolizisten zum neuen Louvre-Direktor ernannte, blieb es zunächst rätselhaft, wie das 77x53 cm große Bildnis einfach verschwinden konnte. Am Vortag, einem Montag, hatte man das Gebäude wegen Reinigungs- und Instandsetzungsarbeiten für den Publikumsverkehr geschlossen. Während dieser Zeit wurden zahlreiche Bilder umgehängt. Als man den 35 kg schweren Holzrahmen in einem Winkel des Louvre entdeckte, wurde klar, dass der Dieb die Gemäldetafel herausgelöst und irgendwie aus dem Haus geschmuggelt hatte. Vom Täter fehlte jede Spur und das blieb auch die nächsten zwei Jahre so.

Dieser spektakuläre Diebstahl weckte erneut großes Interesse an einem der rätselhaftesten Bildnisse der Kunstgeschichte. Dabei ist die älteste und zuverlässigste Überlieferung durchaus schlüssig. Das Bild zeigt die 1479 geborene Lisa di Noldo Gherardini, Tochter eines Florentiner Manufakturbesitzers. Sie wurde früh mit Giuliano de Medici verlobt, dem jüngsten Sohn Lorenzos des Prächtigen. Die Familie Medici beherrschte damals das gesamte Territorium um Florenz (siehe Geschichte Nr. 39). Doch 1494 brach hier ein religiöser Aufstand los und die Medici wurden aus der Stadt vertrieben. Auch Giuliano floh und zwar zu König Charles VIII. von Frankreich, der gerade mit einem Invasionsheer Norditalien besetzte.

Während Giuliano es in französischen Diensten bis zum Herzog brachte, blieb die arme Lisa allein und geschwängert in Florenz zurück. Schließlich nahm sich ihrer 1495 der wesentlich ältere aber sehr wohlhabende Kaufmann Francesco del Giocondo an und heiratete sie. 1503 bestellte er bei dem berühmten Universalgenie Leonardo da Vinci ein Porträt seiner Ehefrau.

Drei Jahre lang mühte sich Leonardo, ohnehin kein schneller Arbeiter, mit dem Gemälde ab, um es dann schließlich zu behalten und 1517 in sein französisches Exil mitzunehmen. Als im 19. Jahrhundert ein regelrechter Kult um das Bild ausbrach (die Italiener tauften es *Monna Lisa* – Frau Lisa – oder *La Gioconda*), mochte man nicht glauben, dass die Dame mit dem seltsam verschleierten Blick nur eine langweilige Kaufmannsfrau war. Man begann ihr unergründliches Lächeln und den sublimen Zauber ihrer Erscheinung psychologisch zu analysieren. So pendelte die Interpretation der Mona Lisa zwischen Heiliger und Hure. Selbst die spärlich angedeutete Landschaft im Hintergrund erschien einem deutschen Kunsthistoriker 1909 „traumhaft wie in gewitterschwüler Sinnlichkeit zitternd".

Die bis heute meistdiskutierte These lautet, das Bild sei ein verkapptes Selbstporträt Leonardos, der seiner Nachwelt ein weiteres Rätsel aufgeben wollte. Als Beweis diente eine Computeranalyse zwischen dem einzig authentischen Selbstbildnis da Vincis, einer Zeichnung, und der Mona Lisa. Freilich hat Ersteres den entscheidenden Mangel, dass es den Künstler als faltenzersägten Greis jenseits der 60 zeigt, während die Gioconda allenfalls 25 bis 30 Jahre zählt. Das macht jedweden Gesichtvergleich höchst spekulativ.

Ein weiteres (zutreffendes) Argument lautet, es gäbe keinerlei Vorentwürfe oder Skizzen zu diesem Bild, obwohl Leonardo normalerweise von seinen Modellen etliche Federzeichnungen anfertigte. Natürlich nicht, denn er brauchte ja nur in den Spiegel zu schauen, um an dem Gemälde weiterzuarbeiten. Auch hier könnte es ganz anders gewesen sein. Womöglich gingen die Vorstudien schlicht bei einem der zahlreichen Ortswechsel Leonardos verloren.

Eine neue Theorie der Selbstbildnisfraktion: Die Mona Lisa trägt einen geflochtenen Einsatz am Dekolleté, der auf Italienisch *vinco* heißt – die Parallelen zu *da Vinci* seien augenfällig. Doch leider, diesen *vinco* tragen mehrere von Leonardo porträtierte Damen, so Ginevra de Benci (um 1478) oder Cecilia Gallerani (um 1485).

Bis heute ein Rätsel: die Mona Lisa

Den skurrilsten Beitrag zur Mona Lisa-Diskussion lieferten unlängst Archäologen der britischen Universität Bradford. Laut ihrer Analyse geht die rätselhafte Mundpartie der Gioconda auf ein zahnmedizinisches Problem zurück. Leonardo wollte lediglich das schadhafte Gebiss seines Modells hinter einem etwas verkniffenen Lächeln kaschieren.

Das eigentliche Geheimnis besteht wohl in einer völlig neuen Maltechnik. Leonardo erfand das *Sfumato* (italienisch = dunstig, neblig). Das bezeichnet einen fließenden, kaum wahrnehmbaren Übergang zwischen verschiedenfarbigen Flächen. Dadurch verschmelzen die Schatten, was den Konturen eine teilweise Verschwommenheit gibt, so auch dem Gesichtsausdruck. Ein leichter Dunstschleier überweht auch das kaum angedeutete Lächeln und die Schatten über den Mundwinkeln der ehrbaren Kaufmannsfrau Lisa del Giocondo.

Im Dezember 1913 meldete ein Galerist aus Florenz, ihm habe ein Unbekannter die Mona Lisa zum Kauf angeboten. Verhaftet wurde schließlich der 32-jährige Dekorationsmaler Vincenzo Perugia. Er gestand den Diebstahl, bemäntelte ihn jedoch mit dem patriotischen Antrieb, Italien eines seiner größten Kunstwerke zurückgeben zu wollen. Das Gericht nahm Perugia diese edlen Motive nicht ab und verurteilte ihn zu sieben Monaten Gefängnis, Immerhin hatte er das auf dünnem Pappelholz gemalte Bild so sorgfältig verwahrt, dass es zum Staunen der Fachwelt kaum Schäden davontrug.

Seit 2001 lächelt die Mona Lisa in einem separaten Raum des Louvre hinter dreifach von Alarmanlagen gesichertem Panzerglas.

43. Bayerns beispielhafte Bierseligkeit

Der Coburger Bürger Georg Paul Hönn beschwerte sich 1720 beim Magistrat über die örtlichen Bierbrauer: „Sie betrügen, wenn sie Baldrian und dergleichen Kopf-reißende Dinge mehr in die Pfanne werfen, damit das Bier davon stark, und die Leute, so es trinken, gar bald taumelnd werden." Hätte Hönn in Bayern gelebt, wäre ihm solche Klage wohl erspart geblieben.

Bier zählt zu den ältesten Kulturgetränken der Menschheit. Allerdings war es Jahrtausende nicht jene klare, prickelnde, schaumgekrönte Labsal, die heute jeder Genießer schätzt. Namentlich im Mittelalter wurde mit Bier allerhand Schindluder getrieben. Da Braugetreide häufig nicht zur Verfügung stand und um die Kosten zu drücken, streckte man das Gebräu mit den verschiedensten Zutaten. Dazu gehörten Erbsen und Petersilie ebenso wie unappetitliche Ingredienzien, beispielsweise Buchenasche, Laub von Nussbäumen oder Ochsengalle.

Weil das Getränk bei warmer Witterung häufig umschlug, mussten es die Wirte in der Tat anbieten „wie sauer Bier". Um den üblen Geschmack wenigstens teilweise zu übertünchen, versetzten viele Brauer ihr Bier mit Anis oder Rosmarin. Häufig kamen auch psychoaktive Drogen zum Einsatz wie Tollkirsche, Stechapfel, Schlafmohn, Wermutkraut oder Sumpfporst. Der harmlose, aber beruhigende und zugleich konservierende Hopfen wurde nur gelegentlich verwendet.

Ganz offensichtlich gehörte der Ausschank von miserablem Bier zum Alltag. Schon 1156, als Kaiser Friedrich I. „Barbarossa" Augsburg das Stadtrecht verlieh, fand die Qualität des Bieres Erwähnung. Es heißt dort:

„Wenn ein Bierschenker schlechtes Bier macht oder unrechtes Maß gibt, so soll er gestraft werden." Die Geldbußen waren saftig, richteten indes wegen mangelnder Kontrolle nur wenig aus. Bier blieb meist ein ominöser Kräutersud.

Das Deutsche Reich wies um 1450 ein regelrechtes Biergefälle auf. Im Süden wurde das mit Abstand schlechteste Gesöff produziert. Hingegen florierte im Norden das Geschäft, weil hier die Zünfte darauf achteten, dass möglichst reines Bier gebraut wurde. Vorbildlich war in dieser Hinsicht die braunschweigische Stadt Ainpöck (heue Einbeck). Das hier erzeugte „Ainpöckisch Bier" wurde auch außerhalb der Stadt sehr geschätzt und gab dem Bockbier seinen Namen.

Die bayerischen Brauereien konnten mit dieser Entwicklung nicht Schritt halten und so kam 1447 der Stadtrat von München auf die Idee, ein Reinheitsgebot zu erlassen. „Auch sollen sie Bier sieden und brauen nur allein von Gersten, Hopfen und Wasser und sonst nichts darein oder darunter tun oder man strafe es als falsch." Diese Verordnung galt nur für München. In Bayern, das damals durch Erbteilung in drei separate Herzogtümer zerfallen war, blieb alles beim Alten. Erst 1493 griff Herzog Georg der Reiche von Bayern-Ingolstadt das Münchner Vorbild auf und machte es für sein gesamtes Territorium verbindlich.

Nach Wiedervereinigung der drei Teilherzogtümer galt es, die bis dato unterschiedlichen bayerischen Landesrechte anzugleichen. Da Bayerns Bier immer noch ein schlechter Ruf anhaftete, entschloss sich der seit 1508 regierende Herzog Wilhelm IV. zu einem folgenreichen Schritt. Er erließ am 23. April 1516 in Ingolstadt eine Vorschrift „Wie das Bier im Sommer und Winter auf dem Land ausgeschenkt und gebraut werden soll". Darin ging es vorrangig um eine Regulierung der Preise, aber auch um die Inhaltsstoffe des Bieres. So erklärte der Herzog unmissverständlich: „Ganz besonders wollen wir, dass forthin allenthalben in unseren Städten, Märkten und auf dem Lande zu keinem Bier mehr Stücke als allein Gerste, Hopfen und Wasser verwendet und gebraucht werden sollen." Um Unklarheiten zu vermeiden, verfügte er weiter: „Wer diese unsere Anordnung wissentlich übertritt und nicht einhält, dem soll von seiner Gerichtsobrigkeit zur Strafe dieses Fass Bier, so oft es vorkommt, unnachsichtig weggenommen werden."

Ein wesentlicher Grund für die Kreation des späteren deutschen Reinheitsgebotes lag darin, dass der Herzog wertvolles Getreide wie Weizen oder Roggen den Bäckern vorbehalten wollte und an deren Stelle die als minderwertig geltende Gerste treten sollte. Auch die schon erwähnten, nicht ungefährlichen Drogen hatten aus dem Getränk zu verschwinden.

Natürlich bleiben selbst die sinnreichsten Gesetze ohne Kontrolle wirkungslos. Deshalb besuchten „Bier-Beschauer" in Bayern regelmäßig die Brauereien, prüften und kosteten das Getränk. Sie selbst durften am Abend zuvor weder Wein noch Bier trinken und am Prüfungstag nichts zu sich nehmen, was ihre Geschmacksnerven beeinträchtigen konnte – weder Salzfisch, noch Käse, Konfekt oder Schnupftabak. Rauchen war ihnen streng verboten. Ebenso mehr als sechs Prüfungen am Tag, damit der Spaßfaktor nicht allzu groß werde.

Der Vater des Reinheitsgebotes, Herzog Wilhelm IV.

Was an Wilhelms Reinheitsgebot verwundert, ist die fehlende Erwähnung von Hefe, ohne deren Zugabe kein Bier auskommt. Zu seiner Zeit war die genaue Wirkungsweise der Hefe bei der alkoholischen Gärung noch unbekannt. Hefe an sich verwendete man ganz selbstverständlich. Da die meisten Biere obergärig waren, das heißt die Hefe schwamm oben auf dem Sud, gaben die Brauer sie einfach der nächsten neu zu vergärenden Bierwürze zu.

Nach der Neugründung des Reiches 1871 übernahmen viele deutsche Bundesstaaten das bayerische Reinheitsgebot. 1906 wurde es als Bestandteil des Biersteuergesetzes verbindlich für ganz Deutschland. So avancierte Herzog Wilhelms Verordnung zur ältesten bis heute gültigen lebensmittelrechtlichen Vorschrift der Welt.

Freilich nahm man selbst in Bayern das Reinheitsgebot nicht immer bier-
ernst. 1616 erließ Herzog Maximilian I. eine landesweit geltende Verordnung. Demnach durften auch Salz, Wacholderbeeren und Kümmel „in
geringen Maßen" ins Bier gerührt werden.

44. Bayard – Frankreichs letzter Ritter

Er starb an einen Baumstamm gelehnt, das Gesicht dem Feind zugewandt.
Seine letzten Worte handelten von Treue und Vaterland. Mit dem Chevalier de Bayard, den alle Welt „Ritter ohne Furcht und Tadel" nannte, ging
1524 eine ganze kriegerische Epoche zu Ende.

Der 1476 auf Schloss Bayard bei Grenoble geborene Pierre de Terrail trat
früh in die Dienste des französischen Königs Karl VIII. 1495 folgte er
ihm auf einen Feldzug gegen Neapel. In der Schlacht von Fornuovo am 6.
Juli bewies er solchen Heldenmut, dass er zum Ritter geschlagen wurde.

Unter dem neuen König Ludwig XII. kämpfte er in Italien gegen spanische Truppen. Die Franzosen wurden militärisch ungeschickt geführt
und mussten sich 1503 zurückziehen. Bayard deckte ihren Rückmarsch.
Am 27. Dezember 1503 verteidigte er (angeblich ganz allein, aber wohl
nur mit wenigen Männern) die Brücke über den Fluss Garigliano gegen
200 feindliche Reiter.

Dieses Bravourstück machte Bayard in Frankreich sehr populär. In einem
alten Lied heißt es:

> *„Sieh, wie er an die Brücke*
> *Sich kühnen Mutes stellt,*
> *Dass er mit seinem Speere*
> *Des Feindes ganzem Heere*
> *Den Übergang verwehre*
> *Steht er allein, der Held!"*

Immer wieder zeichnete der Chevalier sich in ritterlichem Kampf aus,
so 1509 in der Schlacht bei Agnadello. Dennoch verkörperte der Ritter
Bayard, hoch zu Ross mit Eisenharnisch, Schwert und Lanze, einen militärischen Anachronismus. Handfeuerwaffen und Artillerie bestimmten
immer stärker das Kampfgeschehen jener Zeit und wirkten oft schlacht-
entscheidend. Die Panzerreiter nahmen nicht selten vor Schützen und
Kanonieren Reißaus.

Doch manchmal bewährte sich das klassische Rittertum noch. Anfang 1515 bestieg Franz I. den französischen Thron, ein Mann, der Turniere und Abenteuer über alles liebte. Seine erste Maßnahme war ein Feldzug gegen den Papst. Er zog an der Seite von Bayard über die Alpen, der höchstpersönlich den päpstlichen Feldherren Prospero Colonna im Handstreich gefangen nahm. In der Schlacht von Marignano siegten Frankreichs Truppen am 14. September 1515 gegen ein aus Schweizer Söldnern bestehendes Heer im Dienste des Papstes. Diese Schweizer hatte man bisher für unüberwindlich gehalten. Umso größer fiel der Dank von König Franz I. aus. Noch auf dem Schlachtfeld ließ der 21-jährige Monarch sich von Bayard zum Ritter schlagen.

In jener Zeit bewies Bayard, dass er seinen Ehrennamen „Chevalier sans peur et sans reproche" (Ritter ohne Furcht und Tadel) verdiente. Als ein Spion ihm das Angebot unterbreitete, den Papst zu vergiften und damit den Kampf zugunsten Frankreichs zu entscheiden, wies er das voller Abscheu zurück und überantwortete den Mann der Justiz.

1521 begann Franz I. einen Krieg gegen den Kaiser und spanischen König Karl V. Das stellte sich als eklatanter Fehler heraus. Denn das kaiserliche Heer bestand großenteils aus Landsknechten, gut gedrillten deutschen Söldnern. An ihrer Spitze stand überdies ein ausgezeichneter Feldherr: Georg von Frundsberg. Dieser knorrige Schwabe fügte den Franzosen, die wiederum tausende Schweizer in Sold genommen hatten, 1522 bei La Bicocca eine schwere Niederlage zu.

Frankreich besaß nur einen Heerführer von Format, Charles de Bourbon, königlicher Connétable (Reichsfeldherr). Ausgerechnet dieser Hochadlige zerstritt sich mit König Franz I. wegen der Rückgabe einiger Lehen so sehr, dass er 1523 zum Kaiser überlief und seine militärischen Dienste anbot. Die Franzosen, befehligt von dem unfähigen Guillaume de Bonnivet, gerieten gegen den Connétable und Frundsberg überall ins Hintertreffen.

1524 mussten sie sich aus Oberitalien zurückziehen. Wieder deckte der tapfere Bayard den Abmarsch. Er verteidigte am 20. April bei Gatinara einen Flussübergang. Hier wurden ihm die neuartigen Waffen zum Verhängnis. Eine Musketenkugel zerschmetterte sein Rückgrat. Es war klar, dass Bayard das nicht überleben würde. Als der Connétable davon erfuhr, eilte er zum Schauplatz des Geschehens und beklagte das unritterliche Ende des berühmten Mannes. Bayard aber entgegnete: „Nicht mich müsst Ihr bemitleiden, wohl aber Euch selbst, weil Ihr gegen König und Vaterland zur Waffe gegriffen habt."

45. Florian Geyer – der adlige Bauernführer

Er gehörte zu den reichsten fränkischen Rittern, war Feldherr und Berater von Fürsten. Doch sein soziales Gewissen trieb ihn 1525 an, sich auf die Seite der aufständischen Bauern zu schlagen. Mit seiner legendären „Schwarzen Schar" kämpfte er für ihre Rechte und schlug sein Leben in die Schanze.

Auf Burg Giebelstadt starben 1492 Dietrich Geyer von Geiersberg und kurz darauf seine ältesten Söhne. Der junge Florian Geyer trat ein reiches Erbe an. 1517 entbrannte ein Streit zwischen ihm und dem Stift Neumünster, das eine fast 350 Jahre alte Geldforderung ohne jeden schriftlichen Beleg einklagte. Als er sich weigerte, dieser unverschämten Forderung nachzukommen, erfolgte seine Exkommunikation. Seit dieser Zeit hegte Geyer eine tiefe Feindschaft gegen den geldgierigen katholischen Klerus.

1519 trat Florian Geyer auf Bitten seines Lehnsherren Markgraf Kasimir von Ansbach-Bayreuth in den Dienst von dessen Bruder Herzog Albrecht von Preußen, Hochmeister des Deutschen Ordens. Er führte als Feldhauptmann dessen Truppen gegen den polnischen König, der den Deutschen Ostpreußen entreißen wollte. 1523 begleitete er Kasimir zu einem Gespräch mit Martin Luther nach Wittenberg. Der Ansbacher hatte 1515 seinen Vater gewaltsam abgesetzt und eingekerkert; er zählte zu den hartherzigsten Feudalherren, der die Bauernschaft gnadenlos unterdrückte.

1524 kam es vor allem in Süddeutschland zu Bauernunruhen, die im Frühjahr 1525 eskalierten. Dabei waren nicht nur wirtschaftliche Gründe maßgebend. Dem deutschen Bauern ging es damals keineswegs so schlecht, wie oft kolportiert. Die Lebensverhältnisse fielen regional sehr unterschiedlich aus. Wichtige Triebkraft der Aufständischen war Luthers Reformation. Die Forderungen der Bauern bezogen sich z. B. auf freie Verkündung des Evangeliums oder Wahl der Pfarrer durch die Gemeinde. Radikale Prediger begründeten Anliegen wie die Abschaffung der Frondienste oder Herabsetzung des Zinsfußes geschickt mit Passagen aus der Bibel.

Die Bauern bildeten getrennt operierende Armeen, die sie „Haufen" nannten. Es waren in der Tat planlos und unorganisiert durchs Land ziehende Haufen. Florian Geyer nahm Kontakt zum „Odenwälder Haufen" auf. Er erarbeitete taktische Grundlagen für den Kampf. Aus seinem beträchtlichen Vermögen rüstete er eine etwa 600 Mann starke Kerntruppe aus, die „Schwarze Schar". Mit dem Evangelium als moralische Grundlage kämpfte er gegen die Fürsten, führte auch Verhandlungen mit seinem ehemaligen Herrn Kasimir von Ansbach.

Anfangs waren Adel und Geistlichkeit wie gelähmt vom Sturm, der über sie hereinbrach. Denn die Kriegführung der Bauern ließ an Brutalität nichts zu wünschen übrig. Am 16. April 1525 wurde nach Eroberung der Burg Weinsberg Graf Ludwig von Helfenstein, der sich ergeben hatte, in die aufgerichteten Spieße der Bauern gehetzt. Weitere 15 Ritter teilten an diesem „Blutostern" Helfensteins Schicksal. Gräfin Margarethe wurde entkleidet und auf einem Mistkarren gen Heilbronn geschafft. Ein Chronist berichtet vom Vorabend der Schlacht bei Königshofen am 2. Juni: „Auch schworen die Bauern zusammen, von den Kriegsknechten keinen gefangen zu nehmen. Doch was sie nicht erschlagen könnten, das wollten sie gefangen nehmen und die Gefangenen lebendig braten." Mönche und Nonnen wurden ermordet, 292 Schlösser und Klöster sanken in Schutt und Asche.

Kampf bis zum Ende – Florian Geyer

Geyer zog mit seiner Schwarzen Schar und dem „Tauberhaufen" gegen Würzburg. Am 6. Mai begann die Belagerung. Inzwischen war auch der „Helle Haufen" angekommen. Sein Führer, der zwielichtige Ritter Götz von Berlichingen, wurde zum Hauptmann ernannt, konnte aber Würzburg nicht erobern. Wenig später verschwand Berlichingen und ließ die Bauern im Stich.

Inzwischen hatten die Fürsten des Schwäbischen Bundes ein Landsknechtsheer aufgestellt, dessen Befehlshaber Georg Truchsess von Waldburg, genannt „Bauernjörg", die nötige militärische Härte und Erfahrung besaß. Geyer, der sich in sein Schwert die Devise „Nulla crux, nulla corona" (Kein Kreuz und keine Krone mehr) eingravieren ließ, kämpfte unter der schwarzen Fahne voller Heldenmut. Immer, wenn die disziplinlosen Bauern vor den Kriegern des Truchsess davonliefen, hielt er stand. „Es gab keinen in der Schwarzen Schar, der nicht für ihn durchs höllische Feuer selbst gegangen wäre", heißt es in einem zeitgenössischen Bericht.

Als der Odenwälder Haufen bei Ingolstadt vernichtend geschlagen wurde, hielt allein Florian Geyers Schar den Fluchtweg offen. Artillerie spielte schon damals eine entscheidende Rolle. Die Bauern hatten zahlreiche Kanonen erbeutet, aber sie wussten nicht, wie man sie exakt bedient. Dafür waren „Stückmeister", hochbezahlte Spezialisten nötig, für deren Entlohnung das Geld fehlte. In der Gegend von Sulzdorf vollbrachten die Geschütze des Truchsess am 9. Juni ganze Arbeit. Die Bauern um Geyer leisteten nur geringen Widerstand, dann liefen sie davon. Dem Ritter blieb nichts anderes übrig, als sich allein nach Süden durchzuschlagen.

Nach diesem Desaster wurde Florian Geyer in der Nacht vom 9. zum 10. Juni 1525 von zwei Kriegsknechten des Ritters Wilhelm von Grumbach beim unterfränkischen Dorf Rimpar erstochen und ausgeraubt. So endete der Mann, dessen Wahlspruch lautete: „Der Armen Freund, des Adels und der Pfaffen Feind".

46. Blutbad am Tiber – Das „Sacco di Roma"

In Rom brach am 6. Mai 1527 die Hölle los. 24.000 hungrige, zerlumpte, demoralisierte Söldner aus Spanien, Italien und Deutschland stürmten die Stadt und plünderten sie mehrere Tage aufs Schrecklichste. Nur ein Mann hätte dieses „Sacco di Roma" (Einsacken von Rom) verhindern können, lag aber schwerkrank danieder: Georg von Frundsberg, der bedeutendste militärische Führer jener Zeit.

Frundsberg war Spross eines Tiroler Adelsgeschlechts, das 1467 nach Mindelheim in Schwaben umzog. Schon mit 18 Jahren, im Frühjahr 1499, unternahm er seinen ersten Kriegszug. Das Fußvolk bestand damals aus „Landsknechte" genannten Söldnern. Es war eine buntscheckige Truppe mit frühdemokratischen Organisationsformen, gewählten Vertrauensleuten und eigener Gerichtsbarkeit. Frundsberg bemerkte schnell, dass unter diesen Landsknechten Trunkenheit, Glücksspiel und Prostitution grassierten, dass nicht Ehre sie zum Kampf trieb, sondern Beutemachen, Saufen und Prassen.

Die Besoldung bildete den Schwachpunkt der damaligen Armeen. Oft mangelte es den Kriegsherren am nötigen Geld, so dass die Landsknechte sich ihren Lebensunterhalt gewaltsam sichern mussten, was wiederum die Moral untergrub. Georg von Frundsberg, seit 1504 in kaiserlichen Diensten, gab als Heerführer seinen Männern eine feste Ordnung. In den „Artikelbriefen" legte er Rechte und Pflichten für Führer und Mannschaft fest, regelte das Gerichts-, Proviant- und Soldwesen ebenso wie Musterung, militärische Ämter und Befehlshierarchien.

Mit seinen gutgedrillten Truppen errang Frundsberg bedeutende Siege. 1513 schlug er ein zahlenmäßig vierfach überlegenes venezianisches Heer bei Creazzo vernichtend. Aus dieser Schlacht stammt sein Wahlspruch „Viel Feind', viel Ehr'". Seinen spektakulärsten Erfolg feierte er in der Schlacht bei Pavia am 24. Februar 1525. Dort besiegte er die Franzosen, deren König Franz I. in Gefangenschaft geriet.

Mit fast 20.000 kaiserlichen Soldaten zog Frundsberg 1526 gegen die Truppen des mit Frankreich verbündeten Papstes. Er schlug sie am Jahresende bei Brescia. Im Winter 1526/27 war die Lage gespannt. Wochenlang hatten die Männer keinen Sold mehr erhalten. Am 16. März 1527 brach im Feldlager bei Bologna eine Revolte aus. Die Landsknechte jagten ihre Kommandeure aus dem Lager, rotteten sich vor Frundsbergs Zelt zusammen und brüllten unaufhörlich „Geld! Geld!" Der unerschrockene Hauptmann trat vor die tobende Menge und versuchte sie zu beruhigen. Aber die aufgebrachten Männer schrien weiter nach Sold und richteten schließlich drohend ihre Spieße gegen ihn. Vom Hirnschlag getroffen sank Frundsberg auf eine Trommel und verlor das Bewusstsein. Dieses plötzliche Unglück brachte die Meuterer nur kurzzeitig zur Vernunft. Beim „Sacco di Roma" ließen sie wenige Zeit später ihrem Zorn freien Lauf.

Der neue Anführer der kaiserlichen Armee Charles de Bourbon vermochte es in keiner Weise, seine Truppen zu zügeln. Sie erreichten am 4. Mai 1527 das Weichbild von Rom und setzten zwei Tage später zum Sturm an. Er erfolgte von zwei Seiten: die deutschen Landsknechte attackierten die Vorstadt Trastevere westlich des Tiber-Flusses, während die spanischen und italienischen Söldner den nördlich davon gelegenen Vatikan-Hügel attackierten.

Diesem Angriff konnte Papst Clemens VII. kaum etwas entgegensetzen. Seine nur 189 Mann zählende Schweizergarde hatte sich auf dem Petersplatz versammelt, um den Pontifex zu schützen. 147 von ihnen fielen im Kampf, ehe Clemens sich durch einen Geheimgang, den 800 Meter langen *Passeto di Borgo*, in die sichere Engelsburg retten konnte. Hier wurde er von dem kaiserlichen Feldhauptmann Sebastian Schertlin von Burtenbach belagert, dessen Söldner jeden Tag höhnisch den Schlachtruf „Es lebe der Papst Martin Luther!" anstimmten.

In Rom wurde derweil gnadenlos geraubt und gemordet. „Man plünderte alle Häuser bis hin zur ärmlichsten Wohnung des Wasserträgers", entsetzte sich ein Zeitgenosse. Dem wahllosen Morden fielen fast 30.000 Römer zum Opfer, so „dass man beim Gehen auf den Straßen vor lauter Leichen das Pflaster nicht mehr sah". Manchen Reichen gelang es, sich und ihre Habe mit horrenden Summen freizukaufen. So rettete der Kardinal Andrea della Valle mehrere hundert Personen in seinem Palast, weil er zuvor einem italienischen Söldnerführer 40.000 Dukaten Schutzgeld gezahlt hatte.

Andere besaßen weniger Glück. „Auf dem Campo Marzo verteidigte sich der Palazzo Lomellina; die Kriegsknechte erstürmten ihn. Fliehend ließ sich die Besitzerin an einem Seil in den Hof hinab, man erschoss sie mit Flintenkugeln." Auch Charles de Bourbon ereilte sein Schicksal. Beim Erklimmen einer Sturmleiter traf ihn ein Bleigeschoss tödlich. Später behauptete der berühmte römische Bildhauer Benvenuto Cellini, er habe diesen Schuss abgefeuert.

Nachdem tagelang Kirchen, Klöster, Paläste und sogar Krankenhäuser geplündert und in Brand gesetzt wurden, zogen die meisten Söldner mit Beute schwer beladen wieder ab. Nur die Engelsburg blieb weiter von Belagerungstruppen umgeben. Am 7. Juni kapitulierte schließlich Papst Clemens VII. Er musste große Gebiete des Kirchenstaates an den Kaiser abtreten und ein riesiges Lösegeld von 400.000 Dukaten zahlen. Sein vertrauter Ratgeber Gumprecht von Brandenburg-Ansbach leitete die Vorgespräche, wurde aber gefangen gesetzt und starb wenig später an den Misshandlungen im Kerker.

Das „Sacco di Roma" zählt zu den unrühmlichsten Kapiteln religiös motivierter Feindschaft in Europa. Mit Recht notierte ein Chronist des Vatikans: „Die Plünderung Roms in den barbarischen Zeiten Alarichs und der Vandalen war menschlich zu nennen im Vergleich zu den Greueln, welche das Heer von Kaiser Karl V. beging."

47. Fürstliche Bigamie – Die Affäre Philipp von Hessen

Im Dezember 1539 erhielt Martin Luther ein höchst seltsames Schreiben. Darin schilderte ihm der Landgraf Philipp von Hessen seine Liebes- und Seelennöte. Er verlangte nichts Geringeres von dem Reformator, als dessen theologischen Segen zu einer Ehe mit zwei Frauen. Als Präzedenzfall erwähnte Philipp eine abenteuerliche Geschichte – den Grafen von Gleichen und dessen vom Papst genehmigte Bigamie.

Landgraf Philipp von Hessen zählte seit 1524 gemeinsam mit dem Kurfürsten von Sachsen zu den wichtigsten politischen Stützen der Reformation. Von seiner Frau Christine, einer sächsischen Prinzessin, hatte er sieben Kinder, bis er ihrer überdrüssig wurde. Philipp verliebte sich unsterblich in das blutjunge Edelfräulein Margarete von der Saale (auch von der Saell geschrieben). Als gottesfürchtiger Mann wollte er sie unbedingt heiraten, aber eine Scheidung von Christine kam natürlich nicht in Frage. So verfiel der Landgraf auf eine List.

Das erwähnte Schreiben an Luther war gespickt mit Zitaten aus dem Alten Testament, wo von Bigamie und Vielweiberei die Rede ist. Der 35-jährige Philipp jammerte weiterhin, seine Ehe sei „ohne Brunstigkeit" und ging sogar so weit, von seiner Gemahlin zu behaupten, sie sei „unfreindtlich" und hätte „gar übel gerochen". Das hatte Christine nicht verdient, stimmte sie doch sogar den Plänen einer Doppelehe zu. Sein gewichtigstes Argument präsentierte der Landgraf am Schluss: Die Geschichte des Grafen von Gleichen.

Sie gab den Anlass für Philipps Bigamie: Margarethe von der Saale

Im Jahre 1227 soll der verheiratete Graf Ernst, Besitzer der Burg Gleichen beim thüringischen Arnstadt, auf einen Kreuzzug in den Orient gezogen sein. Dort habe er eine Sarazenin kennen gelernt, man sei in gegenseitiger Liebe entbrannt und Ernst beschloss, sie als Zweitfrau zu heiraten. Beide zogen nach Rom, wo Papst Gregor IX. der Ehe Segen und Dispens erteilte. Wieder in Gleichen angekommen, soll Ernsts Gemahlin Bertha von Orlamünde die fremde Frau freundlich aufgenommen haben und man führte fortan eine harmonische Ehe zu dritt.

Martin Luther befand sich in einem schweren Dilemma. Philipps Ansinnen war aus theologischer Sicht völlig unzumutbar; die Ehe galt im monogamen Europa als heiliges Sakrament. Andererseits zählte der Landgraf zu den bedeutendsten Führern der Reformation. Man durfte ihn also keinesfalls verprellen, zumal er in seinem Brief subtil angedeutet hatte, er könne sich mit seinem Wunsch auch an den Papst wenden, also ins katholische Lager zurückkehren.

Luther beriet sich mit seinem engsten Vertrauten Philipp Melanchthon. Daraus entstand dann eine halbherzige und äußerst gewundene Antwort zum Thema Doppelehe. „Diese wüssten wir nicht zu verurteilen", lautete das Fazit. Philipp wertete dies als Zustimmung und schloss im März 1540 die Ehe mit dem schönen Edelfräulein. Beide bekamen neun Kinder, davon sieben Söhne, die späteren Grafen von Dietz, und blieben bis zu Margaretes Tod 1566 ein Paar.

Doch wie steht es um die Gleichen-Geschichte, war es mehr als nur erotische Burgenromantik? Einen Grafen Ernst von Gleichen gab es tatsächlich. Er brach auch zu einem Kreuzzug auf, jedoch nicht 1227, sondern 1221. Bezeugt ist, dass er sich zu jener Zeit in Unteritalien bei Kaiser Friedrich II. von Hohenstaufen aufhielt und 1222 ein Dankschreiben von ihm erhielt. Um diese Zeit muss Graf Ernst wieder nach Deutschland zurückgelehrt sein. Gregor IX. kann ihm also gar keinen Dispens erteilt haben, denn er wurde erst 1227 zum Papst gewählt.

Von einer Ehe zu dritt auf Burg Gleichen schweigen die Quellen bis 1539. Offenbar hat Landgraf Philipp diese Geschichte frei erfunden. Bei einem Besuch in Erfurt sah er womöglich im dortigen Peterskloster die steinerne Grabplatte eines Grafen von Gleichen, der mit zwei weiblichen Gestalten abgebildet war. So etwas kam in der mittelalterlichen Kunst höchst selten vor. Die beiden Damen (ganz offensichtlich war der Graf zweimal, aber nacheinander verheiratet) sehen europäisch aus und tragen die Tracht des Abendlandes. Es gehört schon reichlich Phantasie dazu, in dem kronenartig gezierten Kopfputz der Frau zur Linken des Grafen eine orientalische Herkunft zu entdecken.

Philipp von Hessen besaß offensichtlich, beflügelt von seiner Liebe, genügend Phantasie, um Luther diese Gleichen-Anekdote als historische Wahrheit aufzutischen. Populär gemacht hat sie im 18. Jahrhundert der Weimarer Literat Johann Musäus. Er gab der bis dato anonymen Sarazenin sogar einen Namen: Malechsala. Das klingt nun sehr verdächtig nach Philipps Zweitfrau, Margarete von der Saale.

48. Tödlicher Leichtsinn – die Königin Katharina Howard

König Heinrich VIII. gehörte gewiss zu den finstersten Tyrannen auf Englands Thron. Dass er alle seine sechs Frauen hinrichten ließ, ist jedoch eine Legende. Dieses bedauernswerte Schicksal erlitten „nur" Anna Boleyn und Katharina Howard. Letztere wurde Opfer ihres kindlichen Leichtsinns.

Englands Monarch hatte 1540 gerade wieder ein peinliches Eheabenteuer beendet. Um sich mit den deutschen protestantischen Fürsten zu verbinden, heiratete er die Herzogin Anna von Kleve. Er kannte von ihr nur den Namen sowie ein höchst schmeichelhaftes Porträt des Malers Hans Holbein. Als er Anna zum ersten Mal erblickte, war er hell entsetzt über diese plumpe, hausbackene Gemahlin. Der König weigerte sich, die Ehe zu vollziehen und verlangte eine sofortige Scheidung. Anfang Juli 1540 wurde die Verbindung für nichtig erklärt.

Heinrichs schwere Enttäuschung machte sich Thomas Howard, Herzog von Norfolk zunutze. Er kannte des Königs Schwäche für hübsche und vor allem blutjunge Frauen. Also suchte er in seiner Verwandtschaft nach einem Mädchen, das er mit Heinrich verkuppeln konnte, um seine eigene Macht zu erhöhen. Norfolk wählte eine Nichte namens Katharina aus, prüfte sorgfältig und fand sie „leicht zu lenken, da sie die Welt nicht kennt, ohne Ehrgeiz und Hinterlist".

Katharina Howard, einer zierlichen eleganten Erscheinung, kann man in der Tat jede Hinterlist absprechen. Vielmehr war sie arglos und leichtsinnig bis zur Naivität. Man hatte ihr notdürftig Lesen und Schreiben beigebracht – einmal beklagte sie sich, welch unendliche Mühe ihr ein zwölfzeiliger Brief abverlangte – sie konnte ein wenig musizieren und zeigte schon sehr früh Interesse an Männern. Böse Zungen sagten ihr ein Verhältnis mit dem Musiklehrer Henry Mannox nach. 1538 hatte sie eine Liaison mit dem flotten Ritter Francis Derham. Katharinas genaues Geburtsjahr ist nicht bekannt, sie kann aber damals nicht älter als 16 gewesen sein.

Die unglückliche Königin Katharina

Norfolk störte das alles nicht, vielmehr gelang es ihm wirklich, Katharina so geschickt zu präsentieren, dass der König sich rettungslos in sie verliebte. Kaum war seine Ehe mit Anna von Kleve geschieden, da heiratete er am 28. Juli Katharina Howard und zeigte sie dem Volk zwei Wochen später als seine Königin. Der 49-jährige Heinrich war zu jener Zeit keine sehr gewinnende Erscheinung. Dick aufgedunsen, seit einem Reitunfall 1536 am Stock humpelnd, litt er an Migräne und Syphilis. Umso mehr begeisterte ihn die Zuneigung der hübschen Katharina. „Der König ist in besserer Stimmung und Verfassung als seit langem", schrieb ein Diplomat. „Immer sieht man ihn Katharinas Wangen, Schultern, Arme streicheln und sie eng an sich pressen."

Heinrich nannte seine junge Gemahlin „Rose ohne Dornen". Weil sie eine kindliche Freude an buntem Geschmeide zeigte, das sie täglich wechselte, überhäufte der König sie mit Juwelen. Zu Neujahr 1541 schenkte er ihr eine Robe mit acht Diamanten und sieben Rubinen, eine Halskette aus Perlen und Brillanten. An Katharinas Seite erlebte Heinrich einen zweiten Frühling. Nur das ersehnte Kind wollte sich nicht einstellen, mit größter

Wahrscheinlichkeit war Heinrich aufgrund seiner Geschlechtskrankheit impotent geworden.

Katharina fehlte ein wichtiger Teil ihres Lebens und so sah sie sich nach Ersatz um. Ungeschickterweise ernannte sie ihren früheren Galan Francis Derham zum *gentleman usher* (Zeremonienmeister). Derham war schlau genug, sich nicht in eine Affäre mit der nunmehrigen Königin einzulassen, was ihn freilich auch nicht retten sollte. Im Frühjahr 1541 trat Thomas Culpeper in ihr Leben, ein schmucker 26-jähriger Höfling. Die beiden verliebten sich heftig. Katharina schrieb ihm unbekümmert sehr eindeutige Briefe, worin es etwa hieß: „Komm zu mir…denn dann kann ich Dir ungestört zu Willen sein." Damit begann ein Spiel mit dem Tod, denn Heinrich VIII. hatte in drei Regierungsjahrzehnten bewiesen, zu welch grausamen Exzessen er fähig war, wenn er sich hintergangen fühlte.

Als Kupplerin und Briefbotin wählte Katharina Lady Jane Rochford. Auch das zeugt von ihrer großen Naivität, denn die Rochford galt als notorische Denunziantin. Schon fünf Jahre zuvor hatte sie im Prozess gegen Heinrichs später hingerichtete Gemahlin Anna Boleyn eine niederträchtige Rolle gespielt.

Heinrich ahnte in seiner Verliebtheit nichts von der Culpeper-Affäre, er unternahm im Sommer 1541 mit seiner Gemahlin eine Reise durch die nördlichen Provinzen. Umso aufmerksamer reagierte die Familie Seymour, deren Mitglieder durch Katharinas Verwandtschaft aus wichtigen Staatsämtern verdrängt worden waren. Man begann das intime Vorleben der Königin zu durchsuchen. Mannox und Derham wurden befragt, gestanden ihre harmlosen Beziehungen ein, die zudem lange vor der königlichen Hochzeit stattgefunden hatten. Culpeper leugnete alles ab, allein Katharinas Briefe und die blumigen Aussagen der Lady Rochford überführten ihn.

Anfang November 1541 übergab man Heinrich die Ergebnisse der Untersuchung. Fassungslos überließ der Monarch die Angelegenheit einem Kronrat. Katharina wurde am 12. November verhaftet und in Syon House westlich von London interniert. Der Kronrat verurteilte im Einvernehmen mit dem Parlament Culpeper und Derham zum Tod durch Erhängen, während Mannox mit dem Schrecken davonkam. Dann begann das Verfahren gegen Katharina, die seit dem 10. Februar 1542 im Londoner Tower gefangensaß. Man legte ihr „abscheuerregende Missetaten" zur Last. Auch ihr Onkel Norfolk, Mitglied des Rates, beteiligte sich daran, denn er wollte keineswegs mit seiner Nichte in den Abgrund gerissen werden.

Am 12. Februar verkündete man Katharina ihre Hinrichtung am nächsten Tag. Für eine kaum 20-jährige nahm sie diese Botschaft sehr gelassen auf. Sie wählte ein schwarzes Samtkleid, das ihr besonders gut stand. Dann ließ sie den Richtblock in die Zelle bringen und übte in der Nacht, wie sie ihren Hals dem Henker möglichst elegant darbieten könnte.

Am Morgen des 13. Februar ging Katharina Howard gefasst in den Tod, kurz zuvor den König noch leise um Verzeihung bittend. Auch Lady Rochford ereilte ihr Schicksal. Wegen der zwielichtigen Rolle, die sie bei der Culpeper-Affäre gespielt hatte, wurde sie wenige Minuten nach Katharina hingerichtet. Anders als die kleine tapfere Königin winselte sie bis zum letzten Atemzug um Erbarmen.

49. Kaiser Karls höchst stilvoller Abgang

Ganz in Schwarz gekleidet, verkündete Kaiser Karl V. am 25. Oktober 1555 im Großen Saal des Brüsseler Schlosses seine feierliche Entscheidung. Es war derselbe Saal, in dem er 40 Jahre zuvor für mündig erklärt worden war. Den zahlreich erschienenen Familienmitgliedern sowie den Angehörigen des deutschen und spanischen Hochadels erklärte Karl seine Abdankung als Monarch. Ehe die Anwesenden sich von ihrer Verblüffung erholt hatten, legte er die Regentschaft der Spanischen Niederlande (heute Belgien) in die Hände seines Sohnes Philipp, trat ihm darüber hinaus Spanien, Sizilien und Mailand ab. Die deutsche Königs- und Kaiserkrone sollte künftig sein jüngerer Bruder Ferdinand tragen.

Als der von Gicht und Diabetes geplagte 55-jährige Monarch sich mühsam erhob und mit Hilfe eines kleinen Notizzettels die Bilanz seiner Regierungszeit vortrug, konnten die Zuhörer nach einem zeitgenössischen Bericht „ihre Tränen und Seufzer nicht zurückhalten". Karl V. erklärte zum Schluss, er werde nun seine letzte Reise in ein spanisches Kloster antreten und endete mit den Worten: „Ich habe immer meine Unfähigkeit erkannt; heute aber fühle ich mich ganz nutzlos, und dieses mein Leben, das Gott mir mit solcher Trübsal erfüllt hat, dient mehr zur Buße für meine Sünden als zum Leben."

Jener Mann, der einst sagte, dass in seinem Weltreich die Sonne nicht untergehe und der sich als ehrgeiziges Lebensmotto *Plus ultra* (immer mehr, immer weiter) gewählt hatte, war auf ganzer Linie gescheitert. Als Enkel des Habsburgers Maximilian I. schon mit 19 Jahren zum Römisch-Deutschen Kaiser gewählt, prägten ihn zwei Ereignisse entscheidend: Luthers Reformation und die Eroberung Amerikas. Seit Karl V. 1521 auf dem Reichstag zu Worms die flammenden Bekenntnisse Martin Luthers persönlich erlebte, richtete sich sein Kampf gegen die Kirchenreformer, die er als gefährliche Spalter und Ketzer hasste. Von seinem früh verstorbenen Vater hatte er auch die spanische Königskrone geerbt und Spanien wurde schnell zur führenden Kolonialmacht. Die märchenhaften Reichtümer Süd- und Mittelamerikas flossen nach Madrid.

Karl V. zog sich vom Herrscherthron zurück

Mit allen Mitteln strebte Karl danach, die Einheit des Glaubens und des Reiches zu wahren und sein Kaisertum als universelle christliche Macht durchzusetzen. Dabei zeigte der häufig kränkelnde Mann auch unermüdlichen physischen Einsatz. Während seiner großen Abschiedsrede in Brüssel bilanzierte er: „Ich war neunmal in Deutschland, sechsmal in Spanien, siebenmal in Italien, viermal in Frankreich und kam zehnmal hierher nach Flandern. Ich war zweimal in England und zweimal in Afrika. Das sind 40 große Unternehmungen im Krieg und im Frieden. Achtmal habe ich das Mittelmeer durchquert, dreimal den Ozean und bald wird es das vierte Mal sein, wenn ich nach Spanien gehe, um mir ein Grab zu suchen.“

All dieser Einsatz blieb letztlich vergebens. Zwar errang Karl mehrere militärische Erfolge über die protestantischen deutschen Fürsten, doch es gelang ihm nicht, die Glaubenseinheit als Grundlage eines vereinigten

Reiches wiederherzustellen. Stattdessen musste er im „Augsburger Religionsfrieden" 1555 die lutherische Glaubenslehre als gleichberechtigt mit der katholischen anerkennen.

Zu diesen politischen Fährnissen gesellten sich familiäre Querelen. Karls Plan zielte ursprünglich darauf ab, das gesamte spanisch-österreichische Habsburgerreich seinem Sohn, dem späteren König Philipp II. von Spanien, abzutreten. Doch das stieß auf entschiedenen Widerstand seines ehrgeizigen Bruders Ferdinand, der mit Unterstützung zahlreicher deutscher Fürsten die Kaiserkrone für sich forderte. Resignierend gab Karl diesem Drängen am 12. September 1556 nach. Damit begann die endgültige Trennung der Habsburger in eine österreichische und eine spanische Linie.

Gänzlich desillusioniert begab sich der Ex-Kaiser im Herbst 1556 nach Spanien. Hier bezog er sein selbstgewähltes Exil im Kloster San Jerónimo de Yuste, einer öden Gegend der Provinz Estremadura. 1557 ließ er hier ein komfortables Landhaus mit zwei Etagen errichten. Umsorgt von einem kleinen Hofstaat, zu dem auch ein Barbier sowie mehrere Kellermeister und Brauer gehörten, medizinisch betreut durch seinem flämischen Leibarzt Mathys von Brügge, widmete sich Karl während seiner letzten Monate kunstvollen Uhren und mechanischen Automaten, die der italienische Ingenieur Giovanni Torriano für ihn anfertigte. Angeblich soll Karl versucht haben, mehrere dieser Uhren oder doch zumindest zwei davon in genau gleichen Takt zu bringen. Als dies immer wieder misslang, resümiert er: „Uhren sind wie Menschen."

Nachdem im Februar 1558 Karls Lieblingsschwester Eleonore gestorben war, kommentierte er das mit den Worten: „In kürzerer Zeit werde ich wieder mit ihr vereinigt sein." Nach einem schweren Malaria-Anfall starb der einstige Weltherrscher am 21. September 1558 im Alter von 58 Jahren.

Seine stilvolle Abdankung drei Jahre zuvor veranlasste den Heiligen Ignatius von Loyola, Gründer des Jesuitenordens, zu der Einschätzung: „Der Kaiser gibt seinen Nachfolgern ein seltenes Vorbild. Denn während andere gern ihr Leben verlängern würden, um sich an der Staatsgewalt zu erlaben, gibt er sie schon zu Lebzeiten auf. Er erweist sich damit als wahrhaft christlicher Fürst... Wahrlich, die Welt kann Gott unserem Herrn nicht genug Dank sagen für ein solches Beispiel, das man so wenig glauben würde, sähe man es nicht vor sich!"

50. Genie und Wahnsinn – Erik XIV. von Schweden

Am 1. Oktober 1560 bestieg Gustav Wasas Sohn Erik den Königsthron von Schweden. Man nannte den 26-jährigen zu Recht „einen der kenntnisreichsten und stattlichsten Fürsten seiner Zeit". Leider besaß er mehrere ehrgeizige Stiefbrüder und einen ausgeprägten Hang zu Frauen aus dem niederen Volk. So wurde aus dem königlichen Genie ein vermutlich wahnsinniger Häftling.

Erik XIV. war ein typischer Renaissancemensch: hochgebildet, kunstsinnig und ungeheuer selbstbewusst. Der hochgewachsene Mann mit langem blondem Bart residierte als Kronprinz in der Stadt Kalmar und hielt sich mehrere Mätressen. Mit seiner Lieblingsgespielin, der Kaufmanntochter Agda af Porten zeugte er vier Töchter. Einziges Manko war das gestörte Verhältnis zu seinem vier Jahre jüngeren Stiefbruder Johann; die beiden hassten sich aus tiefster Seele.

Nach Eriks Krönung im Juni 1561 heiratete sein Stiefbruder eine polnische Prinzessin und er vertrat hinfort mehr die Interessen Polens im Ostseeraum als die Schwedens. Auf entsprechende Vorhaltungen antwortete er nur ausweichend, so dass ein Gericht ihn 1563 wegen Hochverrats zum Tode verurteilte. Erik milderte das Urteil und verhängte stattdessen lebenslange Kerkerhaft auf Schloss Gripsholm.

Der König wollte nun auch als großer Feldherr glänzen und zettelte 1563 einen Krieg mit Dänemark und dem deutschen Hanse-Bund an. Er führte den Oberbefehl in mehreren Gefechten, konnte aber nichts ausrichten. Nur seine Flotte errang einige Erfolge, der Krieg aber zog sich unentschieden über Jahre hin, was Erik erste Sympathien kostete.

Die entscheidende Wende in seinem Leben begann 1566, als er die erst 15-jährige Karin Månsdotter kennen lernte, die große Liebe schlechthin. Karin stammte aus einfachsten Verhältnissen, Tochter eines entlassenen Soldaten aus der mittelschwedischen Provinz Upland. Was ihr an Bildung fehlte, machte sie durch große Herzensgüte wett. Von Politik verstand das junge Mädchen überhaupt nichts. Diesen Part übernahm Jöran Persson, Privatsekretär und böser Geist Eriks. Der ebenso gebildete wie gerissene Mann hatte an der Universität Wittenberg bei Philipp Melanchthon studiert und leitete ab 1561 faktisch die gesamte schwedische Innenpolitik.

Persson gründete eine private Geheimpolizei und witterte überall Verrat und Verschwörungen. Er redete Erik XIV. ein, dass die mächtige Familie

Sture einen Anschlag auf sein Leben plane. Der zur Paranoia neigende und immer labiler werdende König erlag schließlich den Einflüsterungen und befahl die Ermordung des Familienoberhaupts Nils Sture sowie dessen Söhnen Erik und Svante. Diese Untat geschah im Schloss zu Uppsala am 24. Mai 1567.

Karin Månsdotter hatte inzwischen eine Tochter Sigrid geboren und Erik beschloss, seine „herzensallerliebste Kara" zu legitimieren. Am 13. Juli 1567 wurden beide heimlich durch den Erzbischof von Stockholm getraut. Als diese Eheschließung im Dezember ruchbar wurde, setzte Erik im Reichsrat seinen Kopf durch, er heiratete Karin am 4. Juli 1568 offiziell und ließ sie am folgenden Tag zur Königin von Schweden krönen. „Außer ihr kann mich niemand leiden", lamentierte Erik. „Ich will sie zur Gemahlin und wenn die Welt darüber zusammenbricht."

Erik XIV. zwischen Karin Månsdotter und Jöran Persson

Nun, die Welt brach nicht zusammen, wohl aber Eriks Königtum. Die Morde an den Stures und die Krönung einer schlichten Soldatentochter provozierten den schwedischen Adels aufs Äußerste. Unvorsichtigerweise hatte der Monarch 1567 seinen missgünstigen Halbbruder Johann aus dem Gefängnis entlassen. Nun machte der sich zur Seele eines Komplotts, an dem auch sein jüngerer Bruder, der spätere König Karl XI. teilnahm.

Am 20. September 1568 erschien ein bewaffneter Trupp vor dem Stockholmer Schloss und riegelte es ab. Johann, der seinen alten Titel „Herzog von Finnland" wieder angenommen hatte, forderte zunächst die Auslieferung von Jöran Persson. Erik gab nach und so wurde sein vertrauter Sekretär nach einem mit grässlichen Foltern verbundenen Kurzverfahren am 21. September hingerichtet. Eine Woche später erklärte der inzwischen internierte König seinen Thronverzicht. Als einzige Bedingung stellte er, dass Karin bei ihm bleiben durfte, was vom neuen Monarchen Johann III. gewährt wurde.

Während der folgenden acht Jahre musste der Ex-König siebenmal sein Quartier wechseln, weil er immer wieder Fluchtversuche mittels dilettantisch gegrabener Tunnel unternahm. So auch in seinem letzten Domizil, dem Landsitz Örbyhus bei Uppsala. Johann wurde dieses Treiben schließlich lästig, zumal sein Stiefbruder immer öfter wahnsinnige Wutanfälle bekam. Er befahl dem Gouverneur von Örbyhus, Johan Henriksen, den Gefangenen ohne großes Aufsehen zu beseitigen.

Am 24. Februar 1577 ließ Henriksen ihm eine mit Arsenikpulver vergiftete Erbsensuppe servieren. Dieses völlig geschmack- und geruchlose metallische Gift war offenbar so hoch dosiert, dass der 42-jährige Erik nach wenigen Minuten ins Koma fiel und starb. Man begrub ihn im Dom zu Västerås. Erbsensuppe wurde während der folgenden 200 Jahre vom Speiseplan der schwedischen Königsfamilie streng verbannt...

51. Die tödliche Weltraumreise des Giordano Bruno

Am 19. Februar 1600 berichtete die römische Zeitung *Avisi di Roma* ihren Lesern: „Er war ein ungemein halsstarriger Ketzer, der aus seiner eigenen Eingebung verschiedene Dogmen gegen unseren Glauben fabrizierte, besonders aber gegen die Heilige Jungfrau und andere Heilige. Der Elende war so hartnäckig, dass er gewillt war, dafür zu sterben." So die knappe und tendenziöse Schilderung des Endes von Giordano Bruno.

Der Anfang 1548 im italienischen Nola geborene Bruno hieß mit Vornamen eigentlich Filippo. Nachdem er 1565 in den Mönchsorden der Dominikaner zu Neapel eintrat, legte er seinen Taufnamen ab und nannte sich hinfort Giordano. Die Dominikaner galten als besonders unerbittliche Verfolger jedweder Ketzerei. Schon deshalb war der freigeistige Bruno bei ihnen völlig Fehl am Platze. Bald fiel der junge Mönch auf, weil er die Verehrung der Jungfrau Maria ablehnte und sämtliche Heiligenbilder aus seiner Klosterzelle entfernte. Man verbuchte das noch als jugendlichen Leichtsinn und so konnte Bruno 1572 die Priesterweihe empfangen.

Bald geriet er jedoch in den Verdacht der Ketzerei. Bruno besaß ein ausgeprägtes Talent, seine Mitmenschen durch rücksichtslose Polemik und beißenden Spott zu verunsichern. So forderte er mehrere Klosterbrüder auf, statt der Bibel „ein vernünftiges Buch zu lesen". Er äußerte sich anerkennend über Ketzer wie Jan Hus (siehe Geschichte Nr. 36) und vertrat ungeniert die These des Kopernikus, wonach die Erde sich um die Sonne bewege.

1576 wurde ein Disziplinarverfahren gegen ihn vorbereitet und Bruno floh nach Rom, um den Papst um Gnade zu bitten. Als freilich ruchbar wurde, dass er bei seinem Abgang aus Neapel demonstrativ die Schriften des Kirchenvaters Hieronymus in eine Latrine geworfen hatte, musste er Rom schleunig verlassen.

In den folgenden Jahren absolvierte Giordano Bruno ein unstetes Wanderleben, das ihn durch halb Europa führte. Er entwickelte eine These, die erstaunlich modern anmutet, zumal Bruno kein Naturwissenschaftler war. 1585 veröffentlichte er in London die Schrift *De l'Infinito, Universo e Mondi* (Über die Unendlichkeit, das Universum und die Welten). Darin erklärte er, die Sterne am Firmament seien genauso strukturiert wie unsere Sonne. Das Universum sei unendlich und von ewiger Dauer; es gäbe eine unendliche Anzahl von Welten und diese seien von einer unendlichen Zahl intelligenter Wesen bevölkert.

Diese Hypothese ließ keinen Raum für ein Jenseits. Die zeitliche Unbegrenztheit des Universums schloss den göttlichen Schöpfungsakt und das Jüngste Gericht aus. Die materiellen Beweise für seine Behauptung musste Bruno natürlich schuldig bleiben und so erklärte er kurzerhand: „Unsere unzureichende Sinneswahrnehmung widerlegt die Unendlichkeit nicht."

Seine Weltraumlehre schien dem ehemaligen Mönch aber nicht provozierend genug und so leugnete er, dass Jesus Christus Gottes Sohn sei – ein zentrales Dogma des christlichen Glaubens. Auf dem theologisch-philosophischen Kampfplatz war Bruno ein gern gesehener Gast. Im Sommer 1586 kam er nach Wittenberg, der Wiege von Luthers Reformation. Er hielt Vorlesungen an der Universität und verfasste ein Buch über Gedächtniskunst, das mit mystischen und okkulten Betrachtungen angefüllt war.

Der Italiener übte keineswegs Toleranz. In London hatte er sich über das geistige Niveau der Universität Oxford geradezu beleidigend geäußert. Seine Abneigung gegen die Juden war vehement. So schrieb er 1584 in seinem *Spaccio della bestia trionfante* (Austreibung der triumphierenden Bestie), die Juden seien „ein pestilenzialisches, aussätziges und gemeingefährliches Geschlecht,... ein Volk, immer niedrig, knechtisch, schachernd, sich absondernd".

1588 weilte Bruno in Prag, wo ihn Kaiser Rudolf II. empfing, zwei Jahre später in Frankfurt/Main. Nach 15 Wanderjahren packte ihn das Heimweh. Ende 1591 erreichte ihn die Einladung des venezianischen Patriziers Zuane Mocenigo. Er reiste in die Lagunenstadt, welche für ihren toleranten Umgang mit Freigeistern bekannt war. Mocenigo hatte offenbar nur Brunos Schrift über Gedächtniskunst gelesen und erwartete von ihm die Einweihung in magische Praktiken. Doch sein Gast wollte sich nicht als Scharlatan betätigen und deshalb kam es rasch zum Zerwürfnis.

Der hinterhältige Mocenigo denunzierte Bruno bei Venedigs Inquisition und am 25. Mai 1592 begann der Prozess gegen ihn. Zwei Monate später distanzierte er sich von seinen Schriften, um einer Bestrafung zu entgehen. Der Fall wäre erledigt, hätte nicht der Vatikan eingegriffen und die Auslieferung des Verdächtigen gefordert, weil er als Priester der römischen Kurie unterstand. Die Beziehungen zwischen Venedig und Rom waren damals äußerst gespannt. Um nicht weiteres Öl ins Feuer zu gießen, befahl der Doge Pasquale Cicogna im Februar 1593 die Überführung Brunos nach Rom.

Spätes Denkmal für Giordano Bruno

Sieben Jahre wurde der Prozess gegen Bruno vorbereitet, den man in der Engelsburg gefangen hielt. Sein erstes Verhör erfolgte im Dezember 1593. Ein Jahr lang war er damit beschäftigt, die Anklagen zu widerlegen. Daraufhin wurden ab Februar 1595 alle veröffentlichten Schriften Brunos einer gründlichen Prüfung unterzogen und im März 1597 die endgültige Anklageschrift verfasst. Papst Clemens VIII. bot ihm eine persönliche Audienz an, wenn er acht ketzerischen Behauptungen aus seiner Feder abschwöre.

Bruno wusste, dass es um seinen Kopf ging und erklärte sich zum teilweisen Widerruf bereit. An seinen heikelsten Thesen – Ablehnung der Gottessohnschaft Christi und des Jüngsten Gerichts sowie die Behauptung unendlich vieler Welten – hielt er fest. Die römische Inquisition reagierte gnadenlos. Vier Jahrzehnte später, als die katholische Gegenreformation in Europa Fuß gefasst hatte, kannte man Milde für einen Mann wie Galileo Galilei. Entgegen landläufigen Vorstellungen wurde er weder ins Gefängnis geworfen, noch gar gefoltert; Galilei sollte lediglich seine naturwissenschaftlichen Thesen vor einer Kirchenkommission darlegen.

Giordano Bruno besaß weniger Fortune. Die Inquisition verurteilte ihn wegen Ketzerei und Magie zum Tod auf dem Scheiterhaufen. „Ihr fällt euer Urteil mit größerer Furcht, als ich es empfange", rief er den Richtern entgegen. Am 17. Februar 1600 wurde Bruno auf dem römischen *Campo dei Fiori* verbrannt. 300 Jahre später erklärte eine theologische Kommission des Vatikans die Hinrichtung für unrechtmäßig.

52. Russisches Roulette – der falsche Dimitri

Zar Iwan IV., „der Schreckliche", bestätigte seinen Beinamen ein Leben lang durch zahlreiche Massenmorde. Als er 1584 starb, hinterließ der Herrscher ein schreckensstarres Land. Aus seinen insgesamt sieben Ehen waren vier Söhne hervorgegangen. Einer starb schon als Säugling, den zweiten brachte Iwan eigenhändig um, der jüngste zählte kaum zwei Jahre. So bestieg der vierte Sohn Fjodor den Zarenthron, ein bedauernswerter, halb debiler Jüngling, der kaum imstande war, die Regierungsgeschäfte zu bewältigen.

An Fjodors Stelle übernahmen die Hochadligen (Bojaren) das Staatsruder, allen voran der ehrgeizige Boris Godunow. Als der Zar Anfang 1598 überraschend starb, ließ er sich zum neuen Monarchen proklamieren. Trotz seiner sehr tatkräftigen Außenpolitik stand Godunows Regentschaft unter einem Unglücksstern. Der Adel verübelte ihm seine Vetternwirtschaft, das Volk machte ihn für eine Hungersnot verantwortlich, die zwischen 1601 und 1603 Tausende das Leben kostete. Eine Fraktion unter Führung des zwielichtigen Bojaren Wassili Schuiski intrigierte überall gegen den Zaren.

Nie verstummten finstere Gerüchte, wonach Boris Godunow den rechtmäßigen Zaren Fjodor ermorden ließ und ebenso dessen jüngeren Bruder Dimitri. Dieser lebte mit seiner Mutter in der kleinen Wolgastadt Uglitsch und starb achtjährig unter sehr mysteriösen Umständen. Angeblich hatte er sich bei einem epileptischen Anfall selbst mit einem Messer tödliche Wunden zugefügt. Nun hieß es immer öfter, Dimitri sei in Wirklichkeit seinen Mördern entkommen und lebe unerkannt als einfacher Mönch im Kloster.

Zu jener Zeit tauchte 1602 in Südrussland ein junger Mann auf, der behauptete, er wäre der Zarewitsch Dimitri. Im polnischen Sandomierz gelang es ihm, die Bekanntschaft des dortigen Wojewoden Jerzy Mniszech zu machen. Er offenbarte sich ihm als Zarensohn. Friedrich Schiller lässt ihn in seinem unvollendeten „Demetrius"-Drama sagen:

> *„Kein Jahr ist's noch, dass ich mich selbst gefunden;*
> *denn bis dahin lebt' ich mir selbst verborgen,*
> *nicht ahnend meine fürstliche Geburt.*
> *Mönch unter Mönchen fand ich mich, als ich*
> *anfing zum Selbstbewusstsein zu erwachen."*

Mniszech führte den sehr überzeugend auftretenden Thronanwärter am polnischen Hof ein, wo ihn im März 1604 König Sigmund III. in Privataudienz empfing. Polen war damals ein riesiges Reich, das sich von Litauen bis zur Ukraine erstreckte. Mit dem benachbarten Russland hatte es zuvor schon mehrere bewaffnete Konflikte gegeben. Nun bot sich die verlockende Gelegenheit, durch Einsetzung einer Marionette in Moskau den polnischen Einfluss auf ganz Osteuropa bis zum Ural auszudehnen. Der vielversprechende Mann „redete meisterhaft und offenbarte auch ein recht mannigfaltiges Wissen".

Dennoch blieb Sigmund zunächst skeptisch. Erst als der Pseudo-Dimitri zum katholischen Glauben übertrat, rüstete der König ein Heer aus, an dessen Spitze der vermeintliche Zarensohn im Frühjahr 1605 nach Moskau marschierte. Derweil setzte die Gegenpropaganda ein. Zar Boris ließ verlautbaren, Dimitri sei in Wirklichkeit der Mönch Grigori Otrepjew aus dem Tschudow-Kloster vor den Toren Moskaus. Ob das stimmt, ist bis heute ungeklärt. Wassili Schuiski jedenfalls wechselte wieder die Seiten und behauptete, Dimitri sei der einzig wahre Zarenerbe.

Nach anfänglichen Schwierigkeiten bekam das polnische Invasionsheer großen Zulauf. Godunows Truppen wurden geschlagen und er starb am 13. April 1605 höchstwahrscheinlich durch Selbstmord. Sein Sohn und Nachfolger wurde wenige Wochen später ermordet, so dass Dimitri am 21. Juni 1605 in Moskau einziehen konnte. Hier ließ er sich kurz darauf in der Mariä-Himmelfahrt-Kathedrale zum „Zaren von ganz Russland" krönen. Aus Uglitsch holte er Marfa Nagaja, Mutter des echten Dimitri, in die Hauptstadt, damit sie ihn als Sohn anerkenne. Warum auch immer tat Marfa ihm diesen Gefallen.

Dimitri hielt ganz Russland zum Narren

Obwohl Dimitris Herrschaft derart gefestigt schien, erhob sich bald Widerstand. Der neue Zar umgab sich mit einer polnischen Leibwache und wählte nur Jesuiten als Berater. Als sein Übertritt zum katholischen Glauben ruchbar wurde, wechselte Wassili Schuiski abermals die Seiten und verkündete, Dimitri sei nur ein Scharlatan und Hochstapler. Als dieser Klostergüter beschlagnahmen ließ und den Bauern zehn Jahre Steuerfreiheit in Aussicht stellte, hatte er mit einem Schlag den gesamten grundbesitzenden Adel gegen sich. Unklugerweise begann Dimitri auch noch eine eigenständige Außenpolitik zu betreiben, die sich gegen polnische Interessen im Baltikum richtete. Nun ließ ihn auch König Sigmund fallen.

Unbekümmert und vom Glanz seiner Krone geblendet, veranstaltete Dimitri am 8. Mai 1606 im Facetten-Palast des Moskauer Kremls ein prunkvolles Hochzeitsfest. Seine Braut war die polnische Aristokratin Maryna Mniszechowna, Tochter seines Gönners, dem Wojewoden von Sandomierz. Dies bildete den glanzvollen Anfang vom Ende. Am 17. Mai läuteten die Moskauer Kirchenglocken Sturm und ein bewaffneter Haufe unter Führung Wassili Schuiskis griff den Kreml an. Zar Dimitri wurde in einem Hinterhof erschlagen, ebenso wie 2.000 seiner Anhänger. Zarin Maryna verschwand im Kerker und alle Polen mussten die Hauptstadt verlassen.

Zwei Tage später ließ sich Wassili Schuiski zum neuen Zaren ausrufen. Damit gingen die Wirren im Russischen Reich aber noch nicht zu Ende. Schuiski machte sich bald genauso unbeliebt wie sein Vorgänger Godunow. Die Polen zauberten tatsächlich 1610 einen zweiten falschen Dimitri aus dem Hut und besetzten zeitweilig Moskau. Schuiski wurde abgesetzt und starb als Gefangener, während ein Volksaufstand die Polen wieder vertrieb.

Anfang 1613 gelang es einem mächtigen russischen Kirchenfürsten, seinen Sohn Michail Romanow auf den Zarenthron zu setzen. Damit begann die Herrschaft der Dynastie Romanow, die 300 Jahre später so schauerlich enden sollte (siehe Geschichte Nr. 92).

53. Die „Blutgräfin" Elisabeth Báthory

Schon in jungen Jahren fiel Elisabeth Báthory durch einen Hang zum Sadismus auf. Als ihre Dienerin sie ungeschickt frisierte, stieß sie ihr eine Schere ins Gesicht. Freilich wurden osteuropäische Dienstboten im 16. Jahrhundert generell sehr schlecht behandelt und man machte kein Aufhebens wegen solcher Vorfälle. Was aber ein Trupp ungarischer Soldaten nach Betreten von Elisabeths Burg sehen musste, war an Schauerlichkeit kaum zu überbieten.

Die 1569 geborene Elisabeth Báthory gehörte zu den vornehmsten Geschlechtern Ungarns, einem Land, das damals den halben Balkan umfasste. Im Alter von neun Jahren soll sie ein traumatisches Erlebnis verfolgt haben, die grausame Folterung und Hinrichtung aufständischer Bauern – aber das ist möglicherweise nachträgliche Interpretation. 1575 heiratete sie den elf Jahre älteren Magnaten Franz Nádasdy. Es war eine der üblichen Hochzeiten innerhalb der ungarischen Adelsfamilien, durch die ihr Besitz zusammengehalten werden sollte. Inzucht und Degeneration zählten dabei zu den Folgen. Elisabeth litt an epileptischen Anfällen, einer ihrer Onkel verfiel satanistischen Praktiken, ihre Tante Klara zog als Hure durchs Land und Bruder Stephan endete als Alkoholiker.

Das Ehepaar wohnte auf der Burg Čachtice in der heutigen Slowakei. Franz kämpfte als kaiserlicher General auf dem Balkan gegen die Türken und war selten zu Hause. Die beiden hatten zusammen vier Kinder, von denen zwei nur wenige Monate alt wurden.

Als Franz Nádasdy Anfang 1604 starb, fiel Elisabeth dessen gesamtes Vermögen zu. Ein Jahr später beerbte sie auch noch ihren Bruder Stephan. Sie besaß nun Schlösser und Ländereien von Transsylvanien bis nach Österreich, die Hauptmasse lag in Nordungarn (heute Slowakei). Als Familienoberhaupt agierte sie auf Burg Čachtice – damals sehr ungewöhnlich für eine Frau.

Nach dem Tod ihres Gatten schwanden bei der Gräfin offenbar alle Hemmungen. Mit Hilfe einer ausschließlich weiblichen Dienerschar lockte sie junge Mädchen in ihre Burg, um sie dort ausgesuchten Foltern zu unterziehen, die stets tödlich endeten. In der Umgebung von Čachtice fand man immer wieder von Wölfen angefressene weibliche Leichenteile. Die verängstigten Bauern der Gegend sprachen hinter vorgehaltener Hand über Elisabeth, die sie „Tigerin von Čachtice", „Slowakische Hure", vor allem aber „Blutgräfin" nannten. Angeblich soll sie jeden Tag in Mädchenblut gebadet haben, um sich zu verjüngen. Das ist angesichts des schnellen Gerinnungsfaktors von Blut zwar unsinnig, aber die Wahrheit war furchtbar genug.

Die finsteren Gerüchte kamen schließlich sogar dem Habsburger Kaiser Matthias zu Ohren, der seit 1608 auch König von Ungarn war. Er beauftragte Georg Thurzo von Bethlenfalva, den ungarischen Kronfeldherren, mit einer Untersuchung. Er war überdies ein Cousin der Báthory, würde also mit dem nötigen familiären Fingerspitzengefühl vorgehen.

Am 30. Dezember 1610 erschien Thurzo mit einem Trupp Bewaffneter unerwartet auf Burg Čachtice. Gleich in der großen Halle erblickten sie ein totes und anscheinend fast ausgeblutetes junges Mädchen. Ein anderes, das noch lebte, wies am Körper zahllose Einstiche auf, ein drittes war im Gesicht grausam entstellt worden.

Der entsetzte Thurzo ließ Elisabeth sofort festnehmen. Dann befragte er die Dienerschaft, die sich komplett ahnungslos stellte. Nachdem seine Soldaten im Burggraben menschliche Überreste fanden und im Umfeld des Schlosses Leichenteile ausgruben, wurde die Gräfin unter Hausarrest gestellt.

1611 fanden zwei Gerichtsverfahren statt. Die Báthory sollte als Angehörige des Hochadels nicht direkt angeklagt werden und blieb deshalb den Prozessen fern. Vernommen wurden vier Personen: Ilona Jó, Amme von Elisabeths Kindern, die Kammerzofe Dorottya Szentes, die Wäscherin Katalin Bodo und der Hausmeister János Ujvári. Eine der wichtigsten Zeuginnen, Elisabeths Kammerdienerin Anna Darvulia, war kurz zuvor gestorben.

Elisabeth Báthory, eine klassische Sadistin

Was die vier beichteten, war haarsträubend. Die Rede ging von Auspeitschung bis zum Tode, Stichen mit Nadeln, Messern und Scheren, brennendem Ölpapier zwischen den Zehen, rotglühenden Münzen und Schlüsseln auf nackter Haut. Auch das Übergießen mit Wasser bei Frost gehörte zu den Martermethoden. „Darvulia, ihre vertrauteste Kammerfrau, brachte einen Eimer Wasser aus dem Haus. Die Frauen stützten Ilonas Körper, während Elisabeth das Wasser über die blasse Gestalt goss. Das Wasser gefror schnell, und das Mädchen erstarrte auf der Stelle. *Schönheit*, sagte Elisabeth ungerührt, *wie mühelos heftest du dich an die Fügsamen!*"

Aus Angst vor der damals im Gerichtsverfahren durchaus üblichen Folter übertrieben die Angeklagten wohl auch. Katalin Bodo etwa erwähnte die Existenz eines Tagebuches der Gräfin, in dem die Ermordung von 650 Mädchen detailliert beschrieben sei. Dieses Dokument wurde nie gefunden.

Bis auf Katalin wurden alle Angeklagten zum Tode verurteilt und hingerichtet. König Matthias forderte auch den Tod von Elisabeth Báthory, doch Thurzo plädierte für eine subtilere Bestrafung. Auf Burg Čachtice, dem Schauplatz ihrer Untaten, wurde die Blutgräfin in einem Zimmer lebendig eingemauert. Nur ein kleines Loch in der Wand bot ihr Kontakt zur Außenwelt. Durch diese Luke erhielt sie auch täglich Nahrung. Nach drei Jahren starb die Massenmörderin am 21. August 1614 in ihrer winzigen Zelle.

54. Der Untergang des „Winterkönigs"

König Friedrich von Böhmen empfing am 8. November 1620 in der Prager Hradschin-Burg eine englische Gesandtschaft. Nach diesem Routinetermin setzte er sich am Nachmittag mit seinem Hofstaat gemütlich zur Tafel, als man vom Burgvorplatz wildes Geschrei vernahm. Friedrich wollte wissen, was das zu bedeuten habe. Einige antworteten, die Schlacht sei verloren und man könne den Feind nicht mehr aufhalten. „Da kehrte er in großem Schrecken eilig um und floh mit seiner Gemahlin hinüber in die Altstadt." Selten endete ein Königtum so schnell und so kläglich.

Der 30-jährige Krieg begann im Mai 1618 mit dem Prager Fenstersturz (siehe „111 Geschichten zur Geschichte" S. 155ff.). Es handelte sich um eine drastische Protestaktion der evangelischen böhmischen Stände gegen den katholischen Habsburgerkaiser zu Wien, der gleichzeitig König von Böhmen war. Die Auseinandersetzung eskalierte zum militärischen Konflikt, der schließlich auf halb Europa übergriff, während der ersten beiden Jahre aber auf Böhmen und Österreich beschränkt blieb. Ein Angriff der Kaiserlichen wurde zurückgeschlagen und im Sommer 1619 marschierte das böhmische Heer unter Graf Matthias von Thurn bis vor die Tore Wiens, wo Kaiser Ferdinand II. eilig seine Koffer packen musste. Danach entstand eine militärische Patt-Situation.

Am 17. August 1619 setzten die böhmischen Stände Ferdinand als König ab. Es galt nun, einen geeigneten Kandidaten für den vakanten Thron zu suchen. Er sollte nicht zu mächtig und vor allem evangelisch sein. Bald fand sich ein viel versprechender Mann in Gestalt des Kurfürsten Friedrich V. von der Pfalz. Der 23-jährige war mit einer Tochter des Königs von England verheiratet. Sein relativ kleines Stammland zwischen Mannheim und Heidelberg, die Kurpfalz, war seinem Ehrgeiz wohl nicht angemessen und die Offerte einer Königskrone schien vor allem seiner Gemahlin

Elisabeth zu verlockend. Friedrichs Mutter hingegen riet ihm dringend von diesem riskanten Schritt ab, der sich direkt gegen den Kaiser richtete. Auch ein Verwandter, Herzog Maximilian von Bayern, warnte den Pfälzer: „Durch diese Krone erwächst deinem Haus große Gefahr."

Alle Mahnungen blieben fruchtlos. Der prunkliebende Friedrich begab sich mit seiner Gemahlin im Herbst 1619 auf den Weg nach Böhmen. Am 31. Oktober zog er feierlich in Prag ein und wurde vier Tage später im Veitsdom zum König gekrönt. Bald machten Friedrich und Elisabeth den Prager Hof zum fidelsten in ganz Europa. Feste, Lustbarkeiten und Maskenbälle wechselten in rascher Folge. Für politische Probleme besaß der König weniger Gespür und weder er noch seine Berater sahen die heraufziehende militärische Katastrophe.

Sein Königtum währte nur wenige Monate

Die kaiserlichen Armeen hatten sich 1618/19 nicht gerade mit Ruhm bedeckt. Doch nun stellte Ferdinand II. ein Heer auf, das hauptsächlich aus kampferprobten Söldnern, Wallonen, Spaniern und Bayern bestand. Ihr Kommandeur war der gefürchtete General Johann Graf von Tilly. Er zog im Herbst 1620 aus Regensburg die Donau entlang und drang dann von Süden her in Böhmen ein. Seinen 28.000 Mann stand eine böhmische Streitmacht von 20.000 unter Fürst Christian von Anhalt entgegen.

Am 8. November 1620 kam es zur Schlacht am Weißen Berg (Bíla Hora). Es war eigentlich nur ein besserer Hügel, etwa 100 Meter hoch und zehn

Kilometer westwärts vom Zentrum Prags gelegen. Auf der Kuppe dieser Anhöhe hatten sich die Böhmen festgesetzt, ein taktischer Vorteil, den indes der konfuse Christian von Anhalt nicht zu nutzen verstand. Er verzettelte vielmehr seine Regimenter. Eine ungestüme Reiterattacke, geführt von dem legendären Grafen Gottfried von Pappenheim, zersprengte die Stellung der Böhmen auf dem Weißen Berg. Schon nach zwei Stunden war alles vorbei. Obwohl sie kaum 1.000 Mann verloren hatten, wälzten sich die böhmischen Truppen in regelloser Flucht gen Prag.

Als erste Nachrichten über die Niederlage eintrafen, geriet der königliche Hofstaat in Panik. Friedrich jammerte: „Ich sehe wohl, dass ich verspielt habe und nichts mehr zu erhalten ist." Die Flucht des Königspaares geriet zum Chaos. Ein Augenzeuge, der Prager Bürger Augustin Fritsch, berichtete: „Dies geschah mit solcher Eile und Verzagtheit, dass sie ein sehr großes Gut an Kleinodien, Gold, Kleidern und auch wichtige Briefe in den Zimmern zurückließen." Unter dem Schutz von 200 bewaffneten Reitern verließ Friedrich im letzten Augenblick die Stadt und verlor dabei seinen Hosenbandorden, den ihm sein englischer Schwiegervater einst verliehen hatte. Augustin Fritsch: „Beim Tor ging es schwer zu. Hätte sich der König noch eine Stunde länger aufgehalten, die Bürgerschaft würde ihn nicht mehr hinausgelassen haben."

Schon am nächsten Tag zogen die Kaiserlichen in Prag ein und jedermann beeilte sich, die weiß-blauen Armbinden und Kokarden, das Banner Friedrichs, wegzuwerfen. Dem Geflohenen haftete für immer der Spottname „Winterkönig" an, weil er nur einen Winter in Böhmen geherrscht hatte.

Friedrichs Heimat wurde 1621 von Tilly besetzt. Der Monarch ohne Thron floh über Schlesien und Brandenburg nach Holland ins Exil. Von hier aus versuchte er die folgenden zwölf Jahre, seine Herrschaft über das Pfälzer Land wiederzuerlangen. Kaum war ihm das mit schwedischer Hilfe geglückt, da starb der „Winterkönig" am 29. November 1632 im Alter von 36 Jahren. Ein Bündnis mit Fortuna hatte er wahrlich nicht geschlossen.

55. Wallenstein und das Eger-Komplott

„O meine Seele wird schon lang von trüben Ahnungen geängstigt und bange Furcht bewegt mich." Wenige Stunden vor Wallensteins Tod legt Friedrich Schiller in seinem gleichnamigen Drama der Gräfin Terzky diese Worte in den Mund. Historisch bezeugt sind sie nicht. Doch sie passen hervorragend in jene schwüle, intrigenreiche Atmosphäre, die sich Anfang 1634 im böhmischen Eger um den großen Feldherren und Politiker Albrecht von Wallenstein zusammenbraute.

Der aus Böhmen stammende Wallenstein (eigentlich Waldstein) gehörte zu den erfolgreichsten Generalen des 30-jährigen Krieges. Der Kaiser erhob ihn zum Herzog von Friedland und ließ ihn ungehindert gewaltige Reichtümer zusammenraffen. Als Wallenstein zu mächtig und unabhängig wurde, entließ man ihn 1630 aus dem Dienst. Nach dem Vordringen des Schwedenkönigs Gustav Adolf in Süddeutschland wurden seine Fähigkeiten wieder benötigt. Es gelang ihm, die Schweden zurückzuschlagen und in der Schlacht bei Lützen Ende 1632 starb Gustav Adolf.

Wallenstein stand nun als großer Sieger da. Doch plötzlich ließ seine Energie nach. Er führte den Feldzug nur noch zögernd und schien nach Kompromissen mit dem Feind zu suchen. Ganz offensichtlich hatte der Feldherr Konsequenzen aus 15 Jahren Krieg gezogen und erkannt, dass daraus nie ein endgültiger Sieger hervorgehen würde. Er selbst war wirtschaftlich saturiert und brauchte keine Gewinne mehr aus dem Konflikt. Hinzu kam eine Tatsache, die der 50-jährige peinlich vor seiner Umwelt zu verbergen suchte. Er war ein todkranker Mann. Wie spätere Untersuchungen seines Skeletts ergaben, litt er an Syphilis im Endstadium. Während seiner letzten Monate wollte er alles für einen Friedensschluss zwischen der kaiserlichen und der protestantischen Partei tun.

Wallenstein wird zu jener Zeit von Feinden umringt. Längst ist Kaiser Ferdinand II. misstrauisch geworden. Die Verhandlungsofferten des Herzogs an die Schweden bleiben nicht geheim. Auffällig auch seine Weigerung, einen beträchtlichen Teil seiner Truppen zur Unterstützung der Spanier in den Niederlanden abzugeben. Sein Erzfeind, Maximilian I. von Bayern, intrigiert am Wiener Hof erfolgreich. Mit seinen engsten Vertrauten Christian von Ilow und Graf Adam Trčka (bei Schiller heißen sie Illo und Terzky) schmiedet Wallenstein einen sinistren Plan. Er will sich als „oberster Generalissimus des Reiches" der Treue seiner Offiziere schriftlich versichern.

Zeitlebens ist Wallenstein ein Mann der krummen Wege gewesen. Im Dezember 1633 zieht er sich in die böhmische Stadt Pilsen zurück, deren Einwohner ihm treu ergeben sind. Hier versammelt er alle wichtigen Kommandeure und erklärt seinen Rücktritt. Erwartungsgemäß wird heftigst protestiert, denn jeder General und Obrist weiß, wenn ihr Chef geht, dann ist es vorbei mit dem lukrativen Kriegführen und Beutemachen.

Scheinbar generös verzichtet Wallenstein auf den Rücktritt. Im Gegenzug sollen seine Offiziere eine Ergebenheitsadresse unterzeichnen, die als „1. Pilsener Revers" in die Geschichte einging.

In diesem Dokument verpflichten sich die Unterzeichnenden, „bei dem General ehrbar und treu zu verbleiben, auf keinerlei Weise von ihm sich zu trennen oder trennen zu lassen, vielmehr neben ihm und für ihn ihr Leben bis zum letzten Blutstropfen einzusetzen". Dies solle so lange gelten, „als er in des Kaisers Dienst verbleiben oder der Kaiser ihn zur Beförderung seines Dienstes gebrauchen werde".

Am 13. Januar 1634 legt der listige Ilow dieses Dokument den insgesamt 47 Offizieren vor; er verschweigt dabei, dass er die den Kaiser betreffende Klausel zuvor gestrichen hat. Die Kommandeure, teilweise betrunken, teilweise kaum des Lesens kundig, unterschreiben – auch General Octavio Piccolomini. Er spielt die Rolle eines Doppelagenten, entdeckt bald das Fehlen der Klausel und rapportiert dies beim Kaiser in Wien.

Ferdinand II. muss zwangsläufig den Eindruck gewinnen, hier sei Verrat im Spiel. Offenkundig plant Wallenstein einen Putsch, wenn er die Offiziere nicht auf den Kaiser, sondern auf seine Person schwören lässt. In Pilsen ist inzwischen durchgesickert, dass etwas mit dem 1. Revers nicht stimmt. Wallenstein muss reagieren und erklärt in einem 2. Revers am 19. Februar, er spreche „alle Unterzeichner ihres Eides los und ledig, *wenn* er das geringste gegen den Kaiser unternehmen werde, wonach sein Sinn keineswegs steht".

Doch nun ist es zu spät. Der Kaiser hat ein Ächtungsdekret erlassen. Darin wird Wallenstein seines Amtes enthoben. Er sowie Ilow und Trčka seien „e numero mortalium exturbare" (aus der Zahl der Sterblichen zu streichen) – ein klarer Mordbefehl. Als Exekutoren ernennt Ferdinand die Generale Aldringen, Gallas und Octavio Piccolomini. Die wollen sich natürlich nicht die Hände durch einen feigen Mord an dem populären Feldherren schmutzig machen. Als Werkzeug wählen sie den aus Irland stammenden Dragoneroberst Walter Butler, der Wallenstein aus persönlichen Gründen hasst, nach außen aber seinen guten Freund spielt.

Offenbar ahnt Wallenstein, dass ihm Unheil droht. Er verlässt Pilsen am 22. Februar 1634 und begibt sich nordwärts in die Stadt Eger (Cheb), näher an die schwedischen Linien. Seinen Begleitschutz bilden nur 200 Dragoner unter Oberst Butler. Dieser setzt sich gleich nach der Ankunft in Eger mit dem Stadtkommandanten, dem Schotten John Gordon, zusammen. Er berichtet ihm von dem hohen Kopfgeld, das der Kaiser auf den abtrünnigen Wallenstein ausgesetzt hat. Beide planen eine Mordaktion, an der sie sich aber auch nicht persönlich beteiligen wollen.

Wallenstein hat derweil im Pachelbel-Haus am Unteren Marktplatz Quartier bezogen. Am Abend des 24. Februar laden Butler und Gordon vier seiner Gefolgsleute, darunter Ilow und Trčka, zu einem Gelage auf die Burg ein. Der Feldherr selbst lehnt seine Teilnahme ab, weil er zu krank sei.

Gegen 19.30 Uhr stürmen plötzlich sechs Soldaten Butlers den Festsaal und rufen: „Wer ist gut kaiserlich?" Butler, Gordon und der Burgkommandant Leslie antworten „Vivat Ferdinandus!" Degen werden gezückt und drei der Gäste sofort niedergemacht. Graf Trčka wehrt sich. „Erst nachdem er zwei Soldaten getötet und einen verwundet hatte, sank er durchbohrt zusammen, obwohl er einen Koller aus Elchleder trug", berichtet ein zeitgenössischer Chronist.

Auch Wallensteins Mörder stehen schon bereit, zwei irische Rittmeister aus Butlers Regiment, Walter Deveroux und Robert Geraldin. Kurz nach 21 Uhr begeben sie sich „mit sechs anderen Hellebardieren hinauf in Wallensteins Wohnung und eilten dessen Zimmer zu. Die Wachen ließen sie sorglos ein, da Deveroux angab, wichtige Meldungen zu überbringen. Sie stürmten die Wendeltreppe hinauf zum Vorzimmer." Die Tür wird aufgerissen und Wallenstein, der sich gerade mit seinem Astrologen beraten hat, steht im Nachthemd am Fenster.

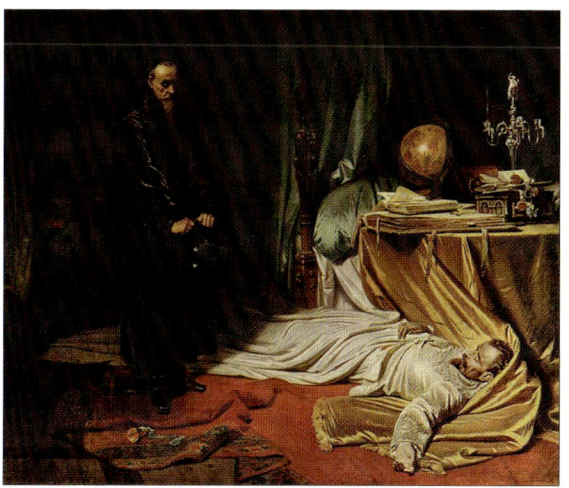

Der Astrologe Seni an der Leiche Wallensteins

„Bist du der Schelm, der das kaiserliche Volk zum Feinde überführen und dem Kaiser die Krone vom Haupt herunterreißen wollte?", fragt Deveroux rhetorisch. „Deswegen sollst du jetzt sterben!" Wallenstein spricht kein Wort, er breitet die Arme aus und empfängt vorn an der Brust den Stoß mit der Partisane, einer spießähnlichen Waffe. Der Feldherr ist sofort tot. „In derselben Stunde entstand ein schreckliches Windesbrausen, das bis nach Mitternacht dauerte."

Octavio Piccolomini, der Organisator des Eger-Komplotts, wurde mit 215.000 Goldgulden und dem Titel Generalfeldmarschall belohnt.

56. Holland im Tulpenwahn

Faule Bankkredite, Spekulationsblasen, irrsinnige Überbewertung von Vertragspapieren – all dies ist kein Phänomen unserer Zeit. Schon Anfang des 18. Jahrhunderts kam es in Frankreich zu einem elementaren Zusammenbruch der Börse (siehe „111 Geschichten zur Geschichte", S. 185ff.) Was sich 100 Jahre zuvor in Holland abspielte, war mit kühlem Verstand überhaupt nicht zu erklären. Hier ruinierten Tulpenzwiebeln beinahe eine gesamte Volkswirtschaft.

Ghislain de Busbecq, kaiserlicher Gesandter am Hof von Istanbul, erhielt 1554 aus den Händen des Türkensultans ein interessantes Geschenk. Es handelte sich um einen Korb voller Tulpen- und Hyazinthenzwiebeln sowie mehrere Fliederpflanzen, die bis dato in Europa unbekannt waren. Busbecq übergab das Präsent dem Leiter des Botanischen Gartens in Wien, Charles de Lécluse. Dieser begann systematisch auf den Beeten des Kaisers Tulpen zu züchten. 1593 erhielt Lécluse, der sich jetzt latinisierend Clusius nannte, eine Berufung als Professor für Botanik an die holländische Universität Leiden. Auf seiner Reise nahm Clusius auch zahlreiche Tulpenzwiebeln mit.

Diese Blume aus der Gattung der Liliazeen wurde in den damals „Generalstaaten" genannten Niederlanden nur sehr allmählich heimisch. Noch um 1620 war sie eher ein Statussymbol der oberen Zehntausend. Die Fremdartigkeit und Farbenpracht der Tulpen entfalteten sich in exklusiven Gärten, um hernach als Schmuck vornehmer Damen zu dienen. Immer neue Variationen wurden gezüchtet. Durch gezielten Einsatz eines Virus, der von Blattläusen übertragen wird, entstanden außergewöhnlich gemusterte Blütenblätter.

Geschäftstüchtige Blumenzüchter entwickelten Anfang der 30er Jahre ebenso teure wie seltene Exemplare der *Tulipa suaveolens.* Nebenbei züchteten sie billigere Sorten für das normale Volk. Die Nachfrage überstieg dabei stets das Angebot und dadurch kletterten auch die Preise – schließlich wurden immer mehr Menschen ins Tulpengeschäft hineingezogen. Spekulanten, die sich beschönigend „Floristen" oder „Tulpisten" nannten, verdienten mit dem Handel seltener Exemplare Unsummen. Im Sommer 1633 wechselte erstmals ein ganzes Wohnhaus in Amsterdam für drei Tulpenzwiebeln den Eigentümer. Von 1634 bis 1637 stiegen die Preise um mehr als das 50fache, manche Knollen wurden mit dem 100fachen ihres Gewichtes in Gold aufgewogen.

Bis zu diesem Zeitpunkt war der Tulpenhandel eine Angelegenheit reicher Liebhaber. Sie konnten es sich leisten, für die seltenste Sorte, die purpurgestreifte *Semper augustus,* mehr als 10.000 Gulden (heute etwa 150.000 Euro) auszugeben. Eine Knolle der Sorte „Vizekönigin" brachte 5.000 Gulden. Gefährlich wurde es, als ab 1635 der Tulpenwahn das ganze Land erfasste. Die Möglichkeit, mit Kauf und Verkauf von Blumenzwiebeln ein Vermögen zu machen, trieb viele Niederländer dazu, ihren Beruf aufzugeben und in den Blumenhandel einzusteigen. So verkauften etwa Weber ihre wertvollen Webstühle, um das nötige Kapital für den Einstieg ins Tulpengeschäft zu bekommen. Andere investierten ihr gesamtes Hab und Gut in die Zwiebeln. Sie wurden nun auf tagelangen Auktionen gehandelt, die in Kneipen oder Wirtshäusern stattfanden und bei denen reichlich Alkohol floss.

Die Spirale der Gier drehte sich immer weiter. Viele „Floristen" handelten jetzt mit Tulpen, die noch in der Erde steckten. Sie wurden in Gestalt von Optionsscheinen vertrieben – ein übertragbares Stück Papier mit einem Lieferdatum für die Zwiebeln nebst Beschreibung der Blüte. Mit diesen Optionsscheinen, deren fiktiver Wert immer mehr anstieg, wurde fleißig spekuliert und einige wenige verdienten kräftig daran. In Utrecht verkaufte ein Brauer seinen Betrieb für ein paar Tulpenzwiebeln. Doch nicht nur begüterte Stände ließen sich verlocken. „Selbst Lakaien, Dienstmädchen, Schornsteinfeger und alte Flickschneiderinnen handeln mit Tulpen", heißt es in einem zeitgenössischen Bericht.

Seinen Höhepunkt erreichte das Tulpenfieber am 5. Februar 1637 während einer Versteigerung in Alkmaar. 99 Posten Tulpenzwiebeln erbrachten hier 90.000 Gulden, mehr als eine Million Euro. Kurz darauf geschah etwas, das man heute als „Börsencrash" bezeichnen würde. Bei einer Auktion in Haarlem traute sich plötzlich kein Händler mehr, ein Gebot zu machen. Zunächst hieß es beschwichtigend: „Mag Flora auch krank sein, sterben wird sie nicht." Doch während der folgenden Tage brach der gesamte Tulpenhandel in den Niederlanden zusammen. Alle wollten jetzt verkaufen, aber keiner mehr kaufen. Die Preise stürzten ins Bodenlose. Eine Tulpe, für die man vor dem Platzen der Spekulationsblase 5.000 Gulden zahlen musste, war nunmehr für 50 zu haben. Ein Tulpenbeet, das noch im Januar 1637 für 600 Gulden den Eigentümer gewechselt hatte, wurde jetzt auf allenfalls fünf bis sechs Gulden taxiert.

Semper augustus, die teuerste Tulpe aller Zeiten

„Die Narrenbörse ist zu Ende", frohlockte eine Spottschrift. Doch der wirtschaftliche Schaden war immens. Denn seit 1634 hatten viele Niederländer in der Hoffnung auf schnelles Geld ihren Beruf verlassen, Arbeitsstätten und Werkzeuge verkauft. Nunmehr völlig bankrott, konnten sie diese auch nicht mehr zurückkaufen und wurden arbeitslos.

Auch viele einstmals reiche Händler standen vor dem Ruin. Sie sahen sich nicht mehr in der Lage, ihre riesige Anzahl von Kaufverträgen gegenüber den Züchtern zu erfüllen. Schließlich griff Ende April 1637 der Staat ein. Schlichtungskommissionen wurden eingesetzt, die festlegten, dass bei einem Rücktritt vom Tulpenkauf ein Ausgleich von 3 bis 5 Prozent des Kaufpreises zu zahlen sei.

Die Masse der Bevölkerung rettete das nicht mehr. Ein prominentes Opfer des Tulpenwahns wurde der hochgeschätzte Landschaftsmaler Jan van Goyen. Er hatte sein ganzes Vermögen in Tulpenzwiebeln angelegt. Bis zu seinem Tod im Jahre 1656 vermochte er es nicht, alle Schulden zu tilgen.

57. Sieg Portugals gegen Spanien 2:1

Der junge König Sebastian von Portugal gehörte zu den Geschichtsromantikern. Von Kreuzzugsidealen durchdrungen, marschierte er 1578 in Marokko ein, um die Ungläubigen zu bekehren. Hier fiel er in der Schlacht bei Kasr el-Kebir am 4. August. Dieser unerwartete Tod stürzte seine Heimat in eine existenzielle Krise.

Im Wettlauf der europäischen Kolonialmächte besaß Portugal zunächst entscheidende Vorteile (siehe Geschichte Nr. 40). Es verfügte über die besten Schiffe, die erfahrensten Navigatoren und Matrosen. Als Folge der Entdeckung des Seeweges nach Ostindien durch Vasco da Gama 1499 beherrschte das kleine Land vor allem den lukrativen Gewürzhandel. Erst 20 Jahre später begann Spanien nach der Eroberung Mittelamerikas durch Cortez allmählich gleichzuziehen und den Konkurrenten bis 1550 zu überflügeln.

Als König Sebastian unverheiratet und kinderlos in Nordafrika gefallen war, brauchte das Land einen neuen Herrscher. Aus der Königsdynastie Avis blieb allein Sebastians Großonkel, Kardinal Henrique, übrig. Der alte Herr bestieg als Heinrich I. den Thron, starb aber schon im Januar 1580. Nun lebten lediglich noch einige uneheliche Abkömmlinge der Avis-Familie. In dieser Situation machte Europas mächtigster Monarch seine Ansprüche geltend: König Philipp II. von Spanien. Seine Mutter war eine portugiesische Prinzessin und so blieb schon Heinrich I. nichts anderes übrig, als den Spanier testamentarisch zum Erben einzusetzen.

In Portugal hegte man großes Misstrauen gegen den übermächtigen Nachbarn. Doch Philipp besaß in Gestalt eines kampferprobten Heeres und dessen gefürchtetem Kommandeur, dem Herzog von Alba, die überzeugenderen Argumente. Portugals Ständeversammlung, die Cortes, erkannte Anfang April 1581 in der Stadt Thomar schließlich Philipp als König des Landes an. Er versprach den Portugiesen weitgehende Autonomie; das Land sollte nicht staatsrechtlich mit Spanien vereinigt, sondern nur in Personalunion durch den spanischen König regiert werden.

Philipps Nachfolger hielten sich nicht an diese Vereinbarung. Es wurden fast ausschließlich Spanier in die Spitzen der portugiesischen Verwaltung berufen, das Land regierte ein Statthalter wie jede beliebige Provinz. Mit Ausbruch des 30-jährigen Krieges spitzte sich die Situation zu. Spaniens König unterstützte seine kaiserlichen Verwandten in Wien gegen die Protestanten und schickte immer mehr Soldaten auf den deutschen

Kriegsschauplatz. Als König Philipp IV. die Armee Portugals 1637 zum Bestandteil der spanischen erklärte, war dies ein eindeutiger Verstoß gegen das Autonomieversprechen seines Großvaters. Der selbstbewusste portugiesische Adel, den man zum Befehlsempfang nach Madrid zitiert hatte, schäumte vor Wut. Auch das Volk war unzufrieden, denn seine wirtschaftliche Lage hatte sich erheblich verschlechtert.

Da Portugal mit Spanien zusammenhing, zog es sich die Feindschaft Englands und der Niederlande zu. Deren Flotten bemächtigten sich großer Teile des stolzen portugiesischen Kolonialreiches. Die Holländer entrissen ihnen Ceylon und Malakka, setzten sich 1630 sogar im Norden Brasiliens fest; die Briten eroberten 1622 Hormuz am Persischen Golf. Portugals Überseehandel brach weitgehend zusammen. Hinzu kamen unmäßig hohe Steuern, die Spanien zur Fortsetzung des 30-jährigen Krieges erhob.

1634 und 1637 brachen in der südportugiesischen Stadt Évora erste Aufstände gegen die spanische Zwangsherrschaft aus. Hintermann dieser Vorfälle war Herzog Johann (João) von Bragança, unehelicher Nachfahre eines portugiesischen Königs aus dem 14. Jahrhundert. Er gehörte zu den reichsten Grundbesitzern des Landes und galt in Adelskreisen als aussichtsreichster Anwärter auf den Thron. Die Herzöge von Bragança waren von Spaniens Gouverneuren stets hofiert und bestochen worden, um sie aus dem politischen Spiel zu nehmen. Johann, ein eher friedfertiger und vorsichtiger Charakter, erkannte indes die Gunst der Stunde.

Als im Juni 1640 soziale Unruhen in der spanischen Provinz Katalonien ausbrachen, musste ein Großteil der königlichen Streitmacht aus Portugal abgezogen werden. Bestärkt durch Agenten Frankreichs, das seinen notorischen Gegner Spanien schwächen wollte, trat im November ein geheimer portugiesischer Adelsrat zusammen und beschloss, dem Herzog Johann von Bragança die Königskrone anzubieten. Sollte er ablehnen, werde man eine Republik proklamieren. Klugerweise stimmte Johann zu.

Am Morgen des 1. Dezember 1640 begann in der Hauptstadt Lissabon die Revolte. 40 Adlige und 200 Soldaten stürmten die Residenz der spanischen Statthalterin Maria Gonzaga de Mantua. Sie wurde in ein Kloster gesperrt. Der verhasste Staatssekretär Miguel de Vasconcelos fiel unter mehreren Degenstichen, bevor man ihn aus einem Fenster des Palastes warf. Unter dem Schlachtruf „Nie wieder Spanier!" griffen Bewaffnete in Portugals Städten die wenigen verbliebenen Garnisonen an, deren Widerstand rasch zusammenbrach.

Der Herzog von Bragança zog am 6. Dezember 1640 triumphal in Lissabon ein. Neun Tage später wählte ihn der Adelsrat zum König und er bestieg als João IV. den Thron. Als seine Gemahlin in den Folgejahren zwei Söhne und Thronfolger gebar, festigte sich Joãos Position. Spaniens König versuchte mehrfach, die Situation mit militärischen Mitteln zu ändern. Nachdem seine Heere 1665 bei Villa Viçosa eine schwere Niederlage einstecken mussten, blieb nur noch der Verhandlungsweg.

Portugals neuer Monarch – João IV.

In einem Friedensvertrag vom 13. Februar 1668 wurde Portugals Unabhängigkeit für immer festgeschrieben.

58. Rachejustiz – der Prozess gegen König Karl I. von England

Eisige Kälte durchzieht London am 30. Januar 1649. Ein Fenster des Palastes von Whitehall wird geöffnet. Gleich darunter befindet sich ein schwarz verkleidetes Schafott, das eigens an die Südfront des Gebäudes gezimmert worden ist. Der Scharfrichter und sein Gehilfe tragen nicht nur die üblichen Gesichtsmasken, sondern auch dicke Wollmäntel und Perücken. Etwa 15 Männer sind direkt auf dieser düsteren Richtstätte versammelt Dann tritt hier Englands König Karl I. seinen letzten irdischen Gang an.

Die Szenerie von Whitehall besaß eine lange Vorgeschichte. Der seit 1625 regierende König Karl I. aus der Stuart-Dynastie lag häufig im Streit mit dem Parlament, einer Einrichtung, die es nirgendwo sonst in Europa gab. In diesem Gremium saßen Vertreter eines konsolidierten Bürgertums, das durch den Kapitalzufluss aus den Kolonien und den Überseehandel ebenso reich wie selbstbewusst geworden war. 1628 zeigte sich das Parlament unwillig, dem König Gelder für seine kostspielige Hofhaltung oder auswärtige Kriege zu bewilligen. Karl machte daraufhin von seinem Recht als Monarch Gebrauch, löste 1629 das Parlament auf und regierte autoritär.

Eine neue Vertretung wurde 1640 gewählt, aber dieses „Lange Parlament" (so genannt wegen seiner lange dauernden Existenz) zeigte sich noch widerspenstiger. Als der König am 5. Januar 1642 befahl, fünf Führer der Opposition zu inhaftieren, brach der Konflikt offen aus und es kam zum Bürgerkrieg. Die königlichen Heere errangen anfangs Erfolge, doch nach einer Militärreform gewann das Parlament die Oberhand. Unter Führung des Generals Oliver Cromwell wurde Karl I. in der Schlacht bei Naseby am 14. Juni 1645 besiegt und gefangen genommen.

Mit Hilfe treuer Anhänger gelang Karl Ende April 1646 die Flucht nach Schottland. Der dortige Adel sah den Vorfall als willkommene Gelegenheit zur eigenen Bereicherung. Nach zähen Verhandlungen lieferte er den König im Januar 1647 gegen die ungeheure Summe von 400.000 Pfund Sterling an England aus. Hier hatte inzwischen das Militär die Macht ergriffen. Sein Anführer Cromwell bevorzugte eine radikale Lösung: Der Monarch sollte vor Gericht gestellt werden und dieses habe ein Todesurteil zu fällen. „Wir werden seinen Kopf mit der Krone darauf abhauen", verkündete er.

Karl I. wurde derweil in diversen Gefängnissen versteckt. Am 19. Januar 1649 traf er in London ein. Man hatte einen Sondergerichtshof gebildet, der aus 150 Parlamentariern und drei Berufsrichtern bestand. Der Hauptanklagepunkt lautete, Karl I. habe durch seinen Krieg gegen das Parlament Hochverrat an England begangen. Den drei ernannten Richtern schien dies so abstrus, dass sie sich weigerten, ihr Amt anzutreten.

Am 6. Januar berief Cromwell einen *High Court of Justice* (Oberster Gerichtshof), dessen 135 Mitglieder als Geschworene und Richter zugleich fungierten, ein klarer Rechtsbruch. Vorsitzender wurde der Provinzadvokat John Bradshawe. Er war für diese Position wohl besonders qualifiziert, weil er vom König gesagt hatte, er sei grausamer als Nero.

Der Prozess wurde am 19. Januar 1649 in der Londoner Westminster Hall eröffnet. Nach Verlesung der Anklage rief eine Zuschauerin, Lady Anna de Lille, dies sei nicht das Werk von königlichen Untertanen, sondern von Verrätern und Rebellen. Sie wurde sofort von Soldaten ergriffen und noch im Gerichtssaal mit glühenden Eisen an Kopf und Schulter gebrandmarkt.

Spätestens jetzt muss Karl die brutale Entschlossenheit seiner Richter bewusst geworden sein. Er tat das einzig Richtige und sprach dem Gerichtshof sämtliche Autorität ab, weil er als Monarch von Gottes Gnaden über dem irdischen Gesetz stehe. Überdies bestünde der *High Court* ausschließlich aus seinen politischen Widersachern. Erschwerend kam hinzu, dass der Monarch Katholik war, die Richter aber allesamt Protestanten. Karl sagte: „Daher lasst mich eine legale Autorität sehen, die durch das Wort Gottes, die Heilige Schrift oder durch die alten Gesetze und Verfassungen dieses Königreiches etabliert ist, und ich werde antworten."

Der Prozess geriet zur Farce und endete befehlsgemäß mit dem Todesurteil. Karl sei „als Tyrann, Verräter, Mörder und öffentlicher Feind des guten Volkes dieser Nation durch Abschlagen seines Kopfes von dem Körper hinzurichten". Ein Schlusswort wurde dem König verweigert. Dies sprach er erst kurz vor seiner Hinrichtung und es endete: „Als Christ sterbe ich im Glauben der Kirche von England, wie ich ihn als Erbe meines Vaters übernommen habe. Ich stehe ein für eine gute Sache und ich habe einen gnädigen Gott."

Die Hinrichtung des Königs vor dem Palast von Whitehall

Über das weitere Geschehen berichtet ein Augenzeuge: „Dann hat er, auf dem Richtblock liegend, selbst das Zeichen gegeben, dass nun die

Axt auf seinen Nacken fallen möge... Als die Menge das abgeschlagene Haupt erblickte, brach sie in einen Schrei aus, allgemein, unwillkürlich, in dem sich das Gefühl der Schuld und der Ohnmacht mit dem Schrecken durchdrang."

59. Fehrbellin – der Triumph des Großen Kurfürsten

Es war eine alarmierende Botschaft, die Brandenburgs Kurfürst Friedrich Wilhelm am Weihnachtstag 1674 erhielt. Die Schweden, damals gefürchtetste Militärmacht Europas, waren von Pommern aus in die Mark eingefallen. Das brandenburgische Heer lag in seinen fränkischen Winterquartieren. Eben noch hatte es an der Seite des Kaisers im Elsass gegen die Franzosen gekämpft. Nun rief König Ludwig XIV. das verbündete Schweden zu Hilfe. Dessen Truppen sollten bis zum Frühjahr Brandenburg ausplündern und dann zum Rhein vorstoßen.

Friedrich Wilhelm führte zunächst einen mittelbaren Gegenschlag. Er reiste eilends nach Den Haag und schloss ein Bündnis mit den Niederlanden. Demgemäß sollte die starke holländische Flotte den Nachschub der Schweden über die Ostsee abschneiden. Aus diesen Verhandlungen entstand wenig später die kleine aber schlagkräftige Kurbrandenburger Marine.

Inzwischen versuchten die schwedischen Truppen, wie zur Zeit des 30-jährigen Krieges in Brandenburg zu rauben, zu morden und zu brennen. Doch diesmal schlug ihnen Widerstand entgegen. Bewaffnete Bauern erhoben sich in der Uckermark und im Havelland unter Führung ihrer Gutsherren. Militärisch konnten diese kleinen Abteilungen nicht viel ausrichten, sie verhinderten aber eine rücksichtslose Drangsalierung der Bevölkerung.

„Wir Bauern von geringem Gut dienen unserem gnädigen Kurfürsten mit unserem Blut" stand auf einer ihrer Fahnen.

Die Schweden hatten sich im Westen des Landes bei Havelberg, Rathenow und Brandenburg/Havel festgesetzt. Ihr Kommandeur Wolmar von Wrangel wollte in der Nähe von Havelberg über die Elbe setzen und dann durch Braunschweig nach Westdeutschland marschieren. Ende Mai 1675 brach Friedrich Wilhelm mit einer 15.000 Mann zählenden Armee von Franken auf und erreichte am 21. Juni mit 6.000 Reitern Magdeburg. Strömender Regen hatte über mehrere Tage die Wege derart aufgeweicht, dass seine Infanterie nicht mehr folgen konnte. Nur 1.200 Musketiere, die man auf Pferdekarren und Lastkähnen transportierte, standen dem Kurfürsten zur Verfügung.

Sein nächstes Ziel war die befestigte Stadt Rathenow an der Havel. Hier lag eine schwedische Besatzung verschanzt. Wenn es gelang, Rathenow zu nehmen, war die gegnerische Armee in zwei Teile gespalten und ein wichtiger Flussübergang gesichert. Am Morgen des 25. Juni erschien die Brandenburger Vorhut unter Feldmarschall Georg von Derfflinger vor der Stadt. Er wandte eine Kriegslist an, gab sich als schwedischer Leutnant aus und nachdem die Wache die Zugbrücke fallen ließ, stürmte er mit gezogenem Säbel durch das Tor. In einem zeitgenössischen Bericht heißt es: „Nach zwei Stunden war das ganze schwedische Regiment überwunden und dessen Oberst gefangen. Die schwedischen Soldaten wurden von den wutentbrannten Brandenburgern fast bis auf den letzten Mann niedergemacht und ihre Offiziere hinderten sie nicht; zu groß war die Erbitterung gegen die grausamen Eindringlinge.

Wrangel erkannte den Ernst der Lage und zog seine Truppen, insgesamt 12.000 Mann mit 38 Kanonen, im Norden bei Fehrbellin zusammen. Um ihn am Rückzug zu hindern, musste Friedrich Wilhelm blitzschnell handeln. Sein Oberstleutnant Joachim Henniges stellte mit einer Handvoll Kavalleristen die schwedische Nachhut „und hieb sie so zusammen, dass der ganze Weg durch die sumpfigen Wälder mit zerbrochenen Wagen, weggeworfenen Waffen und Kürassen bedeckt war". Für diese Bravourtat adelte der Kurfürst später Henniges unter dem Namen „von Treffenfeld".

Der Große Kurfürst in der Schlacht bei Fehrbellin

Wrangels auf dem Hakenberg bei Fehrbellin konzentrierte Armee wurde am Morgen des 28. Juni 1675 von der 1.500 Reiter umfassenden Brandenburger Vorhut gestellt. Sie stand unter dem Kommando des Landgrafen Friedrich von Hessen-Homburg. Es war nicht jener jugendlich-stürmische Liebhaber, den Heinrich von Kleist in seinem Drama „Prinz von Homburg" aus ihm machte, sondern ein Herr von 42 Jahren. Das Bemerkenswerteste an ihm war die Tatsache, dass er 1659 während einer Belagerung sein linkes Bein verloren hatte, aber mit Hilfe einer versilberten Prothese ausgezeichnet zu Pferd saß.

Um 8 Uhr eröffnete Homburg das Gefecht, getreu dem Befehl des Kurfürsten. Wenig später folgte Friedrich Wilhelms Hauptmacht. Alles in allem verfügte er aber nur über 5.000 Reiter, 600 Dragoner (Soldaten, die zu Fuß und zu Pferd kämpfen konnten) nebst 13 Geschützen. Die Infanterie hatte man ausnahmslos in Magdeburg und Rathenow zurücklassen müssen.

Die wenigen Brandenburger Geschütze wurden am linken Flügel auf einer Anhöhe postiert und fügten dem Feind große Verluste zu. Deshalb rückte hier die schwedische Infanterie vor und überrannte die Regimenter Anhalt und Görtzke. Nun griff der Kurfürst persönlich in den Kampf ein und warf den Angriff an der Spitze des Kürassierregiments Derfflinger zurück. Sein Stallmeister Emanuel von Froben wurde im Getümmel von einer Kanonenkugel tödlich getroffen. Friedrich Wilhelm selbst geriet mitten unter die feindlichen Reihen und musste von seinen Adjutanten herausgehauen werden.

Nach der stürmischen Brandenburger Attacke trat Wrangel überstürzt den Rückzug an. Einige 100 Schweden verbarrikadierten sich in Fehrbellin, andere wurden ins Moor des Rhin-Flusses gehetzt und dort von Bauern niedergemacht. Als man Friedrich Wilhelm vorschlug, das vom Feind besetzte Fehrbellin mit glühenden Kanonenkugeln zu bombardieren, entgegnete er: „Ich bin nicht gekommen, mein Land zu verbrennen, sondern es zu retten."

Bis Anfang Juli 1675 waren sämtliche schwedischen Truppen aus Brandenburg verschwunden. Der Sieg von Fehrbellin über die aggressive nordische Militärmacht wurde in ganz Deutschland bejubelt. Friedrich Wilhelm erhielt den Beinamen „der Große Kurfürst". Es war ihm gelungen, ohne infanteristische Unterstützung, mit wenig Artillerie und in einem sumpfigen, für Reiter ungünstigen Gelände eine intakte und numerisch überlegene Armee zu schlagen.

Die konsequente Ausbildung der brandenburgischen Regimenter trug auch in den folgenden Jahren Früchte, als der Große Kurfürst ganz Vorpommern eroberte und schließlich 1679 die Schweden auf Schlitten über das zugefrorene Kurische Haff bis nach Riga jagte.

60. Der sagenhafte Kindersegen der Elisabeth Amalia

Es war gewiss ein beflissener Hofberichterstatter, der am 29. Mai 1679 in Düsseldorf verkündete: „Ist nunmehro unserem allergnädigsten Landesherren ein Kind geboren worden, welchselbiges allhier den Namen Leopoldine Eleonore während der heiligen Taufe empfing." Für die Mutter des Mädchens gehörte die Ankunft ihres 17. Kindes zu den Routineterminen.

Herzog Philipp Wilhelm von Pfalz-Neuburg war schon mit 36 Jahren Witwer geworden. Seine 1651 verstorbene Gemahlin konnte keine Kinder bekommen. Wie in der Hocharistokratie üblich, hätte der Herzog sich sogleich nach einer neuen Ehefrau umsehen müssen, aber er tat nichts dergleichen. Seinen väterlichen Freund, Herzog Ernst von Hessen-Rheinfels, beunruhigte das sehr. Ehelosigkeit bedeutete Kinderlosigkeit und wenn Philipp Wilhelm ohne Erben bliebe, dann würde sein strategisch bedeutsames Herrschaftsgebiet am Rhein um Düsseldorf und Jülich womöglich in die Hände des raubgierigen Franzosenkönigs Ludwig XIV. fallen.

So war Ernst fest entschlossen, „seinem Freund gelegentlich einer Badereise wieder einem passenden Ehebündnisse zuzuführen". Im Frühjahr 1653 lud er Philipp Wilhelm ins hessische Langenschwalbach ein, das für seine eisenhaltigen Mineralquellen berühmt war. Hier weilte auch Ernsts Nichte, die 18-jährige Prinzessin Elisabeth Amalia von Hessen-Darmstadt. Unverzüglich begann Ernst sie mit dem Pfälzer zu verkuppeln, „was dann auch aufs beste zutraf".

Diese Wahl ist insofern sehr erstaunlich, als für den katholischen Philipp Wilhelm nur eine Gemahlin gleicher Konfession in Frage kam. Die 1635 in Gießen geborene Elisabeth Amalia aber wurde streng evangelisch erzogen. „Ihre Frau Mutter war ganz brutalisch lutherisch", wusste ein Augenzeuge zu berichten. Ihrem rigiden, freudlosen Elternhaus wollte Elisabeth um jeden Preis entrinnen und sie offenbarte sich ihrem Onkel Ernst. Er lud sie vorgeblich zur Brunnenkur nach Langenschwalbach und hier trat sie in aller Heimlichkeit zum katholischen Glauben über.

Ihre Bereitschaft zur Heirat mit dem fast 20 Jahre älteren Philipp Wilhelm entsprang also einem eher nüchternen Kalkül. Am 3. September 1653 fand in Langenschwalbach die Hochzeit statt. Der offizielle Übertritt Elisabeth Amalias zum Katholizismus erfolgte am 1. November 1653 in der Andreaskirche von Düsseldorf.

Die neugestiftete Ehe sollte sich als wahrer Glücksgriff erweisen. Der pragmatische Philipp Wilhelm – er hatte als Jugendlicher das Drechslerhandwerk erlernt – ergänzte sich bestens mit seiner kunstsinnigen Gemahlin, deren auffallend blonde Haare stets hervorgehoben wurden. 1679 schreibt ein Besucher über die 44-jährige: „Obwohl bereits Großmutter, ist sie noch immer eine blonde Dame von einnehmendem Äußeren."

Elisabeth Amalia als junge Mutter

Ihr erstes Kind Eleonore Magdalene wurde im Januar 1655 geboren. 21 Jahre später feierte sie eine glanzvolle Hochzeit mit dem Römisch-Deutschen Kaiser Leopold I. Von den 17 Kindern der Elisabeth Amalia (neun Söhne und acht Töchter) erreichten 14 das Erwachsenenalter. Dieser familiäre Segen wurde vom Vater Philipp Wilhelm ganz gezielt eingesetzt. Mit seinen Töchtern trieb er große Diplomatie und es gelang ihm durch zwei Eheschließungen seine außenpolitischen Bastionen gegen Frankreich abzusichern. Die 1666 geborene Marie Sophie heiratete 1687 König Pedro II. von Portugal, ihre ein Jahr jüngere Schwester wurde 1690 Gemahlin des spanischen Königs Karl II.

Der älteste Sohn Johann Wilhelm (geboren 1658) folgte seinem Vater im Herrscheramt. Da er kinderlos starb, beerbte ihn sein jüngerer Bruder

Karl Philipp. Die anderen Söhne machten Karriere im Klerus: Wolfgang Georg wurde Weihbischof von Köln, Ludwig Anton Bischof von Worms, Alexander Sigmund Bischof von Augsburg. Die höchste Sprosse erklomm der 1664 geborene Franz Ludwig, er wurde Kurfürst von Trier und Mainz. Tragisch verlief das Schicksal von Friedrich Wilhelm: Er fiel 1689, erst 24 Jahre alt, als kaiserlicher General bei der Belagerung von Mainz gegen die Franzosen.

Elisabeth Amalia, die von 1655 bis 1679 mit stoischer Gelassenheit ein Kind nach dem anderen zur Welt gebracht hatte, hielt sich abwechselnd in der Residenzstadt Düsseldorf und im schwäbischen Neuburg an der Donau auf. Gemäß ihrem Wunsch wurde ab 1662 das zerstörte Schloss Benrath bei Düsseldorf nebst einer prächtigen Orangerie neu errichtet. Ihr Gemahl erbte 1685 das Gebiet der Kurpfalz um Heidelberg und wurde dadurch der mächtigste Territorialherr in Westdeutschland.

1690 starb Philipp Wilhelm während einer Dienstreise am Kaiserhof zu Wien. Seine Gemahlin erfreute sich trotz ihrer 17 Schwangerschaften bester Gesundheit. 1691 erlebte sie die Genugtuung, dass ihre Tochter Hedwig den polnischen Thronfolger heiratete. Im für jene Zeit beachtlichen Alter von 74 Jahren starb Elisabeth Amalia am 4. August 1709 in Neuburg an der Donau. Sie wurde an der Seite ihres Gemahls in der dortigen Jesuitenhofkirche bestattet.

61. Türkenschreck – Prinz Eugen bei Belgrad

250 Jahre lang beherrschten die Türken fast den gesamten Balkan. Erst Ende des 17. Jahrhunderts setzte eine europäische Gegenbewegung ein, die den Invasoren aus dem Orient u. a. Ungarn entriss. Doch Belgrad, die stärkste Festung des Balkans, blieb in türkischen Händen. Von hier aus begann 1716 der letzte große Versuch des Sultans, das verlorene Terrain zurückzugewinnen. Zum dritten Mal nach 1529 und 1683 geriet Wien in tödliche Gefahr. Sie sollte nun ein Mann bannen, dessen Beiname „der edle Ritter" lautete.

Prinz Eugen, der klassische deutsche Held, war ursprünglich Franzose. Als Sohn des Herzogs von Savoyen-Carignan bot er König Ludwig XIV. seine militärischen Dienste an, doch der lehnte ab. Zu wenig vertrauenerweckend schien dieser schmächtige Bewerber mit fahler Haut und Spitznase. Stattdessen übernahm Eugen 1683 ein Kommando in der Armee des

Habsburger Kaisers Leopold I. und begann hier eine aufsehenerregende Karriere. Schon mit 20 Jahren General, nahm er an der Rückeroberung von Budapest teil. 1687 errang er als Kavallerieführer bei Mohács seinen ersten Schlachtensieg gegen die Türken, dem ein weiterer Erfolg bei Zenta 1697 folgte.

König Ludwig XIV. von Frankreich bereute es bald bitter, dass er Eugens Angebot zurückgewiesen hatte. Im Spanischen Erbfolgekrieg befehligte der Prinz das kaiserliche Heer und fügte den Franzosen empfindliche Niederlagen in den Schlachten bei Höchstädt 1704 sowie bei Oudenaarde und Malplaquet 1708/09 zu. Nach dem Friedensschluss wollte Eugen eigentlich den verdienten Ruhestand in seinem prächtigen Wiener Belvedere-Palast genießen. Da erfolgte im April 1716 die türkische Kriegserklärung.

Anfang Juli 1716 traf Eugen in Nordserbien ein, wo ein etwa 60.000 Mann starkes Heer auf ihn wartete. Die türkische Streitmacht war doppelt so groß. Der Offensivstratege Eugen richtete an seine Offiziere den Appell: „Greift die Ungläubigen ohne Gnade an, seid weder froh erregt, noch niedergeschlagen, und ihr werdet triumphieren."

Genauso kam es dann auch. In der Schlacht bei Peterwardein wurden die Türken unter Großwesir Damad Ali am 5. August 1716 schwer geschlagen. Im Gegensatz zu den meisten Generalen seiner Zeit hielt Eugen sich meist nicht auf einem Feldherrenhügel weitab vom Schuss auf, sondern gab durch persönliche Tapferkeit seinen Soldaten ein Vorbild. So schreibt ein Teilnehmer der Schlacht bei Peterwardein: „Der Prinz hat sich ungemein exponiert... und war in der größten Gefahr, von den Türken niedergesäbelt oder gefangen zu werden."

Noch aber hielten die Türken Belgrad mit 30.000 Mann besetzt. Nachdem Eugen im Herbst 1716 die wichtige Festung Temesvár (heute das rumänische Timisoara) erobert hatte, brach er Ende Mai 1717 Donau-abwärts gegen Belgrad auf. Die dortige Bastion, von den Türken *Kalemegdan* (Festungsebene) genannt, bildete einen strategisch eminent wichtigen Stützpunkt, der den gesamten Schiffsverkehr auf Donau und Save beherrschte.

Am 15. und 16. Juni überschritt die kaiserliche Armee auf einer gewaltigen Schiffsbrücke den Donaufluss. Anfang Juli wurde um die Festung Belgrad ein dichter Einschließungsring, die „Eugenischen Linien", angelegt. Der darauf folgenden Beschießung hielt die türkische Garnison stand und Ende Juli traf eine 120.000 Mann starke Entsatzarmee unter Chalil Pascha ein. Eugens Streitmacht war nun gefährlich zwischen den türkischen Truppen, den Festungsmauern und dem Donau-Ufer eingeklemmt.

Der Prinz ließ sich durch dieses Dilemma nicht beeindrucken. Am 15. August versammelte er seine Generale und erläuterte ihnen die Einzelheiten seines Angriffsplanes. Vor allem wurden die Offiziere angewiesen, ihre Befehle „ohne Geschrei und Ungeduld" zu erteilen, denn das sei es hauptsächlich, worin man dem Feind überlegen sei: eiserne Disziplin. „Niemand darf auch nur eine Handbreit von dem ihm zugewiesenen Posten weichen", befahl Eugen. Bei Todesstrafe verbot er Beutezüge oder Plünderungen, welche die militärische Ordnung sehr gestört hätten. Die Infanterie sollte ein beständiges Feuer aufrechterhalten, weil die Erfahrung gelehrt habe, dass die Türken sich eher durch ununterbrochene Fortsetzung, als durch plötzliche Stärke des Feuers in Schrecken versetzen ließen.

Die Schlacht vor Belgrads Mauern begann am 16. August 1717 in aller Frühe, als plötzlich Nebel von den Flussauen heranzog. Die Festung im Rücken, marschierten Eugens Truppen auf Chalils Heer zu, wobei beide Seiten rasch die Orientierung verloren. Türkische Elitekavallerie, die *spahis*, stießen unvermutet auf eine gegnerische Infanteriekolonne und eine wilde Schießerei begann.

Prinz Eugen, „der edle Ritter"

Erst als sich gegen 8 Uhr der Dunst legte, konnte Eugen erkennen, dass eine türkische Geschützbatterie auf einem Hügel die Schlüsselstellung im Zentrum bildete. Er warf Schützen, Grenadiere und Reiterei in die Schlacht, um diesen Angelpunkt der feindlichen Stellung auszuschalten.

Die beherrschende Anhöhe wurde mit gefälltem Bajonett unter großen Verlusten erstürmt. Dort konnte jetzt die eigene Artillerie postiert werden, die den zentralen Punkt der türkischen Schlachtordnung unter Beschuss nahm. Kanonenkugeln brachten die Entscheidung. Schon kurz nach 9 Uhr war die Schlacht vorbei. 20.000 Tote zurücklassend, ergriff das türkische Heer die Flucht. Der Prinz führte hier eines der kühnsten kriegerischen Manöver durch: Angriff aus ungünstiger Position mit verkehrter Front, dazu noch gegen einen zahlenmäßig weit überlegenen Feind.

Belgrads Besatzung kapitulierte schon am 18. August und Eugen marschierte siegreich in die Stadt ein. Nach ihrer Niederlage zogen sich die Türken aus Siebenbürgen und Oberungarn zurück. Der folgende Friedensschluss beendete die Balkankriege für die nächsten zwei Jahrzehnte. Das kaiserliche Österreich hatte die größte territoriale Ausdehnung seiner Geschichte erreicht.

Prinz Eugen durfte sich nun 54-jährig endlich in seinen Belvedere-Palast zurückziehen, Der zeitlebens unverheiratete Türkenschreck, den man deshalb auch „Mars ohne Venus" nannte, starb am 21. April 1736 in Wien.

62. Gullivers Reisen und die Gebrechen der Demokratie

Als Ende Oktober 1726 in London der vierteilige Roman *Travels into Several Remote Nations by Lemuel Gulliver* anonym erschien, rätselte man zunächst über die Person des Verfassers. Da es nur wenige Schriftsteller in England gab, denen man eine derart bissige Satire zutrauen durfte, kam die Öffentlichkeit bald hinter das Geheimnis des Autors – es handelte sich um den 58-jährigen Geistlichen Jonathan Swift.

Der aus Irland stammende Swift hatte fünf Jahre am Gulliver-Roman gearbeitet und darin seine gesamte Lebenserfahrung einfließen lassen. Sein Held, der anpassungsfähige, etwas naive, zugleich humorvolle Kapitän und Schiffsarzt Lemuel Gulliver erlebt auf vier Reisen die seltsamsten Abenteuer mit Zwergvölkern, Riesen, fliegenden Inseln und sprechenden Pferden. Was hier im Gewand eines fabulierfreudigen Unterhaltungsspektakels auftritt, war tatsächlich eine bitterböse Satire auf Übelstände einer angeblich demokratisch regierten Gesellschaft.

Großbritannien präsentierte sich Anfang des 18. Jahrhunderts im Gegensatz zu allen europäischen Fürstentümern als Hort der parlamentarischen

Demokratie. Zwar stand ein Monarch an der Spitze des Staates, doch der hatte wenig zu melden. Das Land regierten abwechselnd zwei große Parteien, die *Whigs* (Liberalen) und die *Tories* (Konservativen). Beide konnte man kaum voneinander unterscheiden. Ihr gemeinsamer Nenner bestand in ausgeprägter Machtgier, die durch eine demagogische Presse als Einsatz für das Wohl des Volkes bemäntelt wurde.

Voller Eifer hatte sich der hochintelligente Jonathan Swift an dieser Parteienwirtschaft beteiligt. Aus einer bettelarmen Familie stammend, nutzte er die Chance, als Prediger eine bezahlte Pfarrstelle zu ergattern, diente sich zuerst den *Whigs* an, um dann zu den *Tories* zu wechseln. Als er 1723 in einem Pamphlet freilich die Unterdrückung seiner irischen Landsleute durch Großbritannien mit ätzender Schärfe beschrieb, war er für die Parteipolitiker des Landes gestorben.

Reizbar, grob und exzentrisch, so beschrieben Zeitgenossen Swifts Naturell. Trotzdem schöpfte er aus seiner witzigen Phantasie den Gulliver, der im Zwergenland Liliput auf zwei politische Parteien (*Trackmesan* und *Slackmesan*) stößt, deren Unterschied nur in der Höhe ihrer Schuhabsätze besteht. Regiert wird dieses Land von Flimnap, einer Karikatur des damaligen englischen Premierministers Robert Walpole, der grundsätzlich darüber philosophiert, ob man ein gekochtes Ei am spitzen oder am runden Ende aufschlagen dürfe. Walpole verzieh ihm das nie.

Gullivers dritte Reise verschlägt ihn auf die fliegende Insel Laputa. Dort sind weltfremde Gelehrte unter anderem damit beschäftigt, künftige Naturkatastrophen zu berechnen. Leider haben sie in ihrem heiligen Eifer vergessen, für diese zeitabhängigen Experimente eine Uhr zu konstruieren.

Der Eigenbrötler Swift gibt mit seinem Roman die englische Demokratie in Gestalt des Königreichs Liliput der Lächerlichkeit preis. Letztlich pinkelt sein Held demonstrativ auf das königliche Schloss unter dem Vorwand, einen Brand zu löschen. Andererseits spart Gulliver nicht mit Lob für die Verfassung dieses Phantasie-Staates, wo „Betrug für ein größeres Verbrechen angesehen wird als Diebstahl" und wo das Gesetz nicht nur Schuldige bestraft, sondern auch die Tugend durch Geld aus der Staatskasse belohnt wird, ebenso Eltern, die ihre Kinder „in Bescheidenheit, Religion und Vaterlandsliebe" erziehen.

Swifts geniale Idee, sein Sujet in fiktiven Riesen- und Zwergenwelten anzusiedeln, sicherte ihm binnen weniger Jahre ein europaweites Publikum. Vorrangig als putziges Unterhaltungsbuch für die heranwachsende

Jugend vermarktet und entsprechend gekürzt, blieben seine Sarkasmen auf der Strecke. Nur sechs Monate nach Erscheinen der ersten Ausgabe schrieb Swift an seinen Verleger: „anstatt dass mein Buch sie belehrt hätte, die Missbräuche und die Verderbnis wenigstens auf dieser kleinen Insel abzustellen, wie ich hoffen durfte, sehen Sie, dass mein Buch... nicht eine einzige der guten Wirkungen hervorgebracht hat, die ich erzielen wollte."

Gullivers symbolträchtiges Abenteuer bei den Riesen

Während der Gulliver-Roman zum niedlichen Kinderbuch verkürzt wurde, schrieb Swift immer extremere Satiren. So 1729 *A Modest Proposal* (Ein bescheidener Vorschlag). Darin schlug er ein Mittel gegen Überbevölkerung, Armut und Kriminalität vor: Man solle einfach nur irische Kleinkinder systematisch mästen und durch den Verkauf ihres Fleisches als Delikatesse entsprechenden Profit schlagen.

Manchmal formulierte Swift tiefgründige Bonmots wie: „Gesetze gleichen Spinnweben, die kleine Fliegen fangen, aber Wespen und Hornissen entkommen lassen." Dann wiederum schrieb er unter dem Pseudonym *Doctor Shit* ein Essay über Fäkalien namens *Human Ordure* (menschlicher Kot). Gullivers geistiger Vater starb am 19. Oktober 1745, nachdem er – der Meister beredsamer Polemik – voller Resignation jahrelang kein Wort mehr gesprochen hatte.

Manches an Swifts 300 Jahre altem Humor ist heute nur schwer verständlich. Anderes klingt hochaktuell. Etwa wenn er sich über die kleinlich-bevormundenden Sprachregelungen im Königreich Liliput mokiert. Die Bezeichnung „Liliputaner" hielt sich 250 Jahre lang im deutschsprachigen

Raum, bevor auch sie von unseren medialen Sprachzensoren auf den Index der politischen Unkorrektheiten verbannt und durch Wortungetüme wie „vertikal Wachstumsbehinderte" ersetzt wurde. Jonathan Swift hätte bitter gelacht.

63. Kolonialkrieg wegen eines Ohres

Die spanischen Zollkontrolleure benahmen sich nicht gerade zimperlich, als sie 1731 das Schiff *Rebecca* untersuchten. Sie durchwühlten den Laderaum und als dort Schmuggelware gefunden wurde, säbelten sie dem englischen Kapitän Jenkins ein Ohr ab. Daraus entstand ein dreijähriger Kolonialkrieg.

Im Frieden zu Utrecht hatten 1713 die Seemächte Großbritannien und Spanien auch ein Handelsabkommen geschlossen. Demnach räumten die Spanier in ihren amerikanischen Kolonien den Briten weitgehende Konzessionen ein. Es wurde ihnen erlaubt, bestimmte Mengen von Waren (vor allem Zucker, Tabak und Sklaven) zollfrei zwischen den Kontinenten zu verschiffen und dafür spanische Häfen zu nutzen.

Im Laufe der Jahre zeigte sich, dass die englischen Fernhandelsgesellschaften ihre Kontingente oft weit überschritten. Deshalb ordnete die Regierung in Madrid an, die Ladung fremder Handelsschiffe durch Zollboote kontrollieren zu lassen. Dabei kam es nicht selten zu Zwischenfällen. Am 9. April 1731 enterten Matrosen der spanischen Küstenwache vor der Insel Trinidad die Brigg *Rebecca*. Sie gehörte zur britischen East India Company und stand unter dem Kommando von Kapitän Robert Jenkins. Als die Spanier Konterbande vorfanden und beschlagnahmen wollten, kam es zu Handgreiflichkeiten mit der Mannschaft. Dabei verlor Jenkins sein linkes Ohr durch einen Säbelhieb.

Zurück in London, erhob Jenkins offiziell Beschwerde. Obwohl der britische Generalgouverneur der Karibik-Inseln seinen Bericht bestätigte, geschah lange Zeit nichts. Das änderte sich im Frühjahr 1738. Die handelspolitischen Animositäten zwischen Briten und Spaniern hatten mittlerweile stark zugenommen. Diese Situation nutzte Jenkins. Unterstützt von einer auch damals schon sehr sensationslüsternen englischen Presse, rollte er den Fall neu auf. Schließlich durfte er sogar während einer Sitzung des Unterhauses sein in Spiritus eingelegtes Ohr präsentieren. Damit erreichte die anti-spanische Stimmung im Land einen Siedepunkt und

Premierminister Sir Robert Walpole erklärte Spanien 1739 den Krieg, der als „War of Jenkins' Ear" in die Geschichte einging.

Dieser Feldzug zur See zielte dahin, Spaniens mit den Schätzen Amerikas beladene Flotte, die in den Häfen von Puerto Belo (Panama) und Cartagena (Kolumbien) Edelmetalle aufnahm, von ihren Verbindungen mit dem Mutterland abzuschneiden. Zu diesem Zweck wurde eine Flotte unter Vizeadmiral Edward Vernon in die Karibik entsandt, während eine Flottille unter Kommodore George Anson vor der Küste von Peru angreifen sollte.

Vernon gelang es durch einen Überraschungsangriff am 21. November 1739 die Hafenstadt Puerto Belo zu erobern (Londons Einkaufsmeile *Portobello Road* hat daher ihren Namen). Als Anfang 1741 mehrere Infanterieregimenter eintrafen, beschloss Vernon auch Cartagena zu attackieren. Doch hier versagte seine Überrumpelungstaktik. Er ging zur Belagerung über, musste sie aber nach drei Monaten am 9. Mai 1741 abbrechen. Kommodore Anson konnte lediglich im November 1741 die Plünderung der kleinen peruanischen Hafenstadt Paita als Erfolg melden.

Nun drohte den britischen Truppen ernsthafte Gefahr. Frankreichs leitender Staatsminister Kardinal André de Fleury kam seinen spanischen Verbündeten zu Hilfe. Er entsandte eine Flotte in die Karibik und Vernon geriet dadurch zwischen zwei Fronten. Zu seinem Glück sahen sich aber die Franzosen nach wenigen Wochen durch Seuchen, Hunger und Nachschubmangel zum Rückzug genötigt.

Nach einem vergeblichen Versuch, im Süden der Insel Kuba, in der Bucht von Guantánamo, Fuß zu fassen, war das britische Expeditionskorps physisch am Ende. Tropenkrankheiten dezimierten seine Reihen. Im Dezember 1741 zog es sich in die Häfen der Kronkolonie Jamaica zurück. Während des Frühjahrs 1742 scheiterte ein weiterer Angriff auf Panama. Die Briten zählten nur noch 1.500 Mann, zu wenig für weitere offensive Operationen. In Europa war überdies der Österreichische Erbfolgekrieg ausgebrochen. Premierminister Walpole brauchte jeden Soldaten und vor allem jedes Kriegsschiff aus Übersee, um sie in Europa einsetzen zu können.

Robert Jenkins, der mit seinem abgeschlagenen Ohr den ganzen Konflikt ausgelöst hatte, verwaltete 1741/42 als Gouverneur die südatlantische Insel Sankt Helena und fuhr danach wieder als Handelsschiffskapitän zur See. Über sein weiteres Schicksal ist nichts bekannt.

64. Deutschlands erste Frau Doktor

Preußens junger König Friedrich II., später der Große genannt, war höchst erstaunt. An diesem 26. November 1740 lag ihm ein Schreiben der 25-jährigen Dorothea Leporin aus Quedlinburg vor. Darin bat die ambitionierte Dame um eine Zulassung zum Medizinstudium und den Erwerb des Doktorhutes. Frauen auf dem Königsthron gab es damals zwar schon (in Deutschland, Großbritannien und Russland), aber Frauen mit Doktortitel schienen im 18. Jahrhundert unvorstellbar. Friedrich beschloss nun, seinen Ruf als liberaler Herrscher zu untermauern und er erteilte die Erlaubnis, obwohl diese „ein *casus novissimus* (völlig neuer Fall) bei den deutschen Universitäten und, soviel uns bewusst, *sine exemplo* (beispiellos)" sei.

Ein Beispiel hatte es zuvor allerdings schon gegeben. 1731 erwarb die 21-jährige Laura Bassi an der renommierten Universität Bologna (siehe Geschichte Nr. 21) den Doktortitel der Philosophie und hielt danach als ordentliche Professorin jahrelang Vorlesungen über Physik. Doch der Fall Bassi blieb eine exotische Ausnahme.

Frau Doktorin Erxleben

Die 1715 geborene Dorothea war Tochter des Quedlinburger Stadtarztes Christian Polykarp Leporin. Das wissbegierige Mädchen begleitete den Vater bei seinen Krankenbesuchen und ging ihm in der Arztpraxis zur Hand. Er unterwies sie in Fremdsprachen und Naturwissenschaften, so dass Dorothea schließlich Zugang zum externen Unterricht durch den Rektor des örtlichen Gymnasiums bekam. In jener Zeit veröffentlichte sie eine Schrift über die Notwendigkeit der Frauenbildung. Sie trug den Titel „Gründliche Untersuchung der Ursachen, die das weibliche Geschlecht vom Studieren abhalten – darin deren Unerheblichkeit gezeigt, und wie möglich, nötig und nützlich es sei, dass dieses Geschlecht der Gelehrsamkeit sich befleißige".

Nach der Erlaubnis des Preußenkönigs zum Studium standen jedoch familiäre Belange im Vordergrund. 1742 heiratete Dorothea den verwitweten Diakon Johann Christian Erxleben. Der evangelische Geistliche brachte fünf Kinder in die Ehe, weitere vier Kinder wurden bis 1753 geboren. Die materielle Versorgung dieser großen Familie sicherte vor allem ihre Mutter. Ohne offizielle Zulassung behandelte Dorothea Erxleben vorrangig weibliche Patienten und Kinder. Ihre Heilerfolge gepaart mit großer Warmherzigkeit sprachen sich schnell herum. Sie avancierte sogar zur Leibärztin der Äbtissin des Stiftes von Quedlinburg.

Den arrivierten Medizinern ging die Arbeit der weiblichen Konkurrentin gegen den Strich. Als Anfang 1753 eine ihrer älteren Patientinnen am Fleckfieber starb, richteten drei Quedlinburger Ärzte einen Beschwerdebrief an den Stadthauptmann Baron Paul von Schellersheim. Darin verlangten sie die sofortige Unterbindung der „unverschämten Verwegenheit in der medizinischen Pfuscherei durch Herrn Diakon Erxlebens Eheliebste". Besonders empörte sie, dass Dorothea „Patienten öffentlich besucht und sich ohne Scheu Frau Doktorin grüßen lässt".

Schellersheim forderte Dorothea Erxleben zu einer Stellungnahme auf. Er zitierte die preußische Medizinalordnung von 1725, wonach es nicht akademisch gebildeten oder durch ordentliche Promotion ausgewiesenen Ärzten verboten sei, Kranke zu behandeln und dafür Honorar zu verlangen. Dorothea verwies auf ihr vor zwölf Jahren erteiltes königliches Privileg und beteuerte, sie habe die Promotion nur aufgeschoben, weil sie sich um ihre neun Kinder und ihren kranken Ehemann kümmern musste.

Am 6. Januar 1754 reichte Dorothea Erxleben ihre auf Latein geschriebene Dissertation ein; deren deutscher Titel lautet: „Akademische Abhandlung von der gar zu geschwinden und angenehmen, aber deswegen öfters unsicheren Heilung der Krankheiten". Die mündliche Prüfung erfolgte am 6. Mai 1754 vor den Professoren der Medizinischen Fakultät der Universität Halle. Darin befragte man sie zwei Stunden zum Thema Ursache von Krankheiten und deren Heilungschancen, auch hier in lateinischer Sprache. Anfang Juni 1754 erklärte der Dekan der Medizinischen Fakultät, sämtliche Fragen an die Kandidatin Erxleben seien so gründlich und beredsam beantwortet worden, dass alle Anwesenden damit vollkommen zufrieden waren. Dorothea Erxleben erhielt als erste deutsche Frau den Doktortitel.

Voller Genugtuung forderte sie nun jene drei Ärzte, die sie beim Stadthauptmann angeschwärzt hatten, Johann Tobias Herweg, Heinrich Grasshoff und Andreas Zeitz, zu einer öffentlichen Disputation heraus. Doch die Herren lehnten ab mit der reichlich kleinlauten Begründung: „Was käme denn dabei heraus? Gewiss ein leeres Gezänk und Gewäsch, denn die liebe Frau judiziert (urteilt – d. A.) nach ihrem femininen Verstande, wenn sie etwa mit geborgtem Latein und Französisch könne um sich werfen".

In ihrem Haus, der Kaplanei Nr. 10, behandelte Dorothea Erxleben jetzt als promovierte Ärztin acht Jahre lang zahlreiche Patienten. 1762 starb sie an einem Krebsleiden. Sie war mit ihrem weiblichen Selbstbewusstsein sicher eine große Ausnahmeerscheinung jener Zeit.

Erst Anfang 1899 wurden im Deutschen Reich Frauen generell zum Studium von Medizin, Zahnmedizin und Pharmazie zugelassen.

65. Casanova flieht aus dem sichersten Gefängnis der Welt

Das Dienstbuch des Sekretärs der venezianischen Inquisition verzeichnet unter dem Datum des 21. August 1755 folgenden Eintrag: „Nachdem das Tribunal Kenntnis erhalten hat von den schweren Vergehen, die G. Casanova vor allem gegen die heilige Religion begangen hat, ließen ihn Ihre Exzellenzen arrestieren und unter die Bleidächer schaffen." Der 30-jährige Lebemann befand sich nun im ausbruchsichersten Gefängnis der Welt. Es waren freilich weniger religiöse, als vielmehr amouröse Vergehen, die ihn dorthin gebracht hatten.

Giacomo Casanova hatte schon halb Europa bereist, als er 1753 in seine Geburtsstadt Venedig zurückkehrte. Er beglückte zahlreiche Damen im Bett und verdiente sein Geld als Kunstgeiger und Falschspieler. Der hochintelligente Mann suchte nun in der Lagunenstadt neue Abenteuer. Eines Tages lernte er den französischen Botschafter kennen. Die beiden gefielen einander sehr und bald feierten sie mit zwei blutjungen Mädchen wüste Orgien. Das wäre nicht weiter ungewöhnlich gewesen, doch bei „C. C." und „M. M.", wie Casanova sie diskret nannte, handelte es sich um zwei Nonnen des Klosters *San Angelo* in Murano und der französische Diplomat Pierre de Bernis war ein Geistlicher. Hinter „C. C." verbarg sich die 17-jährige Caterina Capretta, eine Angehörige der ersten Gesellschaft Venedigs, was die Affäre zusätzlich skandalisierte.

Schon längere Zeit war Casanova der Inquisition wegen seiner losen Zunge aufgefallen. Da er auch im Verdacht stand, seinem französischen Freund Staatsgeheimnisse zu verraten, setzte man einen Spitzel auf ihn an. Dieser förderte nur Banalitäten zu Tage wie: „Er versucht immer, sich Fortuna dienstbar zu machen, wobei es ihm nie an Geld fehlt." Gefährlich wurde es, als Anfang 1755 Antonio Condulmer sein Amt als einer der drei obersten Inquisitoren Venedigs antrat. Ihm hatte der unermüdliche Casanova einst die Mätresse ausgespannt und Condulmer plante seit langem seine Rache.

Am 25. Juli 1755 wurde der nichts ahnende Casanova verhaftet und in die *Piombi* verbracht, sieben düstere Verließe, die sich direkt unter dem bleigedeckten Dach des Dogenpalastes befanden und deshalb „Bleikammern" genannt wurden. Sie waren ausschließlich für Hoch- und Landesverräter bestimmt. Ihre Verpflegung und Möblierung mussten die Häftlinge dort selbst bezahlen. Seit ihrer Errichtung 1561 war noch nie einem Gefangenen die Flucht aus den Bleikammern gelungen.

Die Anklage gegen Casanova lautete auf Magie, Besitz verbotener Bücher, Falschspielerei und „Schmähungen gegen die heilige Religion". Am 12. September 1755 wurde er zu fünf Jahren Gefängnis verurteilt. Allerdings erfuhr der Beschuldigte weder den Grund noch die Dauer seiner Einkerkerung, eine Gerichtsverhandlung fand nie statt.

Nach bangen Monaten in Haft entschloss sich Casanova, allen Hindernissen zum Trotz, die Flucht zu wagen, getreu seiner Devise: „Man muss, um Erfolg zu haben, auf sein Glück bauen und über Fehlschläge sich hinwegsetzen." Zunächst schien ihm das Glück wohlgesonnen. Bei seinem täglichen halbstündigen Spaziergang auf dem Dachboden entdeckte er eine daumendicke, etwa 50 cm lange Eisenstange. Er konnte sie unbemerkt an sich nehmen und unter dem Sitz seines Sessels verbergen. Mit Hilfe eines kleinen Marmorbrockens spitzte er die Stange zu einem achtkantigen Spieß zu. Dies konnte nur nachts geschehen, also musste eine Lampe gebaut werden.

Casanova nahm einen Suppennapf und füllte ihn mit dem Öl, das sich im täglichen Salat befand; seine Steppdecke aus Baumwolle versorgte ihn mit Dochten. Er schützte eine Hautkrankheit vor, weswegen ihm Schwefel verabreicht wurde, daraus bastelte er Zündhölzer. Jede Nacht arbeitete Casanova sechs Stunden, um den Fußboden seiner Zelle zu durchbrechen. Monate dauerte es, bis am 23. August 1756 das Werk fast vollendet war. Dann geschah etwas Unvorhergesehenes.

Der Gefangenenwärter Lorenzo Basadonna, ein recht einfältiger aber gutmütiger Geselle, nahm sich frühere Klagen Casanovas über seine niedrige Zelle, in welcher der 1,87 Meter große Mann nur gebückt stehen konnte, zu Herzen. Freudestrahlend teilte er am 25. August dem entsetzten Casanova mit, er werde sofort in einen bequemeren Raum verlegt. Sein einziger Trost bestand darin, dass er auch seinen Sessel samt verstecktem Spieß mit sich nehmen durfte. „Gar zu gern hätte ich auch mein schönes Loch mitnehmen mögen, das mir so viele Mühe gekostet und worauf ich so große Hoffnungen gesetzt hatte, die nun alle verloren waren."

Die Bleikammern lagen im Dachgeschoss des Dogenpalastes

Besagtes Loch wurde natürlich entdeckt und Casanova hinfort strenger überwacht. Wärter Lorenzo ließ sich jedoch bestechen und erlaubte dem Gefangenen, mit anderen Leidensgefährten Bücher auszutauschen. Verborgen im Rücken einer großen Bibel schmuggelte Casanova seinen Meißel-Spieß einem Häftling namens Marino Balbi zu. In diesem Buch fand er auch genaue Anweisungen für einen Ausbruch.

Balbi durchstieß in der Nacht zum 1. November 1756 seine Zellendecke, um dann über den Dachboden zu Casanova zu gelangen. Aus Bettdecken, Tüchern, Matratzen und Strohsackbezügen knoteten beide ein etwa 60 Meter langes Seil zusammen. Dann entfernten sie mehrere Bleiplatten der Dachverkleidung und krochen auf allen Vieren das schräge Dach hinauf. Casanova glitt in der Dunkelheit aus und hing nur noch mit Brust und Ellenbogen über der Regenrinne. Mit letzter Kraft hangelte er sich durch ein offen stehendes Fenster. „Überall hatte ich fürchterliche Schrammen

– blutüberströmt stand ich in ganz zerlumpten Kleidern", erinnerte er sich 35 Jahre später.

Doch Casanova hatte nicht vergebens auf sein Glück gebaut. Das Zimmer, in welches er sich mit Balbi retten konnte, fanden sie unverschlossen vor. Im angrenzenden Raum leistete die Tür nur wenig Widerstand. Die Flüchtlinge befanden sich nun in der *Cancelleria ducale*, der Kanzlei des Dogen mit ihren Archivräumen. 30 Minuten später war auch die dortige Tür durchbrochen. Über zwei Treppen ging es herab zum Hauptportal, das unmöglich zu öffnen war.

Als Casanova aus dem Fenster blickte, sahen ihn einige nächtliche Müßiggänger, die sich zufällig im Hof des Palastes aufhielten und verständigten den Pförtner. Der öffnete ihnen wenig später. „Bei meinem Anblick stand der Mann wie versteinert da", berichtet Casanova in seinen Memoiren. „Ohne mich aufzuhalten und ohne ein Wort zu sagen, machte ich mir seine Verblüffung zunutze und lief schnell die Treppe hinunter, Balbi hinter mir her."

Noch in derselben Nacht verließen beide in einer Gondel Venedig und fuhren per Kutsche weiter nach Treviso. Zum ersten und letzten Mal war eine Flucht aus den Bleikammern gelungen. Casanova machte schon im folgenden Jahr 1757 in Paris Karriere als Direktor der französischen Lotterie.

66. Guter Mann, böses Ende: Zar Peter III.

Jammernd warf sich Alexej Orlow der Zarin Katharina zu Füßen. „Ich weiß selbst nicht, wie das Unheil geschehen ist. Wir sind verloren, wenn Du nicht Gnade für uns hast. Mütterchen, er weilt nicht mehr auf dieser Welt." Quintessenz von Orlows Gestammel war die Meldung, dass Zar Peter III. ermordet wurde. Nun widersprechen sich die Überlieferungen. Die einen behaupten, Katharina sei daraufhin in Ohnmacht gefallen, andere Berichte bescheinigen ihre heitere Gelassenheit. Beides ist denkbar, denn Katharina war eine vorzügliche Schauspielerin.

Peter III. gehört zu den umstrittensten Persönlichkeiten der russischen Geschichte. Er war als Herzog von Holstein Deutscher und wuchs in Kiel auf. Seine Tante, die kinderlose Zarin Elisabeth von Russland, holte den 14-jährigen Anfang 1742 als Thronfolger nach Sankt Petersburg. Bald bereute sie diesen Schritt, denn der eigensinnige Junge zeigte eine tiefe Abneigung gegen seine neue Heimat. Vor seiner launenhaften, ungebildeten Tante hatte er anfangs panische Angst, später unternahm er alles, um sie möglichst oft zu ärgern. So weigerte sich Peter hartnäckig, Russisch zu lernen und stellte sich einfach dumm.

Elisabeth hoffte, dass eine Heirat den Charakter des Thronfolgers positiv beeinflussen würde. Als Braut wählte sie die deutsche Prinzessin Sophie von Anhalt-Zerbst aus, welche als Katharina die Große in die Geschichte einging. Beide heirateten 1745 im Alter von 17 bzw. 16 Jahren. Es war ein katastrophal ungleiches Paar, das man hier zusammengeführt hatte. Die frühreife, pragmatische Katharina traf auf einen sonderbaren Spätentwickler mit etlichen infantilen Zügen. „An seiner Seite führte ich 18 Jahre lang ein Leben, von dem zehn andere verrückt geworden und 20 an meiner Stelle vor Gram gestorben wären", schrieb Katharina in ihren Memoiren.

Eben diese sehr spannend und suggestiv geschriebenen Memoiren waren es, aus denen die Nachwelt sich ein Bild Peters schuf. Dabei sind Katharinas Erinnerungen etwa so subjektiv wie die Aussagen einer betrogenen Ehefrau im Scheidungsprozess. Alles, was sie in ihrem Leben schrieb, war auf propagandistische Wirkung bedacht und gerade im Fall ihres ermordeten Gatten besaß sie vitales Interesse daran, ihn als böswilligen Trottel hinzustellen. Völlig unmusikalisch sei Peter gewesen und habe sie durch sein dilettantisches Geigenspiel bis aufs Blut gequält, behauptete Katharina. Tatsächlich beherrschte er sein Instrument so virtuos, dass er im Hoforchester der Zarin die 1. Violine spielen konnte. Zeitlebens habe er kein Buch zur Hand genommen, so Katharina. Peters Bibliothekar Jacob von Stählin listete hingegen umfangreiche Buchbestellungen seines Herrn auf, der ein sehr interessierter Leser von militärwissenschaftlicher Literatur gewesen sei.

Das Militär hatte es Peter angetan. Anfangs spielte er mit Holzsoldaten – seine zum Mitmachen eingeladene Gemahlin lehnte pikiert ab. Später drillte er Rekruten aus seiner Heimat Holstein, auch weil er wusste, dass der Anblick ihrer Uniformen die Zarin Elisabeth sehr verärgerte.

Noch mehr grämte die Zarin, dass sich kein Nachwuchs einstellte. Erst 1754 wurde ein Sohn, der spätere Zar Paul I., geboren. Wobei niemand die Hand dafür ins Feuer legen mochte, ob er wirklich Peters leiblicher Sohn war, denn seine Mutter hatte sich inzwischen mehrere Liebhaber zugelegt. Ihre zwei nächsten Kinder waren mit Sicherheit nicht von Peter, und die beiden Eheleute hassten einander inbrünstig.

Die Zarin hatte Anfang 1757 in den 3. Schlesischen Krieg gegen Preußen eingegriffen. Ihre Heere ernteten dabei wenig Ruhm. Nach Elisabeths Tod am 5. Januar 1762 riss der neue Zar Peter III. das Steuer herum. Häufig heißt es, er habe aus abgöttischer Verehrung für Friedrich den Großen sofort Frieden mit Preußen geschlossen. Das ist falsch. Peter war nicht so dumm, ein für Russland womöglich nachteiliges Abkommen zu unterzeichnen. Vielmehr erklärte er den Waffenstillstand und befahl seinen Armeen, neutrale Positionen zu beziehen. Dann folgten wochenlange Verhandlungen.

Ebenso falsch ist die Behauptung, Peter habe das gesamte russische Heer in preußische Uniformen gezwängt. Tatsächlich nahm er an den Monturen der vier Petersburger Garderegimenter einige Veränderungen vor. Das störte die Gardisten gewiss weniger als der Fakt, dass der Zar sich eine Leibwache von Holsteinern hielt, für deren Besoldung er die Gehälter der Gardeoffiziere und -mannschaften um 50 Prozent kürzte.

Peter III. fiel den Ränken seiner Frau zum Opfer

Genau hier setzte Katharina an. Ihr damaliger Liebhaber Grigori Orlow und seine vier Brüder dienten allesamt in der Garde; sie bildeten hier einen sehr einflussreichen Clan. Katharina redete Orlow ein, ihr Leben sei bedroht. Peter, der sich jetzt auch eine Mätresse hielt, hatte ihr bei einem Bankett gedroht, sie „als dummes Frauenzimmer" in ein Kloster zu verbannen.

Daraufhin organisierten die Orlows einen Militärputsch. Am 9. Juli 1762 wurde die Zarenresidenz Oranienbaum bei Sankt Petersburg von Gardisten umzingelt. Der völlig überrumpelte Peter III. wollte über den Hafen von Kronstadt fliehen, fand aber die Zitadelle verschlossen. Am Abend des 9. Juli wurde er gefangen gesetzt und musste die Abdankung zugunsten seiner Frau unterzeichnen. Dann deportierte man ihn in das Landhaus Ropscha. Seine Bewachung übernahm Grigori Orlows Bruder Alexej.

Am 17. Juli 1762 wurde der Ex-Zar von mehreren Offizieren ergriffen, zu Boden gerissen und mit einem Gewehrriemen erdrosselt. Der genaue Hergang in Ropscha ist unklar. Die lendenlahmen Erklärungen der Orlow-Brüder, sie wären mit dem Zaren „irgendwie" ins Handgemenge geraten und dann sei Peter plötzlich tot umgefallen, trugen nicht gerade dazu bei, den Fall plausibler zu machen.

Ob Katharina von der Mordaktion wusste oder sie sogar angeordnet hat, ist bis heute nicht geklärt. Gewiss bildete der eingekerkerte Zar eine latente Bedrohung ihrer Herrschaft, andererseits nahm ihr bis dato tadelloser politischer Ruf namentlich im Ausland durch den Gattenmord erheblichen Schaden. Doch nun war der Weg frei für die Deutsche auf dem Zarenthron, sich während der folgenden drei Jahrzehnte ihren Namen „die Große" zu verdienen.

Eine der ersten Regierungsmaßnahmen Katharinas bestand in dem Friedensschluss mit Preußen. Historiker loben sie deswegen für ihren politischen Pragmatismus, während diegleiche Maßnahme bei Peter III. als Beleg für dessen Unzurechnungsfähigkeit herangezogen wird. Geschichtsschreibung kann manchmal sehr ungerecht sein.

67. George Washingtons blutiges Weihnachtsfest

Ende 1776 schien der Aufstand in den nordamerikanischen Kolonien gegen England gescheitert. Niederlagen an allen Fronten, demoralisierte Regimenter, Hunger und Munitionsmangel steuerten die vor Jahresfrist so elanvoll begonnene Revolution in ein Debakel. Es gab nur einen Mann, der – ebenso kühn wie verzweifelt – bereit war, diese Situation zu ändern: George Washington.

Die Spannungen zwischen der britischen Politik und den 13 nordamerikanischen Kolonien wuchsen Anfang der 70er Jahre. Anlass dafür waren vor allem massive Steuererhöhungen auf das beliebte Volksgetränk Tee. Bei Demonstrationen gab es erste Todesopfer und am 19. April 1775 fand bei Lexington ein erstes, eher zufälliges Gefecht zwischen Engländern und einheimischen Milizen statt. Der militärische Konflikt war nun nicht mehr aufzuhalten und prompt erlitten die Amerikaner im Juli 1775 bei Bunker Hill eine schwere Schlappe.

Während jener Zeit hatte ein Nationalkongress in Philadelphia die politische Führung der Kolonien mit ihren 2 Millionen Einwohnern übernommen. Er beschloss, eine vereinigte Streitmacht, die „Kontinentalarmee", aufzustellen. Zu deren Oberbefehlshaber wurde George Washington ernannt, ein klassischer Südstaatengentleman aus Virginia. Er sammelte einige Kampferfahrungen während der Kolonialkriege gegen die Franzosen und verschiedene Indianerstämme. Das lag allerdings schon 20 Jahre zurück. Washington selbst absolvierte nie eine reguläre militärische Ausbildung, sondern brachte sich die notwendigen Kenntnisse autodidaktisch bei.

Die Kontinentalarmee präsentierte sich als bunt zusammengewürfelter und höchst eigenwilliger Haufen von Freiwilligen. Ihre Offiziere wurden von den Mannschaften gewählt, was häufig dazu führte, dass leutselige Kumpeltypen und keine konsequenten Vorgesetzten in führende Stellungen aufrückten. Washington schaffte diesen und andere Übelstände schnell ab.

Das größte Problem bestand darin, die Soldaten bis Kriegsende bei der Fahne zu halten. Viele Männer verpflichteten sich für mehrere Jahre, andere für sechs oder nur drei Monate. Nach Ablauf dieser Frist verließen ganze Regimenter pünktlich auf den Tag ihren Dienst, so dass Washington häufig seine Kriegsoperationen nach der jeweiligen Rekrutierungsdauer richten musste.

Das war auch Ende 1776 so. Die Briten hatten mittlerweile New York erobert und rückten auf Philadelphia vor. Washington verschanzte sich in der Nähe des Städtchens Trenton am Delaware-Fluss. „Meine Lage ist unaussprechlich peinlich", schrieb er. „Den Winter schnell herannahen zu sehen mit einem von allem entblößten Heer, dessen Dienstzeit in wenigen Wochen abläuft, und noch keine Vorkehrungen für solche wichtigen Dinge getroffen zu haben! Noch dazu ist die Kriegskasse vollständig erschöpft, der Zahlmeister hat nicht einen einzigen Dollar in der Hand." Ihm war klar, dass die Moral seiner Männer zerbrechen würde, wenn er nicht ein ermutigendes Zeichen setzte. So beschloss der General, einen Überraschungsangriff zu inszenieren. „Not, bitterste Not wird – nein muss – **jeden** Versuch rechtfertigen."

Trenton war seit Anfang Dezember von einem 1.500 Mann starken Trupp hessischer Soldaten besetzt. Englands Regierung hatte in mehreren deutschen Kleinstaaten Streitkräfte gemietet. Das größte Kontingent stammte aus der Landgrafschaft Hessen-Kassel, weshalb die deutschen Söldner von den Amerikanern summarisch als „Hessen" bezeichnet wurden. Sie waren wegen ihrer Disziplin und Kampfkraft ebenso geachtet wie gefürchtet. Der Ruf „Die Hessen kommen!" erfüllte ihre Gegner mit Schrecken.

Washingtons Übergang am Delaware – mit unkorrekter Fahne

Washington beschloss, den Männern diese Furcht zu nehmen. In der Nacht zum 25. Dezember 1776 führte er seine Streitmacht auf kleinen Booten durch das Treibeis des Delaware. Allerdings nicht mit dem *Stars and Stripes*-Banner, wie auf dem berühmten Gemälde von Gottlieb Leutze. Diese Flagge wurde erst 1777 offiziell eingeführt. Die Truppen landeten etwa acht Kilometer unterhalb von Trenton und führten sogar 18 leichte Kanonen mit. Gegen 3 Uhr morgens hatte Washington 2.000 Mann versammelt, die durch Schneesturm und Hagelschauer vorrückten. Sein Plan beruhte auf der schlichten Tatsache, dass die heimatverbundenen Hessen sich mehr um das bevorstehende Weihnachtsfest als um erhöhte Wachsamkeit kümmern würden und womöglich auch zur Feier des Tages dem Alkohol zusprachen.

Zwischen 7 und 8 Uhr feuerte Washingtons Artillerie ihre ersten Salven auf Trenton und die Infanterie begann unter wildem Geschrei ihren Angriff. Die völlig überrumpelten Hessen leisteten kaum Gegenwehr. Binnen einer Stunde waren 130 von ihnen gefallen oder verwundet, 900 ergaben sich.

Der Sieg von Trenton, bei dem die Amerikaner nur zwei Soldaten durch Erfrierungen verloren, hatte weniger militärische als moralische Bedeutung. Die mutlosen, geschlagenen Männer der Kontinentalarmee waren plötzlich von Feuereifer erfüllt. Fast alle Soldaten, deren Vertrag am 31. Dezember 1776 auslief, verlängerten um weitere drei Jahre. George Washington besaß nun einen zuverlässigen Kern von Kämpfern, der ihm notfalls in die Hölle folgen würde.

Schon am 3. Januar 1777 errang er einen weiteren Sieg bei Princeton, diesmal gegen englische Regimenter. Bis 1781 konnte er den Feind mit Hilfe französischer Unterstützungstruppen und preußischem Drill entscheidend schlagen. Die USA verteidigten so ihre Unabhängigkeit und Washington wurde 1789 der erste Präsident. Ohne seinen einsamen Entschluss bei Trenton wäre die Weltgeschichte mit Sicherheit anders verlaufen.

68. Adolf von Knigge und die Illuminaten

„Wir sehen die klügsten, verständigsten Menschen im gemeinen Leben Schritte tun, wozu wir den Kopf schütteln müssen", lautet der Eingangssatz des Buches. Und weiter: „Wir sehen die feinsten theoretischen Menschenkenner das Opfer gröbsten Betrugs werden." Dies stellte 1788 Adolf Freiherr von Knigge fest. Der 36-jährige Adlige aus Hannover wollte deshalb vermittels eigener Erfahrungen Ratschläge „Über den Umgang mit Menschen" erteilen.

Er war keineswegs ein gouvernantenhaft-strenger „Herr Manierlich", dieser Freiherr von Knigge. Als Abkömmling eines verarmten Adelsgeschlechts aus Niedersachsen schlug er sich musizierend und mit dem Abfassen von Gesellschaftsromanen durchs Leben. Auch Prosa-Satiren kamen aus seiner Feder wie „Des seligen Herrn Staatsrats Samuel Conrad von Schafskopf hinterlassene Papiere".

Knigge gehörte zu jenen Freidenkern, die am Vorabend der Französischen Revolution für eine Aufhebung der Standesschranken plädierten. Dergleichen geschah unter den Bedingungen des fürstlichen Absolutismus' vorrangig in Geheimbünden. Schon mit 21 Jahren trat Knigge dem elitären Orden der „Strikten Observanz" bei, ein Jahr später sah man ihn in Kassel als Mitglied der Freimaurerloge „Zum gekrönten Löwen". In dessen Mission ging er monatelang auf Reisen.

1780 schloss Knigge sich unter dem Pseudonym *Philo* (Freund) dem radikal aufklärerischen Orden der Illuminaten an. Dabei handelte es sich nicht um jenen Clan mordlüsterner und weltverschwörerischer Mönche, wie derzeit in Romanen und Spielfilmen fabuliert wird. Die Illuminaten, in ihrer überwiegenden Mehrzahl Akademiker, strebten eine Erneuerung des geistigen Lebens der Nation durch religiöse Aufklärung an – wohlgemerkt nicht weltweit, sondern vor allem in den deutschen Fürstentümern. Knigge erhielt den Auftrag, diesen Orden in Norddeutschland zu etablieren. Es gelang dem ebenso rastlosen wie überzeugenden Organisator, hier 500 Mitglieder zu werben. Über Mittelsmänner gewann er sogar Johann Wolfgang Goethe und den Herzog Ferdinand von Braunschweig.

Höflich und bescheiden, der freie Herr Knigge

Doch schon 1784 wurde Knigge vom Gründer des Illuminatenordens, dem wohl eifersüchtigen Ingolstädter Professor Adam Weishaupt, ausgeschlossen. Er gründete danach einen „Eklektischen Bund" und verfasste 1788 jenes Buch, das seinen Namen sprichwörtlich werden ließ: „Über den Umgang mit Menschen". Darin ging es nicht vorrangig um richtiges Handhaben von Essbesteck und Weinkelch, sondern um neue Umgangsformen für freie Menschen. Er selbst legte demonstrativ seinen Freiherrentitel ab und nannte sich hinfort „der freie Herr Knigge".

Seine Aufklärungsschrift sollte Taktgefühl und Höflichkeit im Umgang der verschiedenen Generationen, Charaktere und Berufe vermitteln, nicht zuletzt, um den Menschen Enttäuschungen zu ersparen. Knigge gab etwa praktische Winke für das „Betragen gegen Hauswirte, Nachbarn und solche, die mit uns in demselben Haus wohnen". Darin empfiehlt er, „dass wir Poltern, Lärmen, spätes Türzuschlagen im Hause vermeiden, andern nicht in die Fenster gaffen, nichts in fremde Höfe oder Gärten schütten".

In einer Art angewandter Soziologie erklärt sich Knigge zum Umgang mit Kindern, Jähzornigen oder Ärzten. Der „Umgang mit Schurken" wird ergänzt durch den „Umgang mit sich selbst". Auch eine Klage, die sich durch sämtliche Jahrhunderte zieht, darf nicht fehlen: „Der Ton unserer jungen Leute will mir gar nicht gefallen." Ganz zeitgemäß heißt es: „Man soll sich den Frauen niemals aufdrängen", denn „Unbeliebt sind die allzu Vorwitzigen und Neugierigen."

Vier klassische Maximen des Freiherrn lauten:
> *„Interessiere dich für andere, wenn du willst, dass andere sich für dich interessieren."*
> *„Enthülle nicht die Schwächen deiner Mitmenschen."*
> *„Zeige, so viel du kannst, eine immer gleiche, heitere Stirne."*
> *„Ob aber jemand prächtig oder lumpig gekleidet ist, Wein oder Bier trinkt, Schulden oder Kapitalien macht, eine Geliebte hat oder nicht – was geht das dich an, wenn du nicht sein Vormund bist?"*

Schon bald nach Erscheinen des sehr erfolgreichen Buches verfestigte sich die Meinung, „der Knigge" sei eine Art Leitfaden für Tischmanieren und Benehmensregeln. Im Vorwort zur 3. Auflage, die Anfang 1790 in Hannover erschien, ging der Freiherr auf dieses Missverständnis ein. Vielleicht hätte er seiner Schrift den Titel geben sollen „Vorschriften, wie der Mensch sich zu verhalten hat, um in dieser Welt und in Gesellschaft mit andern Menschen glücklich und vergnügt zu leben und seine Nebenmenschen glücklich und froh zu machen." Das wäre gewiss exakter gewesen, meinte Knigge. „Allein dieser Titel kommt mir ebenso geschwätzig als prahlerisch vor. Man verzeihe mir's also, dass ich es beim alten gelassen habe!"

69. Legenden ohne Ende: Die Meuterei auf der Bounty

Es gehörte 1789 zu den alltäglichen Bildern auf dem Segelschiff *Bounty*: Eine Peitsche pfeift durch die Luft, Schmerzensschreie gellen, das Blut fließt in Strömen vom Rücken. Ausgemergelte Seeleute müssen sich die Szenerie anschauen, belauert von ihrem satanisch grinsenden Kapitän William Bligh. Endlich macht ein edelmütiger Meuterer namens Fletcher Christian diesem unmenschlichen Treiben ein Ende. Doch all dies, was uns Clark Gable, Marlon Brando oder Mel Gibson so überzeugend im Kino vorspielten, gehört ins Reich der Legenden.

Die *Bounty*, zu Deutsch Mildtätigkeit, war kein stolzer Segler, sondern nur ein schwerfälliges, kaum 25 Meter langes Handelsschiff mit 45 Mann Besatzung. Im Marineregister wurde es als Kutter geführt, weshalb Kommandant Bligh lediglich den Rang eines Leutnants bekleidete. Die Anrede „Kapitän" erfolgte aus reiner Höflichkeit. Weitere Offiziere oder Seesoldaten befanden sich nicht an Bord, was Blighs Autorität später schadete. Der stets als „Erster Offizier" bezeichnete John Fryer war tatsächlich Steuermann und Fletcher Christian dessen Maat, eine bescheidene Unteroffiziers-Charge.

Die Männer der Besatzung, die am 23. Dezember 1787 in Spithead an Bord gingen, waren allesamt Freiwillige. Weil das pazifische Inselparadies Tahiti lockte, wo man Brotfruchtbäume als Ladung empfangen sollte, brauchte die Admiralität keine Männer gewaltsam zum Dienst zu pressen. Die drei später meuternden Kadetten Peter Heywood, George Stewart und Edward Young stammten sogar aus der britischen High Society.

Zehn Monate dauerte der Törn nach Tahiti. Während jener Zeit sorgte der angebliche Sadist Bligh so väterlich für seine Besatzung, wie er es von seinem Mentor, dem Weltumsegler James Cook, gelernt hatte. Auch dessen lautstarke Wutanfälle kopierte er gern, wandte aber die damals durchaus übliche Bestrafung durch die Peitsche nur selten an. Erst drei Monate nach Beginn der Mission verurteilte Bligh einen „gefährlich unzufriedenen Unruhestifter" zu zwei Dutzend Hieben mit der „Neunschwänzigen Katze".

Eher zwiespältig war das Verhältnis zwischen Bligh und Christian. Beide kannten sich schon aus früheren Zeiten und Christian wurde anfangs vom Kapitän durchaus bevorzugt. Allerdings enttäuschte er ihn mehrfach durch laxe Befehlsausführung und Schlendrian. So brachte er es nicht fertig, auf der Südsee-Insel Anamuka das dringend benötigte Trinkwasser zu fassen, weil einige bedrohlich aussehende Eingeborene sich in der Nähe aufhielten. Der cholerische Bligh explodierte daraufhin vor versammelter Mannschaft und nannte Christian einen „feigen Schuft, der sich vor einem Haufen halbnackter Wilder fürchtet".

Diese öffentliche Zurechtweisung empfand Christian als schwere Demütigung und fortan nagten Wut und Hass an ihm. Nach der Landung auf Tahiti Ende Oktober 1788 ließ er sich jedoch nichts zuschulden kommen. Die gescheiterte Desertion von drei Matrosen seines Kommandos ist unverzichtbarer Bestandteil aller *Bounty*-Filme, fiel aber in Wirklichkeit unter die Verantwortung eines Seekadetten, der auf seinem Posten eingeschlafen war. Nachdem die Übernahme der empfindlichen Brotfruchtbäume Monate in Anspruch genommen hatte, stach das Schiff am 5. April 1789 wieder in See.

Unterwegs Richtung Westen kam es zu einem weiteren Zerwürfnis wegen unerklärlich verschwundener Kokosnüsse aus der Ladung. Nach einer durchzechten Nacht entschloss sich Fletcher Christian am 28. April zur Meuterei. Es war „ein schwacher Moment in einer einzigen grauen Morgenstunde, ein kurzzeitiges, verhängnisvolles Versagen der Selbstdisziplin eines Gentleman", schreibt die US-Marinehistorikerin Caroline Alexander, eine der kundigsten Experten im Fall *Bounty*.

Kapitän Bligh wurde gegen 5 Uhr im Schlaf überrascht und angetan mit einem Nachthemd an Deck geschleppt. Hier musste Christian feststellen, dass nur 18 Mann der Besatzung sich der Meuterei anschlossen. Doch das schwerste auf See denkbare Verbrechen war geschehen und nicht mehr rückgängig zu machen. Bligh, Fryer und 21 weitere Seeleute wurden in einem winzigen Beiboot in der Nähe der Tonga-Inseln ausgesetzt. Dies war zumindest versuchter Mord, denn niemand konnte damit rechnen, dass William Bligh in einer nautischen Bravourleistung ohne Seekarten seine halbverhungerten Leute binnen zwei Monaten über 6.000 Kilometer ins sichere Timor steuern würde.

Kapitän Bligh und seine Leute werden ausgesetzt

Nach Blighs Rückkehr wurden Suchexpeditionen ausgerüstet, um die Meuterer aufzuspüren und exemplarisch zu bestrafen. Die meisten wurden tatsächlich gefasst, Christian war allerdings nicht unter ihnen. Es wurden drei Todesurteile vollstreckt.

Großbritanniens Admiralität hat indes die Ursachen des *Bounty*-Debakels niemals untersucht. Meuterei galt zu jener Zeit als unentschuldbares Verbrechen, einerlei welche Details dazu geführt hatten. Das Kriegsgerichtsverfahren von 1792 besaß ein ganz profanes Anliegen: Die Lords wollten sich versichern, ob nach Ausbruch der Revolte nichts unversucht geblieben war, sie niederzuschlagen. William Bligh befand sich während der Verhandlungen schon wieder auf hoher See. Diesmal als echter Kapitän, was er bis zu seinem Tod 1817 auch blieb.

70. Madame Dubarry – Aufstieg und Fall einer Mätresse

„Gnade! Gnade, Herr Henker! Nur noch eine letzte Minute", flehte die schöne Delinquentin. Auf dem Pariser Place de la Révolution (heute Place de la Concorde) wartete das Blutgerüst mit der berüchtigten Guillotine auf sie. Der Henker kannte keine Gnade und beendete das Schauspiel mit dem heruntersausenden Fallbeil. Dies war der finale Punkt unter dem Leben der letzten großen Mätresse Frankreichs, Jeanne Bécu, bekannter als Madame Dubarry.

Im Alter von 15 Jahren verließ die Schneiderstochter Jeanne Bécu 1758 das Kloster der frommen Schwestern von Sainte-Aure in Paris. Als Mannequin des Modehauses Labille fielen ihre Reize vor allem dem männlichen Begleitpublikum der eleganten Damenwelt auf. Einer von ihnen, Marschall Louis de Richelieu, Großneffe des berühmten Kardinals, verkuppelte sie 1763 mit dem Grafen Guillaume du Barry, einem verschuldeten Adligen. Dessen Bruder Jean Baptiste unternahm es, die nunmehr adelig-hoffähige Frau König Ludwig XV. vorzustellen.

Frankreichs Monarch, welcher seinen Beinamen „der Vielgeliebte" sehr zu Recht trug, besaß seit dem Tod seiner legendären Favoritin Madame Pompadour im Jahre 1764 nur noch ein verwaistes Bett. In seiner Villa *Parc-aux-cerfs* (Hirschpark) empfing der alternde König zuweilen ebenso hübsche wie geistlose Hofdamen. Wie sein Urgroßvater Ludwig XIV. tat er dies eher aus Gründen der fürstlichen Etikette, als aus Leidenschaft. Das änderte sich, als ihm im April 1769 die 25-jährige Jeanne Dubarry vorgestellt wurde.

Sie besaß „einen Teint von erstaunlicher Reinheit", so ein Augezeuge. Ziemlich auffallend während jener Rokoko-Epoche, als die Haut der meisten Menschen durch Pockennarben entstellt war. Auch ihre „per-lengleichen Zähne" bildeten eine Ausnahme selbst in höheren Kreisen. Gebisspflege war unbekannt, so dass selbst junge Frauen schon braune, lückenhafte oder gar keine Zähne mehr besaßen. Die Krone setzte Madame Dubarry freilich durch mehrere Bäder pro Woche auf, in denen sie auch ihre Haare waschen ließ. Bei ihr fanden sich keine Läuse auf fettiger Kopfhaut unter kompliziert aufgetürmten Frisuren. Vielmehr trug sie „so dichtes Haar, dass sie kaum wusste, wohin damit".

Anders als die Pompadour, versuchte die unkomplizierte Dubarry nie, eine politische Rolle zu spielen. Für Ludwig XV. war sie „ein lustiges Kind, eine begabte Hure, eine tröstende Mutter", so ihre Biografin Eleanor Herman. Der König überhäuft sie mit Juwelen, Schlössern und Kunstwerken. Jeanne besitzt einen erlesenen Geschmack, fördert vor allem klassizistische Künstler ihrer Zeit. Doch als Ludwig im Mai 1774 stirbt, muss sie sofort den Hof verlassen. Der neue König, ein moralfester Herr, lässt sie für zwei Jahre in ein Kloster sperren. 1776 aber darf die Dubarry wieder ihr Lieblingsschloss Louveciennes bei Versailles beziehen.

Im Idyll von Louveciennes hält sich Jeanne einen herzoglichen Liebhaber, pflegt ein gutes Verhältnis zur dörflichen Bevölkerung, spendet große Geldbeträge für Bauern und Bedürftige. Von der 1789 ausbrechenden Revolution bleibt die gänzlich harmlose Dame zunächst verschont.

In der Nacht zum 11. Januar 1791, als die Schlossherrin in Paris weilt, stehlen Unbekannte aus Louveciennes Schmuckstücke im Wert von zwei Millionen Francs, eine ungeheure Summe. Bald tauchen etliche dieser Pretiosen in England auf und die Dubarry begibt sich 1791/92 mehrfach nach London, um ihre Rechte geltend zu machen. Als sie im Oktober 1792 zurückkehrt, findet sie ihr Schloss geplündert und verwüstet vor, mehrere Bedienstete sind erschlagen.

Urheber dieses Pogroms waren Dubarrys Hofmeister, ein Engländer namens George Greive und ihr Kammerdiener, der Schwarze Zamore. Wie sich später herausstellte, hatten diese Beiden 1791 den Schmuck gestohlen und versucht, ihn in England zu verscherbeln. Nun stellte Greive die Sache so hin, als habe Madame Dubarry den Diebstahl nur vorgetäuscht, um ihr Vermögen nach Großbritannien zu schaffen, das jetzt im Krieg mit Frankreich lag.

Bald nahm das berüchtigte Revolutionstribunal in Paris Witterung auf. Ganz offenbar gab es bei der ehemaligen Mätresse Geld zu holen. Also wurde sie am 22. September 1793 verhaftet und im Gefängnis Sainte-Pé-lagie eingekerkert. Der öffentliche Staatsanwalt Fouquier-Tinville entwarf eine 15 Punkte umfassende Anklage. Das Jakobinerregime argwöhnte wie jede Diktatur bei Auslandskontakten das fluchwürdige Verbrechen der Spionage. Madame Dubarry hatte nach dieser Logik „den äußeren Feind unterstützt", „mit der Gegenrevolution gerechnet", „mit Feinden der Re-volution in Verbindung gestanden". Hinzu kamen weitere typische An-schuldigungen wie „sie hat konterrevolutionäre Bemerkungen gemacht" und „für den hingerichteten Ludwig XVI. Trauer getragen". Nur in einem Punkt wurde genannt, worauf es einzig und allein ankam: „Sie hat ver-sucht, dem Staat ihre Vermögenswerte zu entziehen."

Die Dubarry – schön und harmlos

Während der Hauptverhandlung am 6. Dezember 1793 schürte die An-klage gezielt Neidkomplexe der Zuschauer gegen die frühere „Bacchantin des Tyrannen" und ereiferte sich über die „schamlosen Ausschweifungen dieser berüchtigten Kurtisane." Greive und Zamore, die eigentlichen Übeltäter, belasteten ihre Herrin, die sie immer gut behandelt hatte, aufs Schwerste. Die Dubarry wies darauf hin, sie sei „nur das Opfer einer ge-meinen Intrige, die mich vernichten soll". Obwohl es keine Beweise für ihre Schuld gab, wurde Jeanne Dubarry am 8. Dezember 1793 zum Tode verurteilt und noch am selben Abend hingerichtet.

26 Jahre später starb in der Pariser Rue Perdue ein farbiger Musiker. Sein Sarg wurde mit Steinen beworfen, Als ein Fremder nach dem Grund fragte, bekam er zur Antwort: „Das war Zamore, der Neger, der die gute Madame Dubarry verraten hat."

71. Rasender Redekampf – das Ende der Schreckensherrschaft in Frankreich

Die Spannung im französischen Nationalkonvent ist unerträglich an diesem 27. Juli 1794, gemäß dem geltenden Revolutionskalender der 9. Thermidor des Jahres II. 600 Männer haben sich im Parlamentsgebäude am Seine-Ufer, dem ehemaligen Tuilerien-Palast, versammelt. Mindestens die Hälfte von ihnen fürchtet, diesen schwülen Sommertag nicht zu überleben.

1789 begann in Frankreich die Revolution unter dem Zeichen von Freiheit und Gleichheit (*fraternité* – Brüderlichkeit ist eine Erfindung aus späterer Zeit). Drei Jahre danach erklärte die Revolutionsregierung mehreren europäischen Großmächten den Krieg; der König wurde gestürzt und ermordet, die Republik ausgerufen. Seit September 1792 tagte in Paris ein Parlament, der „Nationalkonvent", als oberstes Gremium der Politik.

1793 richtete sich der revolutionäre Terror immer weniger gegen tatsächliche Feinde der Republik und immer mehr gegen politische Widersacher im Parlament. Die gemäßigte Partei der „Girondisten" wurde vernichtet, ihre Führer mit der berüchtigten Todesmaschine *guillotine* hingerichtet. Anfang 1794 begann in ganz Frankreich die „Schreckensherrschaft". Hinter ihr standen radikale Ideologen, die man nach ihrem Tagungsort, dem Kloster der Jakobsmönche, „Jakobiner" nannte. Sie selbst bezeichneten sich als *montagnards* (Männer des Berges), weil sie im Nationalkonvent auf den oberen Bänken saßen. Die moderaten Abgeordneten auf den unteren Rängen bezeichnete man als *pleine* (Ebene) oder verächtlich als *marais* (Sumpf).

Zum Führer der Bergpartei schwang sich Maximilien Robespierre auf, ein ebenso idealistischer Utopist wie engherziger Doktrinär. Der glänzende Redner genoss große Popularität beim Pariser Volk – obwohl er als einziger Politiker des Landes stets eine weißgepuderte Zopfperücke trug und damit eher einem Höfling als einem Revolutionär glich. Robespierre wollte Frankreich zu einem streng geregelten Aufsichtsstaat machen, in dessen Kompetenzen auch die Kindererziehung ab dem 2. Lebensjahr fallen sollte. Er erfand sogar eine neue Religion, den „Kult des Höchsten Wesens", welche an die Stelle des Christentums treten sollte.

Widerstand gegen seine Pläne fegte Robespierre rücksichtslos beiseite. Ende März 1794 vernichtete er die Linke der Bergpartei und schickte deren Führer mit Jacques Hébert an der Spitze aufs Schafott. 14 Tage später ereilte die Parteirechte unter Georges Danton dasselbe Geschick.

Immer schärfere Gesetze gegen „verdächtige Personen" wurden erlassen. In Paris wütete ein Revolutionstribunal, das meist nur die Personalien der Verhafteten feststellte, eine Anklage verlas und dann das Todesurteil verkündete. Die Opfer der Guillotine gingen in die Tausende. Im Sommer 1794 zitterte jeder Politiker, der nicht zu Robespierres unmittelbarer Gefolgschaft zählte, um sein Leben. Als man später einen Abgeordneten fragte, was er während der Schreckenherrschaft unternommen habe, gab er die denkwürdige Antwort: „Ich bin am Leben geblieben."

Am meisten bangte zu jener Zeit wohl der junge Pariser Parlamentarier Jean Lambert Tallien, aber nicht um seine eigene Person. Er hatte sich unsterblich in die 17-jährige spanische Bankierstochter Teresa Cabarrus verliebt. Deren Vater tätigte dubiose Geschäfte mit Armeelieferanten und war deswegen in den Kerker gewandert, seine Tochter im Zuge der Sippenhaft desgleichen. Als politischen Gefangenen drohte beiden das sichere Todesurteil und Tallien überlegte verzweifelt, wie er seine Geliebte retten könne. Offensichtlich war das nur noch durch einen Sturz der Jakobinerdiktatur möglich.

Politiker aller Schattierungen dachten im Sommer 1794 ähnlich. Denn Robespierres Gehilfe, der 26-jährige Louis Saint-Just, ein Mensch „schön wie der Todesengel" mit goldenen Ohrringen, machte dunkle Andeutungen, dass demnächst weitere Anklagen gegen Verräter bevorstünden. Tallien fand offenbar Gehör bei Abgeordneten der Ebene und des Berges. Es war keine klassische Verschwörung, keinerlei konkrete politische Ziele wurden abgesteckt. Was sich Anfang des Thermidor (Hitzemonat) abspielte, glich einem Aufstand des schieren menschlichen Überlebenswillens.

Robespierre selbst liefert den Vorwand, als er nach wochenlanger Abwesenheit am 26. Juli im Konvent erscheint und droht, eine Gruppe von „Befleckten", deren Namen er nicht nennen will, zu bestrafen. Es handele sich um „eine verbrecherische Kraft, die sogar mitten im Konvent intrigiert". Dies gibt zu den schlimmsten Befürchtungen Anlass; fast jedermann fühlt sich jetzt bedroht.

Am folgenden Tag besteigt Saint-Just gegen 11 Uhr die Rednertribüne im Konvent, um Robespierres Anklagebericht zu verlesen. Statt Namen zu nennen, ergeht er sich in düsteren Drohungen mit dem Tarpejischen Felsen, einer bevorzugten Hinrichtungsstätte der antiken Römer. Nun nutzt Tallien seine Chance. Er erklimmt das Rednerpult, stößt Saint-Just zur Seite, will Namen hören und verlangt, „dass der Schleier endlich ganz zerrissen werde". Von allen Seiten braust Beifall durch den Saal. Saint-Just, der keinerlei Widerspruch gewohnt ist, steht konsterniert daneben und spielt fortan nur noch eine Statistenrolle.

Ein weiterer Abgeordneter, der Jakobiner Billaud-Varenne, ergreift das Wort und klagt Robespierre an, er wolle den Nationalkonvent vernichten. Dieser will sich rechtfertigen, doch kaum ist er am Rednerpult angelangt, da ertönt es überall „Nieder mit dem Tyrannen!" Tallien zückt einen Dolch und droht, Robespierre zu durchbohren, „wenn der Konvent nicht den Mut beweist, Anklage gegen ihn zu erheben". Immer mehr Redner verdammen Robespierres Handeln. Und stets, wenn er sich, heiser vor Anstrengung, mit schäumendem Mund und blutrotem Gesicht zu Wort melden will, schreit ihn die Versammlung mit wildem Getöse nieder.

Zu jenem Zeitpunkt ist Jacques Thuriot Parlamentspräsident, ein alter Jakobiner, der aber die Hinrichtung seines Freundes Danton nie verwunden hat. „Zum letzten Mal, Präsident von Mördern, wirst du mir das Wort geben?", kann Robespierre noch brüllen, doch Thuriot antwortet kalt: „Unseliger, das Blut Dantons erstickt dich!"

Robespierres verdientes Ende

Nach vier Stunden ist alles vorbei. Robespierre, Saint-Just und einige ihrer Helfershelfer werden verhaftet. Einen letzten Hoffnungsschimmer bildet die Nationalgarde unter dem fanatischen Jakobiner Francois Hanriot. Doch der ist an diesem Abend wieder mal sturzbetrunken. Sich mühsam auf dem Pferd haltend, gelingt es ihm zwar, die Verhafteten aus der Gewalt des Konvents zu befreien und ins Pariser Rathaus zu verfrachten, aber als er befiehlt, die Tuilerien mit Kanonen anzugreifen, verweigern die

Gardisten den Gehorsam. Ein heftiger Platzregen vertreibt letzte Enthusi-
asten nach Hause oder in die Kneipen.

Wenig später wird das Rathaus gestürmt. Am Vormittag des 28. Juli fallen
die Köpfe Robespierres und seiner Anhänger. Die Schreckensherrschaft ist
vorbei, alle politischen Gefangenen werden sogleich freigelassen, darunter
auch die schöne Teresa Cabarrus. Hocherfreut schließt Lambert Tallien sie
in seine Arme und beide heiraten Ende des Jahres. Trotz seines Einsatzes
am 9. Thermidor bleibt Tallien eine Randfigur der Revolution. Teresa lässt
sich bald von ihm scheiden, um einen wesentlich älteren, steinreichen
Bankier zu heiraten.

72. Die Rüben-Revolution von 1801

Während des 18. Jahrhunderts entdeckte Europas Küche die Süßigkeit
des Daseins. Wer es sich leisten konnte, verzehrte kandierte Früchte, Mar-
zipan, Pralinés, Torten, trank gezuckerten Kaffee, Liköre und Limonaden.
Den Grundstoff des Genusses lieferten nicht mehr hauptsächlich Honig
oder Pflanzensirup, sondern die Kristalle aus dem Saft des Zuckerrohrs.
Ihr entscheidender Nachteil: sie waren unverhältnismäßig teuer.

Ursprünglich stammte die Zuckerrohrpflanze aus Indien und nahm während der Spätantike ihren Weg über Persien in den Mittelmeerraum.
Kreuzfahrer berichteten aus dem Nahen Osten: „Da fand man in der Ebene bei Tripoli ein Honigschilf, welches sie dort *zucra* nannten." Bald wurde
das saftige Gewächs auch in Sizilien und Südspanien angebaut. Auf seiner
zweiten Amerikareise brachte Christoph Columbus 1493 das Zuckerrohr
von den Kanarischen Inseln in die Karibik. 1531 begann der Anbau in Brasilien. Binnen weniger Jahrzehnte wurde der mittel- und südamerikanische
Raum klassischer Produzent von Zuckerrohr. Auf riesigen Plantagen an-
gepflanzt, verdrängte der Zucker aus Übersee bald den europäischen. Die
enormen Frachtkosten verteuerten zwar das Erzeugnis erheblich, doch es
gab offenbar keine Alternative zur süßen Versuchung aus Amerika.

1747 bahnte sich hier eine erste Veränderung an. Der Chemiker Andreas
Sigismund Marggraf, Direktor an der Berliner Akademie der Wissenschaf-
ten, legte eine Denkschrift vor über „Teile verschiedener Pflanzen, welche
einen süßen Geschmack besitzen". Es handelte sich dabei um den Weißen
Mangold (*Cicla officinarum*), die Pastinake (*Pastinaca sativa*) sowie die
Runkelrübe. Marggraf stellte fest, „dass einige Pflanzen nicht nur einen

dem Zucker ähnlichen Stoff, sondern in der Tat wirklichen Zucker enthalten, der dem bekannten aus Zuckerrohr gewonnenen genau gleicht". Obwohl er betonte, „dieses süße Salz kann in unserer Heimat gerade so bereitet werden, wie in den Gegenden, wo das Zuckerrohr wächst", zog er daraus keine weiteren Schlussfolgerungen.

Dies tat erst Marggrafs Schüler und Nachfolger an der Berliner Akademie Franz Carl Achard. Dieser Spross einer Hugenottenfamilie aus der Dauphiné zählte zu den sehr praktisch veranlagten Wissenschaftlern. Friedrich der Große beauftragte ihn, während der 80er Jahre im Dorf Lichtenberg bei Berlin fremde Tabaksorten für Preußen heimisch zu machen. Nach dem Tod des Königs 1786 beschäftigte sich Achard zunehmend mit der Zuckergewinnung. Von Marggrafs Vorschlägen erkannte er die Runkelrübe (*Beta vulgaris*) als geeigneten Grundstoff. Diese fleischige Hackfrucht wurde wegen ihrer guten Haltbarkeit vor allem als Winterfutter für das Vieh verwendet.

Achard kaufte ein kleines Feld bei Kaulsdorf vor den Toren Berlins und begann die Runkelrübe durch weitere Züchtungen für seine Zwecke zu optimieren. Versuche der Extraktion, Filtrierung, Verdampfung und Kristallisation erforderten bald ein größeres Gelände als das Kaulsdorfer. Achard hatte ein entsprechendes Areal bei Cunern in Niederschlesien gefunden, das der Familie Pückler gehörte und zum Verkauf stand.

Anfang 1801 wandte sich Achard mit der Bitte um ein Darlehen an König Friedrich Wilhelm III. Er legte ein positives Gutachten vor, das der Berliner Chemieprofessor Martin Heinrich Klaproth verfasst hatte, eine anerkannte wissenschaftliche Kapazität seit seiner Entdeckung des Elementes Uran 1789. Friedrich Wilhelm, der keineswegs so begriffsstutzig war wie häufig kolportiert, erkannte den Wert des Vorhabens und gewährte im April 1801 eine Summe von 50.000 Talern (heute ein Millionenbetrag) für den Kauf von Gut Cunern.

Schon 1801 wurden hier 250 Tonnen Rüben geerntet. Im Folgejahr begann der Aufbau einer Zuckerfabrik. 1805 schlug Achards große Stunde. Er ließ in Breslau eine „Nachricht über die Runkelrüben-Zucker Fabrication zu Cunern in Schlesien" drucken. Darin bot er die Verkostung von gelbem und entfärbtem Rohzucker an. Ganz praktisch verwies Achard auf die Vorteile dieses Zuckers bei der Herstellung von Branntwein und schrieb, er wolle „das Publikum in den Stand setzen, über deren Qualität und aus dieser in Verbindung mit der Quantität, in welcher diese Produkte zu gewinnen stehen... selbst zu urteilen".

Zuckerproduktion nach der Methode von Achard

Achards Rüben-Revolution wurde gefördert durch Kaiser Napoleons „Kontinentalsperre" von 1806. Sie schnitt den gesamten mitteleuropäischen Wirtschaftsraum von den Zufuhren aus Übersee ab; somit gelangte auch kein Zuckerrohr mehr nach Deutschland. Den dortigen Raffinerien blieben nur zwei Möglichkeiten: Schließung oder schleunige Umstellung auf Rübenzucker. 1812 eröffnete Achard in Cunern eine internationale Lehranstalt für die Herstellung von Rübenzucker. Bald konnten sich auch die ärmeren Schichten Zucker aus den preiswerten Runkelrüben leisten.

Der 1821 verstorbene Franz Carl Achard hatte wahrlich eine industrielle Revolution eingeleitet. In Deutschland und später ganz Europa entstanden Zuckerfabriken als bedeutender Wirtschaftsfaktor, zumal der Grundstoff weite Verbreitung als Konservierungs- und Bindemittel fand. 100 Jahre nach Achards genialer Idee arbeiteten allein in Deutschland mehr als 500 Fabriken, die aus Rüben 2,3 Millionen Tonnen Zucker gewannen – europaweit waren es stolze 6,7 Millionen Tonnen.

73. Napoleons größtes Spektakel

In der Nacht zum 2. Dezember 1804 hatte es in Paris geschneit. Ab 8 Uhr klärte sich der Himmel auf und eine ungewöhnlich strahlende Sonne erschien über der Stadt. Ganz offensichtlich erteilte auch der Wettergott seinen Segen zur prunkvollsten Zeremonie, die Frankreich seit Jahrhunderten gesehen hatte – Napoleons Kaiserkrönung.

Nachdem Napoleon Bonaparte Ende 1799 durch einen Militärputsch „Erster Konsul" von Frankreich geworden war, zogen Ruhe, Ordnung und wirtschaftliche Prosperität im Land ein. Nur fünf Jahre später galt er als unangefochtener Herrscher, sein Konsulat wurde ihm auf Lebenszeit zuerkannt. Jedoch damit war Bonapartes Ehrgeiz keineswegs befriedigt. Er strebte die erbliche Kaiserwürde an, um eine Herrscherdynastie zu gründen. Im Mai 1804 trug der französische Staatsrat ihm die „Bitte" an, er möge sich zum Kaiser der Franzosen wählen lassen – Kaiser von Frankreich hätte denn doch zu provozierend geklungen. Eine Volksabstimmung bekräftigte Anfang November 1804 diesen Wunsch.

Wie häufig bei Emporkömmlingen oder Neureichen sollte die Krönungszeremonie in der Pariser Kathedrale Nôtre Dame an Prunk und Pracht alles Vorherige übertreffen. Üblicherweise erfolgte eine solche Krönung durch den Papst in Rom, nun musste der Papst nach Paris kommen. Pius VII., der im Vatikan faktisch unter französischer Bewachung saß, begab sich als erster Pontifex auf den Weg von Italien nach Frankreichs Metropole.

Napoleon wollte aber nicht nur sich selbst krönen, sondern auch seine Gemahlin. Daraus entstanden größere Komplikationen. Er hatte 1796 die sechs Jahre ältere Witwe Joséphine Beauharnais geheiratet. Nach dem Tod ihres ersten Ehemannes führte sie ein sehr freizügiges Sexualleben und auch nach der Hochzeit betrog sie Napoleon mit diversen Liebhabern. Beim Bonaparte-Clan war Joséphine deshalb äußerst unbeliebt. Napoleons resolute Mutter Letizia weigerte sich sogar, an den Krönungsfeierlichkeiten teilzunehmen, weil sie den Triumph „dieser kreolischen Hure" nicht miterleben mochte.

Auch der Papst bereitete Schwierigkeiten. Es ist eine Legende, dass er von der spontanen Selbstkrönung Napoleons in Nôtre Dame überrascht oder gar entsetzt gewesen sei. Vielmehr wurde dieser Schritt schon Wochen vorher im Staatsrat erörtert. Man wolle „diese bedauerliche Einrichtung nicht wieder entstehen lassen, die den Päpsten das Recht verleiht, Kronen zu geben und zu nehmen", hieß es. Pius VII. wurde davon unterrichtet, erklärte sich einverstanden, stellte aber seinerseits Bedingungen. Weil Napoleon und Joséphine einst nur eine Zivilehe geschlossen hatten, verlangte der Papst nun die nachträgliche kirchliche Trauung, ansonsten würde er seinen apostolischen Segen verweigern. Napoleon musste nachgeben und so wurde die Trauungszeremonie am 30. November in aller Eile vollzogen.

Am Krönungstag, dem 2. Dezember 1804, ließ sich der künftige Kaiser ab 8 Uhr ankleiden. Napoleons Kammerdiener Constant berichtet minutiös über dessen Prunkgewänder: von Halbstiefeln aus weißem goldbesticktem Samt über die Krawatte von feinstem Musselin bis zum seidengefütterten Mantel. Vom Tuilerienpalast fuhr Napoleon der Kirche Nôtre Dame in einer achtspännigen Kutsche entgegen. Im Dom legte er eine Robe von karmesinrotem Samt an, bestickt mit goldenen Bienen. Samt Schleppe wog das Kleidungsstück 45 kg und musste von vier Würdenträgern gehalten werden.

Joséphines Schleppe war noch voluminöser und wurde von mehreren Damen getragen, darunter Napoleons Schwestern Caroline und Elisa. Böse Zungen behaupteten, die beiden hätten auf dem Weg zum Altar den Mantel plötzlich losgelassen, um so ihre verhasste Schwägerin zum Sturz zu bringen und der Lächerlichkeit preiszugeben. Andere Schleppenträgerinnen wie Joséphines Tochter Hortense und die Herzogin de la Rochefoucauld konnten das mit letzter Kraft verhindern.

Der Prunk im feierlich drapierten Kirchenschiff blendete viele. So schrieb eine Augenzeugin, die 20-jährige Laure Junot, spätere Herzogin von Abrantès: „Diese Tausende von wallenden Federn... die goldstrotzenden Uniformen, die Geistlichkeit mit ihrem Pomp, in Schiff und Chor junge, schöne Frauen, strahlend von Schmuck und Edelsteinen und mit der unserem Geschlecht eigenen Eleganz gekleidet – das alles bildete einen Kranz, der einen so entzückenden Anblick darbot, wie man ihn so leicht nicht mehr sehen wird."

Wichtigen Teil der Staffage bildeten 18 Militärs, die Napoleon im Mai zu Marschällen von Frankreich ernannt hatte. Diese teilweise noch recht jungen Männer – man musste sie jetzt mit „Monseigneur" anreden – wurden in abenteuerliche Kostüme gezwängt. Dazu gehörten die während der Revolution abgeschafften Kniehosen ebenso wie rüschenbesetzte Halstücher, Samtbarette mit Straußenfedern und seidene Schnallenschuhe. Das Ganze sah völlig unmilitärisch aus. Ein kritischer Beobachter, der junge Offizier Jean-François Boulart, meinte: „Man sieht dergleichen sonst nur auf der Bühne... und alle, die so kostümiert waren, kamen mir vor wie Possenreißer oder Harlekine." Auch mancher Marschall mokierte sich über „Pfaffengesänge und den ganzen Weihrauch".

Papst Pius salbte und segnete das Kaiserpaar. Dann griff Napoleon zur Krone und setzte sie sich aufs Haupt. Tatsächlich handelte es sich um ein eher heidnisches Symbol: eine Kombination aus vergoldeten Lorbeer- und Eichenkränzen, wie sie im antiken Rom siegreichen Feldherren verliehen wurden.

Napoleon I. im Krönungsornat

Auch das angeblich 1.000 Jahre alte Zepter von Kaiser Karl dem Großen war zur Stelle – in Wirklichkeit handelte es sich um ein Werk des Pariser Juweliers Odiot. Dann krönte Napoleon seine geliebte Joséphine. „Er ordnete die kleine Krone mit dem Diadem, setzte sie auf, nahm sie ab und setzte sie wieder auf, es schien, als versuche er alles, um ihr die Last der Krone leicht und angenehm zu machen", so Laure Junot.

Nach mehr als vier Stunden war die Zeremonie beendet und die nun kaiserliche Gefolgschaft begab sich zurück in die Tuilerien. Napoleon zog sein Prunkgewand aus und sagte: „Endlich kann ich wieder Luft schöpfen", ein Schlachtgetümmel wäre für ihn erträglicher gewesen als diese Feier.

Nicht wenige Franzosen sahen das Spektakel von Nôtre Dame mit zwiespältigen Gefühlen. Das verdeutlicht eine Anekdote, die damals kursierte. Demzufolge fragte Napoleon einen alten Gardegrenadier, wie ihm die Krönung gefallen habe und der antwortete: „Sehr gut, Majestät, es ist nur schade, dass die 100.000 Menschen nicht dabei sind, die ihr Leben hingaben, um solche Zeremonien unmöglich zu machen."

74. Werdegang eines schlichten Ordens

Als 1813 in Deutschland eine allgemeine Erhebung gegen die napoleonische Fremdherrschaft begann, stiftete der preußische König Friedrich

Wilhelm III. einen besonderen Orden, das Eiserne Kreuz. Dies erfolgte am 10. März 1813, einem symbolischen Datum – es war der Geburtstag von Preußens Königin Luise, die schon 1810 gestorben war und als große Befürworterin des Freiheitskampfes der Deutschen galt.

Im Gegensatz zu dem 1740 von Friedrich dem Großen geschaffenen preußischen Tapferkeitsorden *Pour le mérite*, der nur für Offiziere wegen Verdiensten vor dem Feind bestimmt war, konnten mit dem Eisernen Kreuz Offiziere, Unteroffiziere und einfache Soldaten ausgezeichnet werden. So erwarb sich dieses 1813-1815 verliehene Ehrenzeichen schon während der Befreiungskriege höchsten Respekt.

In seiner äußeren Form knüpfte das „EK" an das Kreuz des Deutschen Ritterordens an, wo es ursprünglich als Gemeinschaftsabzeichen seit dem 13. Jahrhundert bekannt war. Bei der Gestaltung des Ordens wurde ganz bewusst auf jeden materiellen Wert verzichtet. Seine schlichte Form – ein mit Silber eingefasstes, gusseisernes, geschwärztes Tatzenkreuz – sollte ritterliche Pflichterfüllung symbolisieren. Verliehen wurde das EK ab 1813 in zwei Klassen: die 2. wurde am schwarz-weißen Ordensband getragen, die 1. Klasse als Steckorden an der linken Brustseite. Es gab auch seltene Sonderausführungen wie das Großkreuz. Für seine Verdienste im Befreiungskrieg erhielt Feldmarschall Gebhard Leberecht von Blücher am 7. Juli 1815 ein Eisernes Kreuz mit goldenem achtstrahligem Stern.

Erneuert wurde die Stiftung nur „bei erklärter Gefahr für das Vaterland", so am 19. Juli 1870 bei Ausbruch des deutsch-französischen Krieges und am 5. August 1914 zu Beginn des 1. Weltkriegs. Die äußere Gestalt änderte sich nur insoweit, als auf der Rückseite des Kreuzes die Jahresangabe 1813 durch 1870 bzw. 1914 geändert wurde. Ab März 1915 konnte die Verleihung des EK auch an Soldaten der mit Deutschland verbündeten Staaten erfolgen. So wie Blücher erhielt auch Feldmarschall Paul von Hindenburg für seine militärischen Meriten ein Eisernes Kreuz mit goldenem Stern.

Während des 1. Weltkriegs wurde das EK geradezu inflationär verliehen, etwa fünf Millionen Mal. Dabei existierte die Bestimmung, wonach der Orden „nach dem Ableben des Beliehenen als Erinnerungsstück den Hinterbliebenen" überlassen wurde. So fand sich in fast jeder deutschen Familie ein Eisernes Kreuz.

Am 1. September 1939, dem Beginn des 2. Weltkriegs, wurde das Ordensstatut erneut in Kraft gesetzt. Neben dem EK I und EK II gab es als höchste Stufe das am Hals getragene „Ritterkreuz". Die Auszeichnung erfolgte „ausschließlich für persönliche Tapferkeit vor dem Feinde und für herausragende Verdienste in der Truppenführung".

Eisernes Kreuz aus dem 1. Weltkrieg

Im Juni 1940 kam als höhere Auszeichnung das Eichenlaub zum Ritterkreuz hinzu. Damit griff man eine alte Tradition auf, wonach preußische Auszeichnungen wie etwa der Orden vom Schwarzen Adler „als Anerkennung für im Kampf gegen den Feind erbrachte außerordentliche soldatische Leistungen" mit einem Eichenlaub aus 800er Silber versehen wurden. Der Entwurf stammte von Karl Friedrich Schinkel und zeigte drei sich überlappende Eichenblätter. Ihre Mitte zierte, wiederum als Erinnerung an Königin Luise, ein stilisiertes „L". Für König Friedrich Wilhelm III. stellte dieses Eichenlaub das „Sinnbild der Deutschen Verdienste" dar.

Während des 2. Weltkriegs wurde das Ritterkreuz seit 1941 durch Verleihung von Schwertern und Brillanten ergänzt. Nur 27 deutsche Soldaten, darunter als erster der 1941 gefallene Jagdflieger Werner Mölders und Feldmarschall Erwin Rommel, erhielten die Brillanten.

Nach dem 2. Weltkrieg durfte in der DDR das Eiserne Kreuz als „faschistischer Blutorden" nicht mehr öffentlich gezeigt werden. Es wurde in Ostberlin sogar von der Quadriga auf dem Brandenburger Tor entfernt. In der Bundesrepublik hingegen wählte man als Hoheitszeichen der 1956 gegründeten Bundeswehr das schwarz-weiße Kreuz, welches anders als das Balkenkreuz der Wehrmacht, noch stärker an die Auszeichnung von 1813 erinnert. Ausdrücklich wurde auf ihre „identitätsstiftende Tradition" verwiesen. Auch des Ehrenzeichen und die Truppenfahnen der Bundeswehr zeigen das Eiserne Kreuz. Bei offiziellen Anlässen trugen sogar Politiker wie der FDP-Vorsitzende Erich Mende Ritterkreuz und EK. Es handelte sich dabei um eine Nachkriegsanfertigung, bei der das 1939 in der Mitte applizierte Hakenkreuz wegfiel und durch ein schlichtes Eichenblatt ersetzt wurde.

75. Von der Kneipe zum Königsthron – Joachim Murat

General Napoleon Bonaparte suchte am 5. Oktober 1795 einen tollkühnen Mann. In Paris bedrohten Aufständische die Regierung. Nur durch Kanonen konnte man sie stoppen. Aber diese Geschütze befanden sich am anderen Ende der Stadt. Ihr Abtransport war ein Himmelfahrtskommando. Napoleon fand seinen Mann dafür – den Kavalleriemajor Joachim Murat.

Der Kneipwirt Pierre Murat aus dem südfranzösischen Nest Labastide war stolz auf seinen 1767 geborenen Sohn Joachim, sechstes von zwölf Kindern. Der Junge unterhielt die Gäste durch allerlei Anekdoten und hatte sich selbst das Reiten beigebracht. In wilder Jagd fegte er durch die Felder, galt als Raufbold und Weiberheld.

Joachim Murat, wie er sich am liebsten sah

Mit 18 Jahren wurde Joachim Murat ins nahe gelegene Toulouse geschickt, um Theologie zu studieren. Allerdings benahm er sich dort derart ausgelassen, dass man ihn 1787 hinauswarf. Er trat dann ins 12. Regiment Jäger zu Pferd ein und wurde schnell zum Feldwebel befördert. In den Französischen Revolutionskriegen machte Murat Karriere. 1795 lernte er während eines royalistischen Aufstands in Paris Napoleon Bonaparte kennen. Für die nächsten 20 Jahre war das Schicksal der Beiden aufs Engste verknüpft.

Die Feldzüge Bonapartes in Italien 1796/97 und Ägypten 1798/99 begleitete Murat als Kommandeur der Kavallerie. Tapfer bis zur Tollkühnheit avancierte er zum Lieblingsgeneral des Korsen. Als Napoleon 1799 Erster Konsul von Frankreich geworden war, befehligte Murat dessen Leibgarde und heiratete Anfang 1800 Caroline Bonaparte, die jüngste Schwester Napoleons. Damit gehörte er zum Familienclan und genoss Vorzugsbehandlung.

1804, nach Ausrufung Napoleons zum Kaiser, wurde Murat Marschall und Großadmiral von Frankreich. In der Schlacht bei Austerlitz 1805 zeichnete er sich besonders aus. In jener Zeit begann Napoleons Manie, seine Verwandtschaft als Monarchen einzusetzen. Für Murat wurde im März 1806 extra ein neues Reich geschaffen, das „Großherzogtum Berg". Es bestand aus ehemals preußischen und bayerischen Gebieten rechts des Rheins; Residenzstadt war Düsseldorf.

Im Juli 1808 überreichte Napoleon seinem Schwager ein weiteres Präsent: er erhob ihn zum König von Neapel. Dazu zählte ganz Unteritalien. Murat, nunmehr König Joachim I., führte in seinem Land eine moderne Verwaltung und Rechtsprechung ein. Die Monarchenwürde stieg ihm indes sehr zu Kopfe. Das äußerte sich zunächst in seinem äußeren Erscheinungsbild. Murat ließ sich schminken und das Haar kräuseln. Seine nachgerade kindische Eitelkeit trug er in knallbunten Phantasieuniformen zur Schau. Wenn er mit juwelenbesetztem Federhut und roten Stiefeln auf seinem tigerfellbedeckten Araberhengst dahersprengte, sah das weniger militärisch, als abenteuerlich aus. *Le beau sabreur* (hübscher Draufgänger) nannte man ihn und das war nicht als Kompliment gemeint.

Murat nahm zwar weiter an Napoleons Feldzügen teil, benahm sich aber immer aufsässiger. Respekt hatte er einzig vor seiner Gemahlin Caroline, weshalb der Kaiser sie eines Tages anherrschte: „Ihr Mann ist tapfer auf dem Schlachtfeld, aber zu Hause ist er ein altes Weib!"

Murats Anteil am Russlandfeldzug 1812 bestand meist darin, pistolenschießend und säbelschwingend der Kavallerie vorauszueilen und furiose Attacken zu reiten. Es grenzt an ein Wunder, dass er nie ernstlich verwundet wurde. Gegenüber seinen alten Kriegskameraden führte er sich so anmaßend auf, dass Marschall Nicolas Davout ihn anschrie: „Sie sind König nur durch die Gnade Napoleons und das Blut der Franzosen, Sie undankbarer Geselle!"

Militärisch leistete Murat immer dann Glänzendes, wenn er sich strikt an Napoleons Befehle hielt. Handelte er selbständig, endete es meist mit schweren Verlusten. Nach der Völkerschlacht bei Leipzig 1813 verließ er das französische Heer, um sein Königtum zu retten. Im Januar 1814 schloss er einen Vertrag mit Österreich, wonach er 30.000 Mann gegen Frankreich stellen solle; im Gegenzug wurde ihm der Besitz Neapels garantiert. Napoleon war über diesen Verrat schwer erschüttert.

Weil auf dem Wiener Kongress ernsthaft erwogen wurde, das Königreich Neapel seinem ursprünglichen Besitzer, dem Bourbonen Ferdinand IV., zurückzugeben, nahm Murat Verbindung mit Napoleon auf, der im Exil auf der Insel Elba saß. Als der Kaiser 1815 wieder in Frankreich landete, begann Murat am 30. März einen Krieg gegen Österreich. Offenbar hatte er vergessen, dass seine neapolitanische Armee die mit Abstand miserabelste in ganz Europa war. Folgerichtig erlitt sie im April/Mai zwei verheerende Niederlagen.

Murat floh im Mai nach Frankreich und wollte unbedingt sein Königreich zurückerobern. Von Korsika segelte er mit einer kleinen Truppe am 28. September nach Neapel, wurde jedoch schnell überwältigt und im kalabresischen Castello Pizzo interniert. Ein Kriegsgericht verurteilte ihn als Usurpator zum Tode.

Die Hinrichtung erfolgte am 13. Oktober 1815. Eitel bis zuletzt kommandierte Murat selbst das Hinrichtungspeloton: „Verschont mein Gesicht – zielt auf das Herz – Feuer!"

76. Für Deutschlands Einheit – das Wartburgfest 1817

An der Universität Jena war Ende 1817 der Teufel los. Ermittler aus Österreich und Preußen schnüffelten herum, erpressten Geständnisse, warben Denunzianten. Es ging darum, Professoren zu bestrafen, „die ohne Schamröte sich an die Spitze des unanständigen Angriffs gestellt" hatten. Diese Gelehrten verstießen grundsätzlich gegen die damals herrschenden Gebote der politischen Korrektheit. Ihr Ruf nach Deutschlands Einheit war ein Affront und musste schnellstens zum Schweigen gebracht werden.

Nach dem Sieg über Napoleon begann in Deutschland und in ganz Europa eine Ära der politischen Stagnation und geistigen Unterdrückung. Die Mächte der „Heiligen Allianz" – Russland, Österreich und Preußen – wollten zurück zu den altfeudalen Zuständen. Die Fürsten der mehr als 30 deutschen Teilstaaten hatten ihren Untertanen demokratische Verfassungen zugesagt. Dieses Versprechen wurde nicht eingelöst. Rühmliche

Ausnahme bildete Großherzog Karl August von Sachsen-Weimar-Eisenach. Er erließ am 5. Mai 1816 eine Verfassung, die erstmalig in der deutschen Geschichte Presse-, Meinungs- und Versammlungsfreiheit gewährleistete. Die auf seinem Territorium gelegene Universität Jena bildete gleichsam eine politische Oase, die viele freiheitsliebende Patrioten anzog.

Schon 1815 gründeten Jenaer Studenten die „Urburschenschaft", eine Organisation, die Deutschlands Einheit befürwortete und sich zur Pflicht machte, „die Tugenden der deutschen Nation" an den Universitäten vorzuleben. Anlässlich des 300. Jahrestages von Martin Luthers Thesenanschlag und im Gedenken an die Völkerschlacht bei Leipzig vom Oktober 1813 lud die Jenaer Burschenschaft alle deutschen Universitäten zum 18. Oktober 1817 auf die Wartburg bei Eisenach ein. Diesem Aufruf folgten 468 Studenten aus elf Universitäten, darunter Berlin, Göttingen, Halle, Heidelberg, Erlangen und Kiel. Dies ist eine ansehnliche Zahl, wenn man in Rechung stellt, dass die Gesamtheit der Studierenden an deutschen Hochschulen damals nur etwa 8.500 betrug.

Ziel der Veranstaltung waren die Forderungen nach politischer und wirtschaftlicher Einheit Deutschlands und nach demokratischen Volksvertretungen. Großherzog Karl August begrüßte diese Manifestation, während sein Staatsminister Johann Wolfgang von Goethe wie häufig auf vorsichtige Distanz ging.

Am Vormittag des 18. Oktober demonstrierten auf dem Marktplatz von Eisenach Sportler aus Berlin im Auftrag des „Turnvaters" Friedrich Ludwig Jahn ihr Können an Reck und Barren. Dann begann unter der Losung „Ehre, Freiheit, Vaterland" ein feierlicher Zug auf die Wartburg. Erstmals sah man hier Fahnen in Schwarz-Rot-Gold; es waren die Farben der Jenaer Burschenschaft, welche seit 1816 ein rot-schwarz-rotes Banner mit goldenem Eichenlaub führte.

Dem Zug schlossen sich auch mehrere Professoren der Universität Jena an, unter ihnen der Naturwissenschaftler Lorenz Oken, der Mediziner Dietrich Kieser und der Philosoph Jakob Friedrich Fries. Letzterer nannte das Wartburgfest „den ausgezeichnetsten Augenblick meines Lebens". Lorenz Oken hielt eine Rede, worin es hieß: „Es ist eine Schande, nur ein Schwabe, Bayer, Rheinländer oder anderer zu sein. Wer deutsch denkt, deutsch spricht und sich der deutschen Sprache als Schrift bedient, soll Deutscher sein!" Der Student Heinrich Riemann erklärte: „Ihr lernt auf den Universitäten nicht französische, englische, russische oder türkische Sitte und Wissenschaft; ihr könnt und wollt nichts anderes werden als gebildete Deutsche, die sich alle gleich sind und deren Geschäft überall frei ist."

Am Abend des 18. Oktober folgte dann eine Zeremonie von sprengstoffhafter Symbolik. Ein Teilnehmer erinnert sich: „So zog die Studentenschar mit Fackeln unter Musik auf den Wartenberg, welcher der Wartburg gegenüber liegt, wo sie von dem Eisenacher Landsturm empfangen wurde." Dann entzündete man einen Scheiterhaufen und übergab den Flammen drei Gegenstände, die den undemokratischen Geist in Deutschland verkörperten:

- einen Zopf der hessischen Soldaten als Symbol des fürstlichen Absolutismus', der in Hessen-Kassel besonders rigide herrschte,
- einen preußischen Kavallerie-Schnürleib als Zeichen für militärischen Zwangsdienst und stumpfsinnigen Drill,
- einen österreichischen „großmächtigen Korporalstock", ein Prügelinstrument als Symbol des Wiener Staatskanzlers Metternich, dem Haupt der Reaktion.

Was dann folgte, wird meist als „Bücherverbrennung" bezeichnet. Initiator dieser Aktion war der 20-jährige Theologiestudent Hans Ferdinand Maßmann. Er warf 28 Schriften von reaktionären Autoren ins Feuer, die den Absolutismus und die feudalen Missstände verteidigten. Maßmann sagte: „So wollen wir durch die Flamme verzehren lassen das Andenken derer, die das Vaterland geschändet haben durch ihre Rede und Tat, und die Freiheit geknechtet und die Wahrheit und Tugend verleugnet haben in Leben und Schrift."

Symbolische Verbrennung auf der Wartburg

Was dort bei der Wartburg loderte, waren aber gar keine Bücher. Wie ein Kommilitone Maßmanns berichtet, handelte es sich um „Pakete aus altem Papier, worauf in großen Buchstaben die Titel reaktionärer Schriften zu lesen waren". Zu ihnen gehörte auch ein Werk des jüdischen Literaten Saul Ascher. Dieser hatte wie alle Juden in Preußen 1812 die uneingeschränkten Staatsbürgerrechte erhalten. Als Dank schrieb er drei Jahre später das Pamphlet *Germanomanie*, in der deutsche Patrioten wie Ernst Moritz Arndt auf gehässige Weise angegriffen wurden.

Die Reaktion der herrschenden Kräfte fiel unerbittlich aus. Man nahm keinerlei Rücksicht mehr auf die fürstliche Souveränität von Großherzog Karl August. Er musste fremden Beamten eine peinliche Untersuchung an seiner Universität Jena gestatten. Professoren wie Lorenz Oken verloren ihren Lehrstuhl. Friedrich Ludwig Jahn, den die Behörden als geistigen Urheber des Wartburgfestes ansahen, kam ins Gefängnis. 1819 wurden sämtliche Burschenschaften an den Universitäten verboten, jedwede nationale oder liberale Betätigung durch die „Karlsbader Beschlüsse" unterdrückt.

Staatskanzler Metternich verkündete: „Ich hoffe, die deutsche Revolution mit Gottes Hilfe zu schlagen." Deutschlands Einheit konnte das alles nur verzögern, nicht verhindern.

77. US-Präsident Monroes Backpfeife für Europa

Die jährlichen Botschaften des US-Präsidenten an den Kongress gehörten zur politischen Routine. Von diesem mehr oder weniger langatmigen Rechenschaftsbericht nahmen meist nur wenige Kenntnis. Was jedoch Präsident James Monroe am 2. Dezember 1823 referierte, sollte die Außenpolitik des amerikanischen Kontinents für die nächsten 100 Jahre entscheidend prägen.

Als 1817 James Monroe zum 5. Präsidenten der Vereinigten Staaten von Amerika gewählt wurde, gehörte sein Land noch nicht zu den gewichtigen Faktoren der Weltpolitik. Doch die USA dehnten sich expansiv süd- und westwärts aus. Innerhalb von vier Jahren wurden fünf neue Staaten in die Union aufgenommen (Mississippi, Illinois, Alabama, Maine, Missouri) und Florida von Spanien abgekauft. Die erbitterten Parteienkonflikte vergangener Jahre blieben aus. Unter Monroes Führung begann die *Era of Good Feelings* (Zeit des guten Einvernehmens) und der Präsident wurde 1821 triumphal ohne Gegenkandidaten wieder gewählt.

Monroe war einer der erfahrensten Politiker der USA. Ex-Präsident Thomas Jefferson bezeichnete ihn als „ehrenhaftesten Mann des Landes". Als junger Offizier hatte er im Unabhängigkeitskrieg unter George Washington gekämpft und war 1776 in der legendären Schlacht bei Trenton (siehe Geschichte Nr. 68) verwundet worden. In Anspielung auf die traditionelle Kopfbedeckung der Revolutionssoldaten nannte man Monroe *The Last Cocked Hat* (der letzte Dreispitz).

Die internationale Lage komplizierte sich während seiner zweiten Amtszeit erheblich. In Süd- und Mittelamerika hatten zahlreiche spanische Kolonien ihre Unabhängigkeit erkämpft. Als erster Staat der Welt erkannten die USA im März 1822 Argentinien, Chile, Peru, Kolumbien und Mexiko diplomatisch an. Dies wurde von den europäischen Großmächten der „Heiligen Allianz", Russland, Österreich und Preußen, sehr übel vermerkt. Es bestand sogar die Gefahr einer militärischen Intervention zugunsten Spaniens in Lateinamerika.

Gleichzeitig erfolgte ein alarmierendes Vorgehen Russlands im Nordwesten des Kontinents. Kolonisten und Soldaten des Zaren gründeten Handelsposten und Siedlungen in Teilen des heutigen Alaska und Kanadas.

Amerikas selbstbewusster Präsident James Monroe

Ein weiterer Konflikt ging auf den griechischen Unabhängigkeitskampf gegen die Türken zurück, der 1821 seinen Höhepunkt durch die Ausrufung eines selbständigen Staates erreichte. An den US-Präsidenten wurde immer öfter die Forderung herangetragen, auch Griechenland diplomatisch anzuerkennen. Dies hätte Europas auf dem politischen Status quo beharrende Großmächte noch mehr herausgefordert. James Monroe kannte die Verhältnisse der Alten Welt sehr genau, er war sechs Jahre lang Gesandter in Paris und London gewesen. Er hielt eine aggressive Sprache für notwendig und hatte schon als Unterstaatssekretär gefordert, „der britischen Industrie die Tür zu versperren". Also beschloss er Ende 1823, den außenpolitischen Standpunkt seiner Regierung unmissverständlich darzulegen.

Seine Rede vom 2. Dezember 1823 ging als „Monroe-Doktrin" in die Geschichte ein und bestand aus drei wesentlichen Punkten:

1. Das politische System Europas sei grundsätzlich verschieden von dem in Amerika. Die USA würden daher jeden Versuch der europäischen Mächte, ihr System auf einen Teil der westlichen Hemisphäre auszudehnen „als Gefährdung unseres Friedens und unserer Sicherheit" betrachten.

2. Die noch bestehenden Kolonien der europäischen Staaten seien davon nicht betroffen. Alle Versuche aber, die jüngst unabhängig gewordenen und von den USA diplomatisch anerkannten Staaten in Amerika anzugreifen oder zu kontrollieren, wären „die Manifestation einer unfreundlichen Haltung gegenüber den Vereinigten Staaten".

3. Bezüglich der US-Politik gegen Europa bekräftigen die USA ihre Nichteinmischung (*non-intervention*) und verpflichteten sich, die dort existierenden Regierungen als legitim anzuerkennen und freundschaftliche Beziehungen zu ihnen zu pflegen.

Diese Doktrin beinhaltete sowohl einen Hegemonieanspruch gegenüber Lateinamerika als auch den Grundsatz der Nichteinmischung. Verkürzt wurde sie zur Devise „Amerika den Amerikanern". Ihre außenpolitische Wirkung war zunächst eher gering, zeigte sich aber in den 40er Jahren des 19. Jahrhunderts deutlich, als die USA Krieg gegen Mexiko führten und große Teile des Landes annektierten. Weil Frankreich Soldaten nach Mexiko entsandte und hier ein abhängiges Kaiserreich installierte, nahmen die Vereinigten Staaten eine drohende Haltung an und marschierten mit großen Truppenmassen an der Grenze auf. Frankreich musste schließlich nachgeben und seine Armee wieder zurückziehen.

Im letzten Jahrzehnt des 19. Jahrhunderts diente die Monroe-Doktrin dann zunehmend zur Rechtfertigung US-amerikanischer Ausdehnungs- und Herrschaftsansprüche in Lateinamerika. James Monroe, den man schon zu seinen Lebzeiten als „pragmatischen Nationalisten" bezeichnete, wäre diese Entwicklung gewiss sehr entgegengekommen. Seine Versicherung, die USA würden sich nicht in die Angelegenheiten Europas einmischen, hielt fast 100 Jahre. Erst 1917 wurde durch das Eingreifen in den 1. Weltkrieg die Politik der Isolation durch die der Intervention abgelöst.

78. Unsterbliche Liebe im Hause Habsburg

Als der 37-jährige bei einem sommerlichen Tanzvergnügen am steirischen Toplitzsee ein Mädchen erblickte, wusste er sofort: dies war die Frau seines Lebens. Die kleine Anna Plochl flirtete ein wenig mit dem älteren Herrn. Wahrscheinlich wäre sie davongelaufen, wenn sie geahnt hätte, wer ihr da den Hof machte: Erzherzog Johann, der Bruder des Kaisers von Österreich.

Die Anfang 1804 geborene Anna stammte aus Aussee im Salzkammergut, wo ihr Vater Jakob Plochl als Postmeister arbeitete. Nach dem frühen Tod der Mutter musste sie sich um den Haushalt mit zwölf jüngeren Geschwistern kümmern. Trotz dieser Bürde war das hübsche Mädchen mit den kastanienfarbenen Haaren wegen ihrer gleich bleibenden Fröhlichkeit überall beliebt.

Johan war ein jüngerer Bruder des Römisch-Deutschen Kaisers Franz II., der 1806 nach dem Zerfall des Reiches abdankte und sich hinfort Franz I., Kaiser von Österreich, nannte. In den Kriegen gegen Napoleon kommandierte Johann mehrere Truppenteile der kaiserlichen Armee – mit mäßigem Erfolg. Feldherrentalent besaß er nicht, wohl aber einen sicheren Blick für ökonomische Probleme. Seit 1815 richtete er seine gesamte Energie auf die wirtschaftliche und kulturelle Entwicklung der Steiermark. Er förderte die Metallindustrie und betrieb selbst mehrere Eisenhämmer. In der steirischen Hauptstadt Graz ließ er das *Johanneum*, ein Landesmuseum, gründen.

Erzherzog Johann bewegte sich gern unter dem einfachen Volk und blieb meist inkognito. Die Steiermärker liebten ihren „Herzog Hannsl". Nachdem er im Sommer 1819 Anna Plochl kennen gelernt hatte, verfolgte Johann diese Frau. Er nannte sie nach einem Edelstein „Cirkon" und schrieb, „dass ich mich mit einem solchen Gemüte, wo Einfalt, Herz, Klugheit und Anhänglichkeit sich so aussprechen, gar nicht messen kann". Im Hause Plochl wurde der Hochadelige gern gesehen. „Wie wohl tut es", notierte er 1822, „hier so gut und treuherzig aufgenommen zu werden."

All dies flößte Johann genügend Mut ein, dass er Anfang 1823 beim kaiserlichen Bruder wegen einer Heiratserlaubnis mit seiner „Nani" vorstellig wurde. Franz lehnte kategorisch ab. Die eheliche Verbindung eines Angehörigen der 600 Jahre alten Habsburger-Dynastie mit einer Bürgerlichen schien laut geltendem Hausgesetz unmöglich. Auch Annas Vater war letztlich gegen eine Heirat seiner Tochter mit dem wesentlich älteren Verehrer.

Trotz dieser Hindernisse zog Anna am 20. September 1823 nach Vordernberg in der Nordsteiermark, wo Johann ein Anwesen besaß. Offiziell fungierte sie hier als Haushälterin; seit April 1824 versorgte sie auch den Brandhof im Salza-Tal. Dort befand sich ein landwirtschaftliches Mustergut des Erzherzogs. Was Anna an den eher unattraktiven Johann band, hat sie nie genau offenbart, wohl aber ihre Meinung, sie wolle „kein schlampiges Verhältnis".

Nach sechsjährigem Kampf war das Ziel endlich erreicht. Kaiser Franz gab seine Einwilligung zur Hochzeit. Man möge „der Angelegenheit durch Priesters Segen ein Ende machen", verfügte er. Die Zeremonie müsse aber in aller Stille mit nur zwei Trauzeugen stattfinden. So heirateten die beiden in der Nacht des 18. Februar 1829. Schauplatz war die kleine Kapelle am Brandhof. Als Trauzeugen amtierten zwei schlichte Bürger, die der Erzherzog auf seinen Bergwanderungen kennen gelernt hatte, Vincenz Huber und Johann Zahlbruckner. Offiziell bekannt gegeben wurde die Ehe erst 1833.

Anna Plochl gewann das Herz des Erzherzogs

Dem persönlichen Glück der beiden stand nun nichts mehr im Wege bis auf den Umstand, dass Anna am Kaiserhof immer noch als unstandesgemäß galt. Endlich setzte Johann beim Staatskanzler Metternich durch, dass seine Gemahlin 1834 zur Freifrau von Brandenhofen ernannt wurde, nach dem Gutshof, wo sie geheiratet hatten. Beider Sohn, der 1839 geborene Franz, erhielt den Titel eines Grafen von Meran. Das Südtiroler Städtchen Schenna bei Meran war inzwischen zum bevorzugten Sommeraufenthalt und zweiten Heimat des ungleichen Paares geworden.

Erzherzog Johann wollte, wenn er von seinen zahlreichen Inspektionsreisen heimkehrte, „dass es in meinem Haus gut, ordentlich und still zugeht". Die junge, lebenslustige Anna empfand diese eher als belastend. „Wäre ich um etwelche Jahre älter, würde es mir vielleicht besser behagen", klagte sie. Dennoch hielten die beiden fest zusammen und die versierte Köchin Anna verwöhnte ihre Familie mit steirischen Nationalgerichten.

Noch einmal griff die hohe Politik in ihr Leben ein. Die Frankfurter Nationalversammlung wählte Erzherzog Johann am 24. Juni 1848 zum „Reichsverweser über Deutschland". Der volkstümliche Aristokrat schien Gewähr für eine zeitgemäße und unparteiische Amtsführung im Sinne der deutschen Einheit zu bieten. Doch letztlich siegte Johanns Habsburgerblut. Seine höchst eingeschränkten Befugnisse setzte er immer zugunsten Österreichs ein und im Dezember 1849 legte er das Amt nieder.

1850 bekam Anna vom neuen Kaiser Franz Joseph I. den Titel einer Gräfin von Meran und war damit hoffähig. Nach Johanns Tod 1859 führte sie dessen Engagement in der Steiermark fort und förderte insbesondere soziale Einrichtungen. Die Frau mit der erstaunlichen Karriere starb am 4. August 1885 im Alter von 81 Jahren. Sie wurde an der Seite ihres Ehemannes in Schenna bei Meran begraben.

79. Mit zwei Kanonen Südamerika befreit

In der Nacht vom 7. zum 8. Dezember 1824 nähern sich einige tausend abenteuerlich uniformierte Soldaten der peruanischen Ebene von Ayacucho. Sie stehen unter dem Befehl von Antonio José de Sucre. Der junge General hat schon einige Gefechte gegen die Spanier gewonnen, doch jetzt marschiert er einem zahlenmäßig weit überlegenen Feind entgegen. Der Befreiungskampf Südamerikas steht auf Messers Schneide.

Die Französische Revolution und die Besetzung Spaniens durch Napoleons Truppen riefen auch im südamerikanischen Kolonialreich eine Widerstandsbewegung hervor. Ab 1810 brachen hier mehrere militärisch geführte Aufstände aus, die eine Unabhängigkeit von den europäischen Kolonialmächten zum Ziel hatten und die Gründung selbständiger Nationalstaaten anstrebten. Zunächst gelang dies nur in Argentinien und Paraguay, wo der Freiheitskämpfer José de San Martin die spanischen Truppen vertreiben konnte.

Im Norden des Kontinents leitete Simon Bolivar den Unabhängigkeits-kampf. Der in Europa ausgebildete, steinreiche Venezolaner war mehr Politiker als Militär. In seiner Rolle als *El Libertador* (der Befreier) musste er etliche Niederlagen gegen die Spanier einstecken und sogar zeitweilig ins Exil gehen. Nach zähen Kämpfen konnten seine einheimischen Truppen Kolumbien und Venezuela dem Feind entreißen. Bolivar machte sich zum Präsidenten dieser Länder, ausgestattet mit unbeschränkten Vollmachten. Sein sicherer Blick für Talente richtete sich auf den jungen Offizier Antonio José de Sucre aus Venezuela. Ihm überließ er die militärischen Aktionen zur endgültigen Befreiung von Ekuador und Peru.

Sucre eröffnete den Feldzug in demselben Alter als auch Napoleon seine steile Karriere begann: 26 Jahre. Allerdings war die südamerikanische Befreiungsarmee im Vergleich mit den napoleonischen Heeren lächerlich klein; selten verfügte Sucre über mehr als 5.000 Mann. Zu ihnen zählten reguläre einheimische Soldaten, Milizionäre, die *montoneros* (Plänkler) genannt wurden, sowie eine britische Söldnertruppe, das *rifles-bataillon*. Auch Sucres kaum 1.000 Mann starke Kavallerie befehligte ein Engländer, der Veteran aus den antinapoleonischen Spanienkriegen William Miller.

Mit dieser Truppe errang Sucre im Mai 1822 einen großen Sieg bei Pichincha, was zur Befreiung von ganz Ekuador führte. Danach galt sein vorrangiges Interesse dem Gebiet des heutigen Peru. Hier hatte der spanische Vizekönig José de la Serna ein fast 15.000 Mann zählendes Heer bei der Hauptstadt Lima und dem Hafen von Callao zusammengezogen. Es bestand nur zum geringen Teil aus Spaniern. Das Gros der Mannschaft bildeten einheimische Rekruten und Kriegsgefangene, denen man im Falle des Sieges ihre Freiheit versprach.

Während der Monate 1823/24 belauerten sich die beiden Heere, dabei kreuz und quer durch Peru marschierend. Am 7. August 1824 gelang Sucres Kavallerie ein spektakulärer Erfolg bei Junín. Die spanische Reiterei wurde hier nahezu aufgerieben. Dieses Gefecht bei Junín war das letzte der Militärgeschichte, in dem ausschließlich mit Blankwaffen wie Säbeln oder Lanzen gekämpft wurde; angeblich fiel während der gesamten Auseinadersetzung kein einziger Schuss.

Obwohl Sucre nur noch über zwei Kanonen verfügte, beflügelte ihn der Sieg von Junín so sehr, dass er Anfang Dezember 1824 einen unvorsichtigen Marsch auf Lima unternahm. Am Rio Collpahuaico musste seine Nachhut, insbesondere das *rifles-bataillon*, 300 Mann Verluste hinnehmen. Sucre beschloss, diese Scharte sofort wieder auszuwetzen. Er verfügte noch über 5.000 Soldaten, gegliedert in elf Bataillone. Drei davon waren Miliztruppen unter José de la Mar, die anderen acht Bataillone unter Jacinto Lara trugen mit Stolz ihre ebenso buntscheckigen wie zerschlissenen Uniformen mit Ledertschako, bunten Fangschnüren und großen Schulterstücken.

Am 8. Dezember 1824 erreichte seine kleine Armee eine 1.200 Meter lange Hochfläche, die von der indianischen Urbevölkerung *Ayacucho* (Winkel der Toten) genannt wurde. Ihr standen spanische Truppen unter Vizekönig de la Serna in einer Stärke von etwa 9.500 Mann gegenüber. Beide Seiten waren zur Schlacht entschlossen. Am Morgen des 9. Dezember feuerte Sucre seine Männer mit den Worten an: „Soldaten! Von den heutigen Anstrengungen hängt das Schicksal ganz Südamerikas ab. Ein weiterer Tag des Ruhmes wird eure bewundernswerte Standhaftigkeit krönen."

Die Spanier begannen ihren Angriff gegen 10 Uhr mit einem Feuerschlag aus sieben Geschützen. Sucres zwei Kanonen hielten tapfer dagegen, eine davon wurde indes schnell funktionsunfähig. Die schlecht bewaffneten Milizionäre General de la Mars wurden das erste Opfer des spanischen Vorstoßes. Sie wandten sich zur Flucht und wichen auf die Reservetruppen zurück. Im sicheren Gefühl ihres Sieges rannte Sernas Infanterie einen Hügel hinab und kam dabei durcheinander. Sie geriet in die Feuerlinie der regulären Bataillone des Gegners und nun griff auch William Millers Kavallerie ein. Die spanischen Truppenteile wurden danach nur schubweise und nicht geschlossen in den Kampf geworfen, so dass Sucres gut gedeckte Soldaten sie einzeln in die Zange nehmen und dezimieren konnten.

Schon um 13 Uhr war die Schlacht beendet. Die Spanier hatten bei Ayacucho die Hälfte ihrer Streitmacht verloren, darunter 14 Generale. Vizekönig de la Serna geriet mit 2.000 Mann in Gefangenschaft. Sucres Truppe verzeichnete 309 Tote und 670 Verwundete. Der spanische Stabschef José de Canterac ging auf das Angebot einer ehrenvollen Kapitulation ein. Sie galt für das gesamte Vizekönigreich Peru. So endete die Vorherrschaft Madrids über den südamerikanischen Kontinent. Es entstanden allmählich die heutigen Nationalstaaten.

Antonio José de Sucre wurde 1826 zum ersten Präsidenten von Bolivien gewählt und fiel vier Jahre später einem Mordkomplott seiner politischen Gegner zum Opfer.

80. Kaspar Hauser, ein beispielloses Rätsel

Den Passanten auf Nürnbergs Unschlittplatz bot sich am Pfingstmontag, dem 26. Mai 1828, ein höchst kurioses Bild. Wie aus dem Nichts watschelte ein junger Mann mit dem Gang eines Kleinkindes über den Platz. Er stieß unverständliche Laute aus. Da niemand mit dieser „possierlichen und pudelnärrischen Gestalt" etwas anfangen konnte, endete das Spektakel auf der Polizeiwache. Hier griff der Jüngling zur Verblüffung aller Anwesenden nach einer Feder und schrieb den Namen „Kaspar Hauser" nieder. Es war der Beginn des größten Verwirrspiels neuerer Geschichte.

Kaspar Hausers Ankunft in Nürnberg

Der Nürnberger Bürgermeister Jakob Friedrich Binder nahm sich persönlich der Sache an. Laut einem Zettel, den Hauser bei sich trug, wurde er am 30. April 1812 geboren, war mithin 16 Jahre alt. Der junge Mann konnte sich nur schlecht verständlich machen und artikulierte hauptsächlich Wort- und Satzfetzen. Es fiel auf, dass er von allen angebotenen Nahrungsmitteln nur Wasser und Brot zu sich nahm, ihn laute Geräusche erschreckten und er im Dunkeln ungewöhnlich scharf sehen konnte.

Binder kam zu dem Schluss, dass Hauser jahrelang in völliger Isolation in einem lichtlosen Verlies gelebt haben musste. Er sei „weder verrückt, noch blödsinnig, aber offenbar auf heillose Weise von aller menschlichen und gesellschaftlichen Bildung gewaltsam entfernt, wie ein wilder Mensch erzogen worden".

Bald wurde Kaspar Hauser dem Nürnberger Privatgelehrten Georg Friedrich Daumer anvertraut. Er bemerkte, dass seinem Schützling die elementarsten Schulkenntnisse fehlten. Dafür lernte er binnen Wochen Lesen, Rechnen und vor allem fehlerfreies Sprechen. Andere hätten dafür Jahre gebraucht, weshalb der Verdacht entstand, Hauser sei ein gerissener Betrüger. Äußerst seltsam mutet auch ein Attentat an, das am 17. Oktober 1829 in Daumers Wohnung auf Hauser verübt wurde. Er trug eine Schnittwunde an der Stirn davon und behauptete, ihn habe ein „schwarzer Mann" verfolgt.

Anfang 1832 übergaben die Behörden den inzwischen 20-jährigen der Obhut des Lehrers Johann Meyer in Ansbach. Hier wurde er im Hofgarten des Schlosses am 14. Dezember 1833 niedergestochen. Hauser lebte noch drei Tage und beschrieb seinen Mörder als Mann mit schwarzen Haaren und schwarzem Schnurrbart. Er konnte nie identifiziert werden.

Dieser geheimnisumwitterte Tod und das rätselhafte Vorleben des Kaspar Hauser gaben bald einer düsteren Legende Nahrung. Demnach sei er in Wahrheit der 1812 geborene Thronfolger des Großherzogs von Baden gewesen, den man als Baby gegen ein sterbenskrankes Kind ausgetauscht hatte. Dies wäre im Auftrag einer missgünstigen Verwandten geschehen, die lieber ihren eigenen Sohn auf Badens Thron setzen wollte.

Wie die meisten Legenden besitzt auch diese einen rationalen Kern. Tatsächlich gebar Fürstin Stephanie, Gemahlin des regierenden Großherzogs von Baden, am 29. September 1812 im Karlsruher Schloss den ersehnten Thronerben. Dieser Knabe erkrankte keine drei Wochen später und starb innerhalb weniger Stunden am 16. Oktober. Der Mutter wurde zum Schutz ihrer eigenen angegriffenen Gesundheit der Zutritt zum sterbenden Kind verweigert. Damit stiegen die Chancen der Gräfin von Hohenberg wieder. Sie war eine „morganatische" (nicht ebenbürtige) Gattin des verstorbenen Großherzogs Karl Friedrich gewesen. Ihre gemeinsamen Kinder wurden von der Thronfolge ausgeschlossen, es sei denn, die großherzogliche Linie stürbe im Mannesstamm aus.

Wäre es also möglich, dass im Auftrag der Gräfin von Hohenberg der gesunde Erbprinz entführt bzw. ausgetauscht wurde? Geistiger Vater dieser These war der Jurist Anselm Ritter von Feuerbach, Präsident des Ansbacher Berufungsgerichts. Er befasste sich 1832 akribisch mit dem Fall und kam zu dem Resultat, Kaspar Hauser sei der 1812 geborene rechtmäßige Thronfolger von Baden. Er glaubte sogar, die leiblichen Eltern des untergeschobenen toten Kindes identifiziert zu haben. Aus Gründen der Staatsräson oder weil er die eigene Theorie doch für etwas abseitig hielt, sah er von ihrer Veröffentlichung ab. Das tat erst sein Sohn 1852.

Seither wird die Debatte um Kaspar Hausers adlige Identität mit Dutzenden Indizien für und wider geführt. Endgültige Klarheit sollte 1996 eine vergleichende DNS-Analyse bringen. In einem Museum wurden zahlreiche Kleidungsstücke Hausers aufbewahrt, darunter auch seine blutbefleckte Hose, die er am Tag des Mordanschlags trug. Von ihr entnahmen Gerichtsmediziner Genmaterial und verglichen es mit dem eines Nachkommens der Badener Dynastie. Das Ergebnis: Keine Übereinstimmung.

Damit schien die Prinzen-These erledigt. Doch schon fünf Jahre danach ergaben weitere Tests, dass die Blutflecke auf Hausers Hose gar nicht von ihm stammten. Übereifrige Museumsmitarbeiter hatten die verblassenden Spritzer immer wieder mit Fremdblut aufgefrischt, um die dramatische Wirkung zu erhöhen. Eine neue Runde der Diskussion ist somit eröffnet.

Erstaunlicherweise werden zwei entscheidende Fragen in dieser Debatte fast nie gestellt. Was wären Sinn und Zweck der Beseitigung des Erbprinzen von Baden gewesen? Seine Mutter, Fürstin Stephanie, zählte 1812 erst 23 Jahre, würde also höchstwahrscheinlich weitere Kinder, darunter einen Thronfolger, gebären. Tatsächlich bekam sie noch zwei Töchter und einen Sohn. Dass dieser Knabe 1817 im Alter von nur anderthalb Jahren sterben würde, konnten die Täter nicht ahnen, es sei denn, sie hätten über hellseherische Talente verfügt. Und wenn etwa die Gräfin Hohenberg den Erbprinzen für immer aus dem Weg räumen wollte, warum hat man ihn dann 16 Jahre lang wie ein wildes Tier eingesperrt, nur um ihn schließlich doch freizulassen? Naheliegender wäre es gewesen, das Kind entweder umzubringen oder als nichts ahnendes Baby mit einer neuen Identität auszustatten.

Wer sich von den Gebeinen Kaspar Hausers Antworten erhofft, wird enttäuscht. Sein Grab auf dem Stadtfriedhof von Ansbach erhielt 1945 einen Bombentreffer. Wessen Knochen heute unter dem Grabstein liegen, ist völlig ungewiss. Das Rätsel um den jungen Mann wird wohl nie vollständig gelöst werden. Was wir über ihn wissen, steht auf einer Gedenksäule im Hofgarten zu Ansbach:

Hic occultus occulto occisus est

Hier ist ein Geheimnisvoller auf geheimnisvolle Art ermordet worden.

81. Der Beginn des Viktorianischen Zeitalters

Das freudige Ereignis war der *Times* nur eine kurze Notiz wert. Wesentlich wichtiger nahm Großbritanniens führende Tageszeitung auf ihrer Titelseite vom 25. Mai 1819 den 14-prozentigen Kurssturz an der Londoner Börse. Das Land steckte in einer tiefen Wirtschaftskrise – da gehörte die Geburt einer Prinzessin des Königshauses mit dem eher unenglischen Namen Viktoria Alexandrina zu den Belanglosigkeiten. Natürlich konnte auch der findigste *Times*-Redakteur nicht ahnen, dass dieses Kind einst einem ganzen Zeitalter seinen prägenden Namen geben würde.

Als König Georg III. 1820 starb, war die Thronfolge durch seine fünf Söhne gesichert. Doch über der deutschstämmigen Dynastie Hannover, die Großbritannien seit 1714 regierte, schien ein Fluch zu liegen. Georgs ältester Sohn und Nachfolger Georg IV. führte eine katastrophale Ehe mit einer deutschen Prinzessin, aus der keine Kinder hervorgingen. Der nächstältere Bruder, nachmals König William IV., hatte zwar neun Kinder, aber uneheliche aus einer Beziehung mit einer irischen Schauspielerin. Der dritte Königssohn blieb unverheiratet, zwei weitere verstarben früh, darunter Prinz Edward, der als einziges Kind Viktoria hinterließ.

Die junge Queen Victoria

Als 1830 der greise William IV. Britanniens Thron bestieg, war klar, dass in nicht allzu ferner Zeit seine Nichte Viktoria die Krone erben würde, denn das so genannte Salische Gesetz, welches weibliche Familienmitglieder von der Thronfolge ausschloss, galt in England nicht. Obwohl das Mädchen nun Königin in spe war, interessierte das seltsamerweise niemanden. Viktoria wuchs fernab vom königlichen Hof im Kensington Palast auf, wo sie mit ihrer Mutter zur Untermiete wohnte. Letztere, eine deutsche Prinzessin aus Thüringen, übernahm auch ihren Unterricht, der wie damals für weibliche Angehörige der Aristokratie üblich, allenfalls eine solide Halbbildung vermittelte.

In Kensington verkehrten fast ausschließlich Deutsche, deren Sprache Viktoria bald besser beherrschte als das Englische. Niemand bereitete das zierliche Mädchen mit den großen blauen Augen auf seinen künftigen Beruf vor. Als nach dem Tod von König William IV. am 21. Juni 1837 die Proklamierung Viktorias zur neuen Monarchin erfolgte, da notierte sie beklommen: „Ich fühle mich den Verhältnissen nicht völlig gewachsen."

Die 18-jährige Königin fand anfangs wenig Beifall. Dass sie ihren deutschen Hofstaat behielt, erweckte Misstrauen bei den Engländern, was sich noch steigerte, als Viktoria 1840 den Prinzen Albert von Sachsen-Coburg-Gotha heiratete. Es war eine Liebesheirat par excellence und die euphorische Königin schrieb: „Ich halte es wirklich nicht für möglich, dass jemand in der Welt glücklicher oder auch nur ebenso glücklich sein könnte wie ich." Albert, der den Titel „Prinzgemahl" führte, erwies sich in jeder Hinsicht als Glücksgriff. Gleichaltrig mit Viktoria, handelte er wesentlich reifer und verständiger als seine impulsiv-launenhafte Gemahlin. An Alberts Seite gewann sie merklich an Profil, erwarb Sachkenntnisse, diplomatisches Geschick und politisches Urteilsvermögen.

Aus der Ehe gingen neun Kinder und Dutzende Enkel hervor, die in den internationalen Hochadel einheirateten, so dass Viktoria in späteren Jahren als „Großmutter Europas" bezeichnet wurde. Ihr Lieblingsenkel war „Willy aus Preußen", später Kaiser Wilhelm II., der als Kind häufig zu Besuch in London weilte.

Es begann das Viktorianische Zeitalter – einerseits geprägt von industriell-technischer Revolution, Kolonialkriegen und Imperialismus, andererseits von einem verbindlichen Kanon bürgerlicher Tugenden wie Fleiß, Sparsamkeit, Familiensinn und Kinderliebe. Das englische Königspaar führte ein schlichtes Bürgerleben; die Tage prunkvoller Hofhaltung waren beendet. „Ein Abend mit Viktoria und Albert gilt für jeden lebenslustigen Aristokraten als Einübung in Geduld und Langeweile", notierte ein spöttischer Beobachter.

Viktoria zeigte aufgeschlossenes Interesse für die wissenschaftlichen Errungenschaften ihrer Zeit. Als erster Monarch Europas bestieg sie eine

Eisenbahn, ließ sich gegen Pocken impfen, sandte das erste Telegramm per Überseekabel ins britische Dominion Kanada und benutzte Chloroform zur Linderung ihrer Geburtswehen. 1851 eröffnete sie in London die erste Weltausstellung. Aus der kleinen Viktoria Alexandrina wurde die allseits geschätzte Queen Victoria.

Ein tiefschwarzer Schatten legte sich über ihr Leben, als Albert im Alter von nur 42 Jahren am 14. Dezember 1861 an Typhus starb. Der Tod des geliebten Ehegatten verdüsterte ihre Persönlichkeit. Zwei Jahre zeigte sich die Königin nicht mehr in der Öffentlichkeit. „Mit der Welt ist es für mich aus", notierte sie. „Ich bin nichts mehr als eine gebrochene und vernichtete Witwe von 42 Jahren."

Allmählich besann sich Viktoria wieder auf ihre königlichen Pflichten. Sie trug allerdings nur noch schwarze Trauerkleidung, bis auf wenige feierliche Anlässe, wie etwa 1876, als sie zur Kaiserin von Indien ausgerufen wurde. Bis zu ihren letzten Lebenstagen benutzte sie ausschließlich Briefpapier mit Trauerrand.

Während der 63 Regierungsjahre Viktorias entstand Britanniens Empire, das größte Weltreich neuerer Geschichte, das sich von Nordamerika bis zum Pazifischen Ozean erstreckte. Bevorzugter Aufenthaltsort der Queen wurde im Alter das abgelegene *Osborne House* auf der Insel Wight. Hier schrieb sie eine Woche vor ihrem Tod am 22. Januar 1901 auf ein letztes Tagebuchblatt: „Ich ging zum Salon hinunter, wo Herr Clement Smith eine kurze Andacht abhielt, die sehr schön und ein großer Trost für mich war."

82. Louis Bonaparte: Putschist, Sträfling, Präsident, Kaiser

Den Wachen der Zitadelle von Ham fiel nichts Ungewöhnliches auf am Morgen des 25. Mai 1846. Wie seit Tagen üblich, verrichteten Bauarbeiter ihre Tätigkeit, kamen und gingen. Bei etwas weniger schläfriger Routine wäre den Gefängniswärtern eventuell aufgefallen, dass einer dieser Arbeiter sein Gesicht sorgfältig hinter dem Brett zu verbergen suchte, das er auf der Schulter trug. Womöglich hätten man dann auch dessen gefärbte Augenbrauen und geschminktes Gesicht bemerkt. So aber ließen sie ihren ranghöchsten Insassen passieren: Louis Bonaparte, Anwärter auf den französischen Thron.

Geboren wurde er 1808 als Sohn von Kaiser Napoleons jüngerem Bruder Louis, den temporären König von Holland. Als der große Korse 1815 seinen Thron verlor, mussten sämtliche Mitglieder der Familie Bonaparte ins Exil gehen. Louis verbrachte seine Jugend zunächst im Schweizer Kanton Thurgau am Bodensee und besuchte dann das St.-Anna-Gymnasium in Augsburg – so sprach der spätere Franzosenkaiser fließend deutsch.

Louis Bonaparte war ein abenteuerlustiger Mensch. Sein Dienst als Artillerieoffizier in der Schweizer Armee langweilte ihn bald und so schloss er sich dem Geheimbund *Carbonari* an, der für die Einheit Italiens kämpfte. Nach Niederschlagung des Aufstandes pendelte er zwischen England und der Schweiz. In ihm erwachte nun der Ehrgeiz, seinen kaiserlichen Onkel Napoleon zu beerben. Ende Oktober 1836 unternahm er mit Hilfe des in Straßburg stationierten Artillerieregiments einen Putsch, um sich hernach zum Kaiser der Franzosen auszurufen. Das Unternehmen scheiterte kläglich.

Bonaparte wurde interniert, doch König Louis Philippe begnadigte ihn unter der Bedingung, dass er nie wieder französischen Boden betreten dürfe und ein möglichst weit entferntes Exil nehme. Nach wochenlanger Überfahrt kam Louis Anfang April 1837 in den USA an. Nur wenige Wochen hielt er sich hier in Baltimore und New York auf, dann zog es ihn wieder nach Europa, weil seine Mutter im Thurgau lebensgefährlich erkrankt war. Bald wurde der Schweizer Aufenthalt aber gefährlich, denn Frankreich verlangte energisch die Auslieferung des einstigen Putschisten. Dem kam Bonaparte durch seine Flucht nach England zuvor, wo er sicher sein durfte, nicht ausgeliefert zu werden.

In seinem Londoner Exil verhielt er sich zunächst ruhig. Das änderte sich schlagartig im Jahre 1840. Besorgt wegen seiner schwindenden Popularität ordnete König Louis Philippe an, den Leichnam Napoleons I. von der Insel St. Helena feierlich nach Paris zu überführen. Im Lande brach daraufhin eine ungezügelte Napoleon-Euphorie aus und Louis Bonaparte meinte, nun sei es an der Zeit, dass er „Frankreichs Größe und Ehre wiederherstellen" werde.

Der spätere Kaiser ließ sich auf die wohl dümmste Eskapade seines Lebens ein. Er mietete einen Dampfer und heuerte mit geliehenem Geld 56 Männer an, meist Exil-Franzosen. Nur vier Personen waren in den Plan eines erneuten Putsches eingeweiht. Der Dampfer stach am 5. August 1840 von London in See und erst hier erfuhr die verblüffte Besatzung, dass sie bewaffnet und uniformiert in der Hafenstadt Boulogne an Land gehen sollte. Größere Mengen Schnaps sorgten für den nötigen Enthusiasmus.

Napoleon Bonaparte als Präsident von Frankreich

Am Morgen des 6. August marschierte die Truppe unter Trommelgerassel in Boulogne ein. Die Soldaten der Hafengarnison salutierten zwar, schlossen sich aber dem Zug nicht an. Auch die Bewohner der Stadt blieben passiv. „Man verteilte Flugblätter und Geschenke; aber die Menschen starrten sie an, als seien sie der Werbetrupp eines Wanderzirkus", so ein Augenzeuge.

Der Putsch von Boulogne endete genauso jämmerlich wie der von Straßburg vier Jahre zuvor. Nur diesmal kannten die Richter keine Gnade. Am 28. September 1840 wurde Louis Bonaparte in Paris zu lebenslanger Festungshaft verurteilt. Seine Helfer erhielten hohe Gefängnisstrafen. Zwei der Hauptangeklagten, Kammerdiener Charles Thélin und Leibarzt Dr. Henri Conneau, wurden mit ihrem Herrn in die Zitadelle von Ham, einem nordfranzösischen Städtchen nahe Amiens, eingeliefert.

Die Haftbedingungen in Ham waren für Louis Bonaparte durchaus komfortabel. Er bewohnte ein Schlafzimmer, ein Arbeitszimmer und einen gesonderten Raum für seine physikalisch-chemischen Experimente. Der Kommandant bemühte sich, seinem noblen Gefangenen jeden Wunsch von den Augen abzulesen. Bald lernte der die 20-jährige Alexandrine Vergeot kennen, eine Büglerin, die im Haus des Torwächters der Zitadelle wohnte. Er machte Alexandrine zu seiner Geliebten und sie bekam zwei Söhne, die ihr Vater später zu Grafen ernannte.

Thélin und Dr. Conneau waren inzwischen entlassen worden und durften sich frei in Ham bewegen. Als Bonaparte im Frühjahr 1846 erfuhr, dass sein Vater im Sterben lag, beschloss er zu fliehen. Anfang Mai beschwerte er sich über den reparaturbedürftigen Zustand seines Quartiers. Es wurde daraufhin mehreren Zimmerleuten aus der Stadt erlaubt, die Räume instand zu setzen. Bald gewöhnte man sich an diese Männer in ihrer blauen Arbeitskluft.

Was dann am 25. Mai 1846 geschah, schildert Dr. Conneau: „Um 6 Uhr zog der Prinz die Arbeitskleidung an: ein grobes Hemd, einen blauen Kittel, eine blaue Hose, Schürze und ein Paar Holzpantinen, die er über seinen Stiefeln trug. Da er von Natur aus ein blasses Gesicht hatte, malte er es dunkel an. Er färbte sich auch die Augenbrauen und setzte sich eine schwarze Perücke auf, die seine Ohren bedeckte." Schließlich rasierte der Gefangene auch noch seinen charakteristischen Knebelbart ab.

In Bonapartes Bett hatte man eine Strohpuppe gelegt und dem Kommandanten eingeredet, er sei krank, weswegen der tägliche Kontrollgang verschoben werden solle. Derweil stolzierte er verkleidet zum Haupttor, wo ihm ein Malheur passierte. Da jeder Arbeiter eifrig rauchte, trug auch der Nichtraucher Louis eine Pfeife im Mund und weil er das nicht gewohnt war, fiel sie prompt kurz vor dem Tor auf den Boden, wo ihr Porzellankopf in Stücke schlug. Der Sergeant der Wache las gerade ein Schreiben und blickte nicht einmal auf.

Die Verschwörer trafen sich auf einem einsamen Friedhof. Von dort aus konnten sie sich über St. Quentin und Valenciennes nach Belgien retten. Trotz seiner gelungenen Flucht war Louis Bonaparte politisch ein erledigter Mann. Doch die Geschichte hielt auch für ihn manche Überraschung bereit. Nach dem Sturz der Monarchie in Frankreich kandidierte er für das Amt des Präsidenten und gewann Ende 1848 haushoch die Wahl. Im Dezember 1851 führte er einen erfolgreichen Staatsstreich durch, der ihm diktatorische Vollmachten einbrachte. Am 21. November 1852 schließlich wurde per Volksabstimmung aus dem Präsidenten Louis Bonaparte der Kaiser Napoleon III. 20 Jahre später war er wiederum nur ein gescheiterter Exilant.

83. Unerwarteter Triumph – die Schlacht bei Königgrätz

Friedrich Engels, selbsternannter Philosoph und Militärexperte, war sich sehr sicher. Preußens Armee werde im Sommer 1866 eine eklatante Niederlage gegen die Truppen Österreich-Ungarns erleiden. Dies vor allem, weil die preußische Heeresleitung nur aus „Paradesoldaten von bestenfalls mittelmäßigen Fähigkeiten und schwachem, aber oft halsstarrigem Charakter" bestünde. Nicht nur der sozialistische Marx-Intimus musste nach wenigen Wochen seinen fatalen Irrtum eingestehen.

Als der Konflikt um die Vorherrschaft in Deutschland ausbrach, galt die Streitmacht der Donaumonarchie als wesentlich erfahrener. Preußens Soldaten hatten letztmals 1815 im Feld gestanden. Die Truppen Österreich-Ungarns hingegen konnten in mehreren Kriegen gegen Frankreich und Italien Erfahrungen sammeln. Kaiser Franz Joseph I. verbündete sich 1866 mit den deutschen Staaten Sachsen, Bayern, Baden, Württemberg und Hannover, so dass die Preußen auch zahlenmäßig weit unterlegen waren.

Ausgeglichen wurde dieses Manko durch bessere Bewaffnung, Taktik, Kampfmoral und Führung. Letztere lag in den Händen Helmuth von Moltkes. Auch er, immerhin schon 65 Jahre alt, wurde allgemein als Schreibstubenmilitär ohne praktische Erfahrungen unterschätzt. Seit 1857 Generalstabschef, hatte Moltke die preußische Armee nach modernsten Grundsätzen reorganisiert, wozu auch der Einsatz von Eisenbahn und Telegrafie zählte. Das ermöglichte eine rasche und vollständige Mobilmachung.

Bewaffnet waren die preußischen Einheiten mit dem sogenannten Zündnadelgewehr, einem Hinterlader, der wesentlich schnelleres Schießen erlaubte und auch im Liegen und Knien bedient werden konnte. Die K.u.K.-Soldaten benutzten noch unhandliche und störanfällige Vorderlader.

Auch die Infanterietaktik der Österreicher erwies sich als antiquiert. Sie bestand in erster Linie darin, das feindliche Schützenfeuer im Eilmarsch zu unterlaufen und dann durch Nahkampf mit dem Bajonett den Erfolg zu sichern. Mit dieser Holzhammer-Methode hatte man schon 1864 im Feldzug gegen Dänemark horrende Verluste erlitten. Bei den Offizieren des Kaisers galten individueller Mut und Draufgängertum weitaus mehr als taktische Disziplin und intellektuelle Einsicht; daraus entstanden häufig Eigenmächtigkeiten, die bis zum offenen Ungehorsam gingen.

Der moralische Faktor wog ebenso schwer. Viele Rekruten, die aus den slawischen Provinzen der Donaumonarchie stammten, verstanden kaum ein Wort der deutschen Kommandosprache. Absolventen von Hochschulen und Gymnasien wurden vom Wehrdienst befreit, was das Bildungsniveau der Armee unter den Durchschnitt senkte. Entwürdigende Prügelstrafen mit Stock oder Rute waren an der Tagesordnung. Der barbarische Spießrutenlauf, im „militaristischen" Preußen 1807 abgeschafft, wurde im kaiserlichen Heer noch bis 1855 vollzogen.

Bei den Preußen stand die Erziehung zur Selbständigkeit im Vordergrund. Ziel aller Übungen war, dass jeder tüchtige Soldat in der Lage sein sollte, stellvertretend für den Unteroffizier kleinere Aufgaben im Patrouillen-, Sicherungs- oder Meldedienst zu übernehmen und notfalls auch Zielansprache und Feuerleitung zu verantworten. Die in Preußen seit vielen Jahren geltende allgemeine Schulpflicht schuf dafür gute Voraussetzungen.

Im Juni 1866 setzte Moltke seine Maxime „Getrennt marschieren – vereint schlagen" wirkungsvoll in die Praxis um. Nahe der böhmischen Stadt Königgrätz trafen die gegnerischen Heere am 3. Juli 1866 aufeinander. Die preußische 1. Armee stieß hier auf die Hauptmacht der Österreicher, während die 2. Armee und die Elbarmee (insgesamt 97.000 Mann) noch weit zurückhingen. So gerieten die Preußen nach anfänglichen Erfolgen gegen Mittag allmählich ins Hintertreffen und wurden von der gegnerischen Artillerie dezimiert. Im Hauptquartier, wo auch König Wilhelm I. weilte, machte sich Untergangsstimmung breit. Besorgt fragte der König Moltke, was er für den Fall des Rückzugs beschlossen habe. Dieser gab die denkwürdige Antwort: „Hier handelt es sich um die Zukunft Preußens. Hier wird nicht zurückgegangen!"

Kurz nach 13 Uhr trifft dann die preußische 1. Gardedivision, Vorhut der 2. Armee, auf dem Schlachtfeld ein. Sie stürmt gegen den feindlichen rechten Flügel, während kaum eine halbe Stunde später auch die Elbarmee aufmarschiert und die mit dem Kaiser verbündeten Sachsen am linken Flügel überrennt. Die österreichische Reiterei, an Schlagkraft und Pferdematerial den Preußen überlegen, versucht das Blatt zu wenden, verblutet sich aber im konzentrierten Infanteriefeuer. Mitte des 19. Jahrhunderts werden Schlachten nicht mehr durch Kavallerie entschieden.

Gegen 15 Uhr droht den Österreichern die Einschließung. Ihr Oberbefehlshaber gibt den Befehl zum Rückzug, der bald in eine regellose Flucht ausartet. 44.000 Soldaten sind tot, verwundet oder gefangen. Die Verluste der Preußen betragen 9.000 Mann.

Preußische Infanterie kämpft bei Königgrätz

Die Schlacht von Königgrätz entschied den gesamten Feldzug, den Moltke ganz bewusst als Blitzkrieg geplant hatte. Es kam zu keinen größeren Kampfhandlungen mehr und am 22. Juli trat ein Waffenstillstand in Kraft. Königgrätz legte letztlich den Grundstein für die deutsche Einheit unter Preußens Führung. Unmittelbar nach dieser Schlacht notierte der preußische Kriegsberichterstatter Theodor Fontane: „Ein neues Deutschland war geboren."

84. Die kommunistische Blutspur begann in Paris

Die letzten Kämpfer streckten am 29. Mai 1871 ihre Waffen. Frankreichs Nationalregierung war wieder Herr der Lage in Paris. Zwei Monate hatte hier eine *Commune* geherrscht, die von linken Ideologen bis heute als Vorbild künftiger Menschheitsbeglückung gefeiert wird. Wohl wahr, denn an der Seine nahmen Kollektivierung, Bilderstürmerei, Geiselmorde und Meinungsterror sämtliche Kennzeichen kommunistischer Regime in einem düsteren Menetekel vorweg.

Der Krieg 1870 war innerhalb von vier Wochen entschieden. Frankreichs Heere erlitten zahlreiche Niederlagen gegen die Deutschen, Kaiser Napoleon III. dankte ab. In Paris wurde daraufhin am 4. September unter Führung des Rechtsanwalts Léon Gambetta die Republik ausgerufen. Man zeigte sich hier entschlossen, den aussichtslosen Widerstand fortzusetzen. Also drangen die verbündeten deutschen Truppen weiter ins Land vor. Ende September zogen sie einen Belagerungsring um Paris.

Gambetta floh am 8. Oktober in einem Heißluftballon aus der Hauptstadt und wollte von der Provinz aus den Kampf organisieren. Doch den gemäßigten Politikern war klar, dass weiteres Blutvergießen die Lage Frankreichs nur verschlimmern würde. Am 28. Januar 1871 schlossen sie einen dreiwöchigen Waffenstillstand. Innerhalb dieser Frist sollten Wahlen zum Parlament, der Nationalversammlung, stattfinden. Diese Wahl ergab eine deutliche Mehrheit für Konservative und Monarchisten. Die Pariser Hochburg der radikalen Sozialisten negierte das Ergebnis und ihr Instrument, die Miliz der „Nationalgarde", nahm eine drohende Haltung an. Deshalb verließ das Parlament am 12. Februar die Hauptstadt und trat in Bordeaux zusammen.

Dort wurde der Liberale Adolphe Thiers zum Ministerpräsidenten gewählt. Er schloss bereits am 26. Februar einen vorläufigen Frieden. Deutsche Regimenter paradierten dann drei Tage lang durch Paris, verließen die Metropole aber am 3. März wieder und hielten nur die nördlichen Forts besetzt. Thiers wollte vollendete Tatsachen schaffen und befahl seinen Regierungstruppen, 227 Kanonen aus den Pariser Außenbezirken abzutransportieren. Der sozialistische Gemeinderat (*Commune*) ließ diese Soldaten durch Agitatoren so lange aufhetzen, bis sie ihre Kommandeure, die Generale Lecomte und Thomas, ermordeten.

Nun überstürzten sich die Ereignisse. Am 18. März übernahm die *Commune* alle Macht in Paris, auf dem Rathaus wurden erstmals rote Fahnen gehisst. Sie vereinigte sich mit dem „Zentralkomitee der Nationalgarden", das bereits Anfang März gegründet worden war. Die 85 Mitglieder der Kommune beanspruchten legislative und exekutive Gewalt. Alle Stadttore wurden verbarrikadiert, um die Flucht der Bevölkerung zu verhindern. Die Pressefreiheit wurde aufgehoben und alle Bürger zum Kriegsdienst gezwungen. Mehrere hundert Gegner der Radikalen nahm man als Geiseln in Haft.

Am 19. April 1871 erließen die Kommunarden ein Manifest und verkündeten „die moderne Revolution, die umfangreichste und fruchtbarste von allen, welche je die Geschichte geschmückt haben". Natürlich geschehe alles „für das Wohlergehen, die Freiheit und die Sicherheit jedes Bürgers".

Die Wahrheit sah anders aus. Die Kommune überführte Fabriken in Kollektiveigentum, was häufig Produktionsstillstand verursachte. Während in der Stadt Hungersnot herrschte und jedes Stück Brot gebraucht wurde, erließ die Kommune ein Dekret über die Abschaffung der Nachtarbeit für Bäckergesellen. Infernalischer Hass tobte sich insbesondere an Repräsentanten der christlichen Kirche aus. Die Hälfte aller etwa 800 Geiseln waren Geistliche, darunter der Erzbischof von Paris Georges Darboy, der es vorgezogen hatte, bei seiner Gemeinde zu bleiben.

Schon 1871 sympathisierten Künstler mit der äußersten Linken. Der bekannte Maler Gustave Courbet leitete die „Kulturkommission" der Kommune. Sein Hauptwerk bestand in der Zerstörung der Vendôme-Säule. Dieses barocke Kunstwerk war 60 Jahre zuvor zum Denkmal für die ruhmreichen Feldzüge Napoleon I. umgewidmet worden. Auf seine Barbarentat war Courbet zeitlebens stolz.

Überhaupt brachen sich in der Pariser Kommune die destruktivsten Kräfte ihre Bahn. Das Haus von Ministerpräsident Thiers wurde zerstört und als die Niederlage sich abzeichnete, steckte man den Tuilerien-Palast, Rathaus, Finanzministerium, Theater und Kirchen in Brand, „um der Freiheit ein würdiges Leichenfest zu bereiten".

Vandalismus – die gestürzte Vendôme-Säule

Verübt wurden diese Schandtaten meist von Frauen, *Petroleuses* genannt, weil sie Gebäude mit Petroleum anzündeten. An ihrer Spitze stand Louise Michel, *La louve rouge* (die rote Wölfin). Diese 41-jährige unverheiratete Lehrerin bot sich an, Ministerpräsident Thiers zu ermorden und forderte dazu auf, Paris vor einer Kapitulation in Schutt und Asche zu legen. Pariser Frauen beteiligten sich an Straßenkämpfen und Geiselmorden. Ein Korrespondent der Londoner *Times* schrieb: „Wenn das französische Volk nur aus Frauen bestünde, was wäre das für eine schreckliche Nation."

Die Regierungstruppen, großenteils bestanden sie aus Kriegsgefangenen, die vom deutschen Oberkommando entlassen wurden, begannen den Sturm auf Paris am 2. April. Aber ihre Kräfte waren noch zu schwach und die Kommunarden verteidigten sich mit wilder Entschlossenheit. Erst am 21. Mai drang eine Gruppe Soldaten durch die *Porte St. Cloud* in den Befestigungsring ein und marschierte Richtung Zentrum.

Nun tobte die Kommune sich aufs Scheußlichste aus. Während Männer und Frauen an der Front kämpften, wurden im Hinterland 480 Geiseln aus Bürgertum, Adel und Klerus niedergemetzelt. Die Aktion begann am 24. Mai im Gefängnis *La Roquette*. Hier wurden der Erzbischof von Paris Georges Darboy, der Präsident des Obersten Gerichtshofs Louis Bonjean, der populäre Pfarrer Gaspard Deguerry und die Abbés Allard, Ducoudray und Clerc ermordet. Ihre Namen sucht man in heutigen Geschichtsbüchern vergebens.

Am 25. Mai fielen die Geiseln im *Bicêtre*-Kerker dem Morden zum Opfer. An ihrer Spitze stand der Dominikanermönch Vater Captier. Die Toten stellte man 24 Stunden halbnackt zur Schau, sie wurden getreten und bespuckt. Das entsetzlichste Massaker spielte sich am 26. Mai auf den Höhen von Belleville ab. Mehr als 50 Geiseln, unter ihnen der Rektor des Jesuitenkollegs Pater Olivaint, wurden hier ermordet. Genauer gesagt, eine Menge von Männern, Frauen und auch Kindern „hackte sie buchstäblich in Stücke".

Die Rache der Sieger war dementsprechend hart. Mehrere tausend Todesurteile wurden vollstreckt. Tagelang bewegten sich Kolonnen von Kommunarden zur Hinrichtung durch Paris. Der Schriftsteller Edmond de Goncourt beschrieb die Szenerie: „Trotz des Abscheus, den man diesen Menschen gegenüber empfindet, ist der Anblick dieses Zuges doch schmerzlich... Viele haben Augen wie Wahnsinnige."

Die von der Kommune in Gang gesetzte Gewaltspirale drehte sich und sollte mit furchtbaren Folgen bis weit ins 20. Jahrhundert sich weiterdrehen.

85. „Konzert der Mächte" – Bismarcks Meisterstück von 1878

Der Balkan bildete schon im 19. Jahrhundert das sprichwörtliche Pulverfass. Russland drängte während jeder Zeit mit aller Macht zu den Meerengen bei der türkischen Hauptstadt Istanbul und weiter zum Mittelmeer. Im Frühjahr 1878 wäre es deswegen fast zu einem bewaffneten Konflikt der europäischen Großmächte gekommen. Diesen möglichen Auftakt zu einem Weltkrieg konnte der deutsche Reichskanzler Otto von Bismarck durch seine äußerst geschickte Außenpolitik verhindern. Schauplatz des Geschehens war Berlin.

Im April 1877 hatte das Zarenreich der Türkei den Krieg erklärt. Offiziell erfolgte das, um die Christen des Balkans vom Joch der Fremdherrschaft zu erlösen, tatsächlich wollte Russland seinen Einfluss über ein Groß-bulgarisches Reich bis zur Ägäis ausdehnen. Nachdem russische Truppen Ende Juni 1877 die Donau überschritten hatten, gewannen sie mehrere Gefechte und eroberten am 10. Dezember die Schlüsselfestung Plewen. Der Sultan musste sich geschlagen geben. Im vorläufigen Frieden von San Stefano (Yesilköy), einem Vorort von Istanbul, erkannte die Türkei meh-rere Balkanstaaten – Serbien, Bulgarien, Rumänien, Montenegro – als unabhängig unter der Hegemonie Russlands an.

Kaum war dies geschehen, erhoben Großbritannien und Österreich-Un-garn energisch Einspruch. Einheiten der britischen Kriegsmarine fuhren durch die Dardanellen und ankerten unmittelbar vor Istanbul. Ihre Ka nonen zeigten Richtung Norden und es schien so, als wiederhole sich der unselige Krim-Krieg aus den 50er Jahren.

In dieser prekären Situation warf Bismarck das ganze Gewicht seiner po-litischen Erfahrung und das Ansehen des Deutschen Reiches in die Wag-schale. Er bot sich als Vermittler an, denn Deutschland besaß in den strit-tigen Fragen keine eigenen Interessen. Kategorisch hatte Bismarck schon Jahre zuvor erklärt, es gäbe auf dem Balkan nichts, „was auch nur die gesunden Knochen eines einzigen pommerschen Musketiers wert wäre".

In einer seiner klassischen Reden setzte er am 19. Februar 1878 vor dem deutschen Reichstag seine Ziele: „Die Vermittlung des Friedens denke ich mir nicht so, dass wir nun bei divergierenden Absichten den Schiedsrich-ter spielen und sagen: So soll es sein, und dahinter steht die Macht des deutschen Reiches, sondern ich denke sie mir bescheidener, ja ... mehr als die eines ehrlichen Maklers, der das Geschäft wirklich zustande bringen will." Der Terminus „ehrlicher Makler" ging als geflügeltes Wort in die Politiksprache ein.

Es gelang dem Reichskanzler, die streitenden Parteien an den Verhand-lungstisch zu bringen. Am 13. Juni 1878 begann in Berlin ein Kongress, an dem Delegierte aus Russland, Großbritannien, Österreich-Ungarn, Italien, Frankreich und der Türkei teilnahmen. Die meisten Länder wurden durch ihren Außenminister vertreten, aus London erschien Premierminister Benjamin Disraeli persönlich. Interessanteste Gestalt war sicher der 50-jährige türkische General Mehemed Ali Pascha. Er hieß ursprünglich Karl Detroit und stammte aus Magdeburg. 1843 war er als Schiffsjunge von einem deutschen Handelskreuzer in Istanbul weggelaufen und zum Islam übergetreten. Im türkischen Heer machte er Karriere. Dieser Abenteurer großen Stils wurde nur wenige Wochen nach der Berliner Zusammenkunft von albanischen Aufständischen erschlagen.

Der Kongress tagte im Berliner Reichskanzlerpalais an der Wilhelmstraße. Die insgesamt 20 Plenarsitzungen leitete Bismarck „mit der bekannten militärischen Knappheit, die bei niemandem Unwillen auslöste und der sich die Vertreter aller Mächte beugten", wie der russische Delegierte Graf Pjotr Schuwalow resümierte.

Es war von vornherein klar, dass Russland auf dem Kongress seine Maximalziele nicht durchsetzen würde. Bismarck tat aber durch vorsichtiges Taktieren sehr viel dafür, dass der Zar sein Gesicht wahren konnte. Er sah sich nach eigenen Worten beinahe „als vierter russischer Delegierter". Durch das „Konzert der Mächte" wollte er die Revision des Vorfriedens von San Stefano letztlich für alle Seiten befriedigend gestalten. Nach vier Wochen kam schließlich am 13. Juli 1878 ein Kompromiss zustande.

Bismarck als Vermittler zwischen Russland und Österreich-Ungarn

Russland erhielt demnach Bessarabien (heute Moldawien) und Teile Armeniens von der Türkei. Die Unabhängigkeit der Fürstentümer Rumänien, Serbien und Montenegro wurde international anerkannt. Das Staatsgebiet des von Russland neugeschaffenen Großbulgarien wurde auf den Nordteil des Landes um die Hauptstadt Sofia reduziert. Der Süden blieb als Provinz „Ostrumelien" beim Osmanischen Reich. Bosnien-Herzegowina wurde von Truppen Österreich-Ungarns okkupiert, unterstand aber formell der Herrschaft des Sultans. Großbritannien, das als führende Kolonialmacht den Hals nicht voll genug bekommen konnte, ließ sich von den Türken die Verwaltung Zyperns übertragen und verstärkte somit seine Stellung im Mittelmeer weiter.

Der Berliner Kongress vermochte das Balkangebiet als permanenten Konfliktherd zwar nicht dauerhaft zu befrieden, vermied aber einen großen gesamteuropäischen Krieg. Letztlich hatten alle Beteiligten gewonnen, nur in St. Petersburg sah man das ganz anders. Bismarck hatte sehr treffend erkannt, dass die deutsch-russischen Beziehungen „von dem Gemütsleben des jedesmaligen Kaisers von Russland abhängen".

Zar Alexander II. zeigte sich höchst ungnädig wegen der Ergebnisse des Berliner Kongresses. Seinem Ärger machte er in einem Schreiben Luft, das am 15. August 1878 an den Deutschen Kaiser Wilhelm I. gerichtet war. In diesem inoffiziell als „Ohrfeigenbrief" bezeichneten Dokument beschuldigte der Zar Deutschland der „Feindseligkeit gegenüber Russland" und verwies „auf die traurigen Folgen, die dies für unsere nachbarlichen Beziehungen nach sich ziehen könnte".

Alexanders Saat ging dann im Sommer 1914 blutig auf, als Russland endlich den ersehnten Krieg gegen das Deutsche Reich bekam. Es sollte der Untergang des 300-jährigen Zarenreiches der Romanows werden.

86. Wie Amerika seinen letzten Kaiser verlor

Das fünfjährige Kaiserkind Pedro II. war dünn, ungelenk, mit gelblicher Gesichtsfarbe, von Fieber und Krämpfen geschüttelt. Wahrlich kein würdiger Repräsentant des größten Staates in Südamerika. Doch bald geschah etwas völlig Unerwartetes.

Brasilien war nach 1494 portugiesische Kolonie geworden (siehe Geschichte Nr. 40). Während Anfang des 19. Jahrhunderts die meisten lateinamerikanischen Kolonien im Freiheitskampf gegen das Mutterland Spanien standen, verliefen die Ereignisse in Brasilien etwas anders. Portugal wurde 1808 von napoleonischen Truppen besetzt und die königliche Familie floh nach Übersee. Gemäß dem Wiener Kongress kehrte König João VI. 1816 zurück, während sein ältester Sohn Pedro als Regent in Brasilien blieb. Er unterstützte die Freiheitsbestrebungen des Landes und stellte sich sogar an ihre Spitze. 1822 betrieb Pedro unter der Losung „Independencia ou morte" (Unabhängigkeit oder Tod) die Trennung von Portugal. Man ernannte ihn zum „immerwährenden Verteidiger Brasiliens", er verkündete in São Paulo die Unabhängigkeit des Landes und bestieg am 12. Oktober 1822 als Kaiser Pedro I. den Thron. Freiheitskampf und Monarchie waren seither eng miteinander verbunden.

Als 1831 Pedro I. nach Europa ging, um die verwaiste portugiesische Krone entgegenzunehmen, wurde sein erst fünf Jahre alter Sohn Pedro de Alcantara zum Kaiser ausgerufen. Als Pedro II. entwickelte sich der Knabe zu einem erstaunlichen Regenten, nachdem man ihn schon 1840 für volljährig erklärt hatte.

Brasilien war um 1830 das Armenhaus Südamerikas. Während der folgenden fünf Jahrzehnte änderte sich das grundlegend. Der gesteigerte Anbau von Kaffee und Zuckerrohr sowie die Kautschukgewinnung machten das Land zum Exportweltmeister in Naturalien. Einwanderer strömten ins Land, die Wirtschaft expandierte Jahr für Jahr. Zum großen Teil war das Kaiser Pedro II. zu verdanken, einem bemerkenswert modernen Monarchen. Er erkannte schon früh die Bedeutung von sicheren Verkehrswegen und Kommunikationsmitteln, und so ließ er ein Netz von Eisenbahnlinien (ab 1854), Telegrafen- und Telefonleitungen errichten. Der Bau von gepflasterten Straßen erhielt höchste Priorität.

Brasilien wurde nicht nur wirtschaftlich, sondern auch politisch zur Großmacht des Kontinents. Pedro führte bis 1870 siegreich einen Krieg gegen das expansionslüsterne Nachbarland Paraguay und übernahm mehrfach eine Schiedsrichterrolle bei Grenzstreitigkeiten zwischen lateinamerikanischen Staaten. Dabei war der hochgebildete, kultivierte Kaiser mehr Gelehrter als Politiker. Er gehörte zu den Gründern des Instituts Louis Pasteur in Paris und förderte den Bau von Richard Wagners Festspielhaus in Bayreuth, an dessen Eröffnung er 1876 teilnahm. Von deutschen Einwanderern ließ er 1845 die nach ihm benannte Stadt Petropolis bei Rio de Janeiro bauen und richtete sich dort eine Sternwarte ein. Als Botaniker zählte er zu den führenden Wissenschaftlern auf diesem Gebiet.

Unter Pedros Herrschaft erlebte Brasilien eine seiner glücklichsten und stabilsten Perioden. Auf seinen ausgedehnten Europareisen schloss der Monarch enge Freundschaft mit dem französischen Dichter Victor Hugo, obwohl der zu den eingefleischten Republikanern zählte. Schließlich erklärte Hugo, wenn alle gekrönten Häupter so wie Pedro II. wären, dann gäbe es auf der Welt nur noch Kaiserreiche. Doch wie häufig, wenn es einem Land besonders gut geht, erreichen die Unzufriedenen übermäßiges Gehör. Es existierte in Brasilien seit langem eine Partei der Republikaner, die angesichts der Popularität des Kaisers aber nur wenig Einfluss besaß.

Brasiliens würdiger Monarch Pedro II.

Republikanische Politiker instrumentalisierten Ende der 70er Jahre die Sklavenfrage für ihre Zwecke. Seit dem 16. Jahrhundert wurden Arbeitskräfte aus Schwarzafrika auf den Plantagen eingesetzt. Ihre Einfuhr hatte Pedro II. 1853 per Dekret verboten. Die Emanzipation der Negersklaven hielt er für notwendig, aber nicht durch einen radikalen Schritt. Er hätte dadurch die wichtigste Stütze seines Thrones, die grundbesitzende Aristokratie, verloren. Wie es seinem Naturell entsprach, suchte Pedro eine elegante evolutionäre Lösung. 1871 wurden im *Lei do Ventre Libre* alle von Sklavinnen geborenen Kinder für frei erklärt. Ab 1885 galt dasselbe für alle Sklaven über 60 Jahre. Die Zahl der Unfreien sank so von 2,5 Millionen auf 500.000 bei einer Gesamtbevölkerung von 13,5 Millionen.

Das Problem wäre auf biologischem Wege erledigt worden, wenn nicht Republikaner und unzufriedene Militärs weiter intrigiert hätten. 1888 begab sich Pedro auf einen längeren Kuraufenthalt nach Europa. Für diese Zeit ernannte er seine Tochter Isabel zur Regentin. Die sehr fromme und reichlich naive Dame ließ sich überreden und unterzeichnete eigenmächtig am 8. Mai 1888 ein Dekret über die Abschaffung der Sklaverei ohne jegliche Entschädigung ihrer Eigentümer. Diese hochtrabend *Lei Aurea* (Goldenes Gesetz) genannte Verordnung stürzte zahlreiche Großgrundbesitzer in den Ruin. Sie entzogen Pedro ihre Unterstützung, der nach seiner Rückkehr das Gesetz nicht mehr rückgängig machen konnte oder wollte.

Eine Militärfraktion, der Brasiliens Monarchie inmitten mehr oder weniger demokratischer Republiken anachronistisch und „unamerikanisch" schien, verbündete sich mit Pedros politischen Gegnern. An ihrer Spitze stand Marschall Manoel Deodoro da Fonseca, ein alter Haudegen aus dem Paraguay-Krieg, der wütend darüber war, dass man ihn 1887 auf ein Provinzkommando abgeschoben hatte. Unter Fonsecas Führung besetzten Heereseinheiten am 15. November 1889 die wichtigsten Ministerien in der Hauptstadt Rio de Janeiro. Am folgenden Tag wurde der Kaiserpalast von Soldaten abgeriegelt und Pedro zum Rücktritt gezwungen. Da er jedwedes Blutvergießen scheute, unterzeichnete er am 17. November die Abdankungsurkunde, worin es heißt: „Brasilien wird in meiner Erinnerung leben. Ich werde immer die glühendsten Wünsche für seine Größe und sein Wohlergehen hegen." Dann verließ er Südamerika und ging ins Exil nach Europa.

Fonseca rief die „Vereinigten Staaten von Brasilien" aus und machte sich bequemerweise zum ersten Präsidenten. Der gestürzte Kaiser hielt sich meist in Frankreich und in Baden-Baden auf. 66-jährig starb er am 5. Dezember 1891 in Paris.

100 Jahre später unternahm man einen rührenden Versuch, den Militärputsch Fonsecas nachträglich demokratisch zu legitimieren. Bei einem Referendum im April 1993 sprach sich Brasiliens Bevölkerung mit großer Mehrheit für die republikanische Staatsform aus. Erstaunlicherweise stimmten aber 12 Prozent für eine Rückkehr zur Monarchie. Kaiser Pedros Konterfei schmückt seit 2006 die brasilianische 100 Cruzeiro-Banknote.

87. Wiedergeburt der olympischen Idee

Griechenlands König Georg I. war sichtlich bewegt, als er am 5. April 1896 von der Marmortribüne des Athener Stadions verkündete: „Ich erkläre die ersten Internationalen Olympischen Spiele als eröffnet. Hoch leben die beteiligten Nationen! Hoch lebe das griechische Volk!" Es waren zwar nur 13 Nationen, deren Vertreter sich eingefunden hatten, aber selbst dieser bescheidene Anfang sollte bald weltweit Maßstäbe setzen.

Mehr als anderthalb Jahrtausende waren vergangen, seit letztmals 385 n. Chr. die klassischen Olympischen Spiele stattfanden. Der französische Pädagoge Pierre de Coubertin befasste sich seit 1880 mit dem Gedanken, dieses friedensstiftende Sportereignis wieder zu beleben. Ende November 1892 hielt er in der Pariser Sorbonne-Universität einen Vortrag. Darin regte Coubertin ein internationales Sportfest im Vierjahresrhythmus „als eine dem Frieden und der Völkerverständigung dienende olympische Veranstaltung" an. Vorbild sollten die Spiele der griechischen Antike sein, die stets mit einer allgemeinen Waffenruhe verbunden waren.

Sport gehörte Ende des 19. Jahrhunderts zu den Angelegenheiten einer privilegierten Minderheit. Für Coubertin verkörperte er ausschließlich den Wettstreit männlicher Einzelkämpfer, Mannschaftssport lehnte er ab. Am 23. Juni 1894 wurde in Paris das Internationale Olympische Komitee (IOC) als private und unabhängige Organisation gegründet. Diesem Gremium gehörten anfangs 16 Mitglieder an, darunter der deutsche Chemiker Dr. Willibald Gebhardt. Coubertin wurde als „Renovateur" die Seele des IOC. Seine Kollegen sagten ihm neben brillanter Intelligenz auch soldatische Disziplin, pädagogische Besessenheit und humorlose Arroganz nach.

Als Austragungsort der ersten Olympischen Spiele wurde Athen gewählt, schon wegen der griechischen Traditionen dieses Ereignisses. König Georg I. übernahm die Schirmherrschaft; nicht zuletzt wollte er damit den Nationalstolz seines Volkes stärken, das bis 1829 gegen das türkische Zwangsregime gekämpft hatte. Der Millionär Giorgios Averoff spendete das nötige Geld, mit dem in Athen ein repräsentatives Olympiastadion aus Marmor mit 47 Sitzreihen errichtet wurde.

Die Skepsis gegen eine internationale Sportveranstaltung war in den einzelnen Nationalstaaten außerhalb Griechenlands zunächst groß. Dem deutschen IOC-Mitglied Willibald Gebhardt gelang es, einen Hochadligen, Erbprinz Philipp Ernst zu Hohenlohe-Schillingsfürst, als Mitglied im noch jungen Nationalen Olympischen Komitee zu gewinnen. Jetzt zeigte auch Kaiser Wilhelm II. sein Wohlwollen für die Entsendung von 19 Sportlern nach Athen; die deutsche Delegation war gemeinsam mit Frankreich somit zahlenmäßig die zweitstärkste. Insgesamt zählte man 311 Teilnehmer.

Coubertin legte für das olympische Programm 42 Einzelentscheidungen in zehn Sportarten fest, die mit kurzen Unterbrechungen bis heute bei den Sommerspielen vertreten sind: Leichtathletik, Schwimmen, Turnen, Gewichtheben, Radfahren, Sportschießen, Fechten, Ringen und Tennis. Die zehnte Sportart Rudern fiel allerdings 1896 wegen stürmischer See aus.

Erster Olympiasieger wurde am 6. April 1896 der US-Amerikaner James B. Conolly mit 13,71 m im Dreisprung. Der 28-jährige Student aus Boston war auf eigene Faust und unter abenteuerlichen Umständen nach Athen gereist, wo er erst einen Tag vor seinem Wettkampf eintraf. Drei Landsleute Conollys sorgten für Aufsehen, weil sie beim 100-m-Lauf, den bis dato in Europa völlig unbekannten Tiefstart zeigten.

Erfolgreichster Teilnehmer der Spiele war der deutsche Schmied Carl Schuhmann. Dieser vielseitige Sportler errang vier Goldmedaillen – drei im Turnen und eine im Ringen. Jeweils drei Goldmedaillen gewannen die deutschen Turner Hermann Weingärtner und Alfred Flatow sowie der französische Radfahrer Paul Masson. Der Ungar Alfred Hajós erkämpfte an einem Tag zwei Goldmedaillen im Schwimmen. Eine Bravourleistung, wenn man bedenkt, dass jene Wettbewerbe über 100 m und 1.200 m Freistil nicht in einem Hallenbecken stattfanden, sondern auf offener See der Zea-Bucht von Piräus bei entsprechendem Wellengang.

Mit 750.000 teilweise zahlenden Zuschauern ergaben die ersten Olympischen Spiele einen grandiosen Erfolg. Nach der Abschlussfeier am 15. April versprach Pierre de Coubertin, die nächsten Spiele 1900 in Paris würden „noch größer und noch besser" werden. Leider erwies sich diese Prognose als falsch. Der jubelnde Enthusiasmus der griechischen Gastgeber übertrug sich nicht auf andere Länder.

Die Olympischen Spiele in Paris zogen sich entgegen Coubertins Plänen, der eine Dauer von höchsten 14 Tagen befürwortete, über fünf Monate hin. Sie wurden als bloßes Anhängsel der gleichzeitig stattfindenden Weltausstellung kaum wahrgenommen. An den Spielen der III. Olympiade 1904 in St. Louis (USA) beteiligten sich nur noch zwölf Nationalmannschaften. Die fünf Monate dauernde Veranstaltung artete teilweise in typisch amerikanischen Klamauk aus, mit Sportarten wie Tauziehen, Stockfechten, Gewichtwerfen oder Hochhüpfen aus dem Stand.

Der olympischen Bewegung drohte ein frühes Ende, bis Coubertin auf die Idee verfiel, im Frühjahr 1906 eine Zwischenolympiade wiederum in Athen zu veranstalten. An dem auf zehn Tage gestrafften Programm nahmen Mannschaften aus 20 Ländern teil. Hier setzten sich die Kerngedanken Olympias durch: Chancengleichheit, Fairplay und Ritterlichkeit, Internationalität, Amateurstatus, politische Unabhängigkeit.

Start zum 100 Meter-Lauf der 1. Olympiade

Die perfekten Olympischen Spiele mit einem würdigen Rahmen, darunter ein geordneter Einmarsch der Nationen, fanden dann 1912 in Stockholm statt. Einziger gravierender Unterschied zu heute: Auf dem Podest standen nicht die Olympiasieger, sondern König Gustav V. Adolf von Schweden, der huldvoll, wenn auch von oben herab, die Medaillen verteilte.

88. Ein Hörfehler macht Geschichte – Kaiser Wilhelms „Hunnenrede"

In China begann 1899 eine Erhebung von Geheimbünden, die von den Europäern als „Boxeraufstand" bezeichnet wurde. Die Mitglieder nannten sich *I-ho-chüan* (Faustkämpfer für Recht und Einheit). Ihre Bewegung richtete sich vor allem gegen ausländische Kolonialmächte, welche um die Jahrhundertwende darangingen, das chinesische Kaiserreich unter sich aufzuteilen. Die mit exemplarischer Grausamkeit vorgehenden „Boxer" richteten ihre Wut vor allem auf christliche Priester und Diplomaten. In Peking belagerten sie das so genannte Gesandtenviertel. Dort saßen 1.000 Europäer und Japaner fest, die von nur 400 Soldaten verteidigt wurden.

Gegen diese tödliche Bedrohung wurde eine internationale Kampftruppe unter britischem Kommando aufgestellt. Zu diesem 2.000 Mann starken Expeditionsheer, das am 10. Juni 1900 von Tientsin nach Peking aufbrach, gehörten auch 250 deutsche Marine-Infanteristen. Noch bevor diese Streitmacht die chinesische Hauptstadt erreichte, wurde hier der Gesandte des Deutschen Reiches Klemens Freiherr von Ketteler ermordet.

Dieser unerhörte Vorfall soll den Deutschen Kaiser Wilhelm II. derart empört haben, dass er seine Soldaten aufforderte, keinen Chinesen gefangen zu nehmen, sondern alle niederzumachen und zu hausen wie einst die gefürchteten Hunnen. Diese „Hunnenrede" führte dazu, dass Wilhelm hinfort als barbarischer Schlächter galt und im 1. Weltkrieg alle Deutschen summarisch als „Hunnen" verunglimpft wurden. Ebenso tragisch wie kurios: Es gibt für die in sämtlichen Geschichtsbüchern grassierende Passage keinen gesicherten Beleg.

Deutsche Marineinfanterie – eine disziplinierte Truppe

Wilhelm II. liebte öffentliche Auftritte und damit verbundene gelegentlich aggressiv anmutende Wendungen. Seine Reden hielt er stets ohne schriftliches Konzept. Freilich ließ er sich nie dazu hinreißen, seinen Soldaten Disziplinlosigkeit zu befehlen. Im Gegenteil. Als er am 15. Juni 1894 in Potsdam die Schutztruppe für Deutsch-Südwestafrika (heute Namibia) verabschiedete, gab er ihr als Mahnung mit auf den Weg: „Haben Sie stets vor Augen, dass die Leute, die Sie dort treffen, wenn sie auch eine andere Hautfarbe haben, gleichfalls ein Herz besitzen, das ebenfalls Ehrgefühl aufweist. Behandeln Sie diese Leute mit Milde."

Nachdem die Nachricht von der Ermordung des Gesandten Ketteler publik geworden war, sprach Wilhelm am 2. Juli 1900 auf dem Torpedo-Exerzierplatz von Wilhelmshaven zu dem dort – schon in Khaki-Uniformen – angetretenen Expeditionskorps. Er forderte eine „exemplarische Bestrafung" der chinesischen Aufständischen und erläuterte: „Ihr werdet einem

Feinde gegenübertreten, der nicht minder todesmutig ist, wie ihr. Von europäischen Offizieren ausgebildet, haben die Chinesen die europäischen Waffen brauchen gelernt." Weiter heißt es: „Ihr habt gute Kameradschaft zu halten mit allen Truppen, mit denen ihr dort zusammenkommt. Russen, Engländer, Franzosen, wer es auch sei, sie fechten alle für eine Sache, für die Zivilisation." Zum Schluss seiner Ansprache erklärte der Kaiser unmissverständlich: „Die Fahnen, die hier über euch wehen, gehen zum ersten Mal ins Feuer; dass ihr Mir dieselben rein und fleckenlos und ohne Makel zurückbringt!"

Am 6. Juli verabschiedete Wilhelm II. in Kiel die Mannschaft des Flaggschiffs *Kurfürst Friedrich Wilhelm* mit den Worten: „Bedenkt, dass ihr mit hinterlistigen, aber mit modernen Waffen ausgerüsteten Gegnern kämpfen müsst... Schont Weiber und Kinder."

Die angebliche „Hunnenrede" hielt der Kaiser am 27. Juli 1900 in Bremerhaven vor Soldaten der nach Ostasien abgehenden Bataillone. Hier forderte er die Männer auf: „Bewährt die alte preußische Tüchtigkeit... gebt an Manneszucht und Disziplin aller Welt ein Beispiel." Noch am selben Tag erschien im offiziellen Reichsanzeiger eine weitere Passage, worin es heißt: „Ihr wisst es wohl, ihr sollt fechten gegen einen verschlagenen, tapferen, gut bewaffneten, grausamen Feind. Kommt ihr an ihn, so wisst: Pardon wird euch nicht gegeben, Gefangene werden nicht gemacht. Führt eure Waffen so, dass auf tausend Jahre hinaus kein Chinese es wagt, einen Deutschen scheel anzusehen. Wahrt Manneszucht." Hunnenkönig Etzel und seine Gräueltaten tauchen dabei nirgendwo auf.

Der Wortlaut der Hunnenpassage stammt aus der Feder des Reporters einer Bremer Lokalzeitung, der weit entfernt von dem für Zivilisten gesperrten Marinekai stand. Der Kaiser sprach von einer provisorischen Tribüne aus, die am Fallreep eines Transportdampfers angebracht war. Da es Mikrophone nicht gab, ist ungewiss, was der Journalist akustisch verstehen konnte und wie exakt sein Stenogramm ausfiel. Allein der Wegfall des Wortes „euch" kehrte den gesamten Sinn der Ansprache in ihr Gegenteil. Aus der wiederholten Warnung vor brutaler chinesischer Kriegführung („Pardon wird euch nicht gegeben.") wird eine Aufforderung „Pardon wird nicht gegeben."

Der kaiserliche Appell an die Soldaten, sich wie einst die Hunnen aufzuführen, scheint wenig plausibel. Wilhelm soll an diesem Tag sehr aufgeregt gewesen sein (warum eigentlich, wo doch die Ermordung des Gesandten Ketteler schon fünf Wochen zurücklag?) und hernach gegenüber dem späteren Reichskanzler Bülow geklagt haben: „Sie haben mir ja gerade das Schönste weggestrichen." Ob dieses „Schönste" sich auf die Hunnen bezog? Wohl kaum. Wenn der Kaiser in seinen Reden neben Preußen und dem Rittertum ein Vorbild beschwor, dann waren es die Nibelungen und ihre unerschütterliche Treue. Ausgerechnet den tödlichen Gegner dieser Nibelungen, den Hunnenkönig Etzel, seinen Soldaten als nachahmenswertes Beispiel zu empfehlen – das mutet ziemlich unwahrscheinlich an.

Auch das Verhalten der deutschen Truppen in China spricht gegen eine Aufputschung mittels Hunnen-Methoden. Der britische Oberbefehlshaber Admiral Edward H. Seymour lobte ausdrücklich die Disziplin der Deutschen gerade in kritischen Situationen wie am 22. Juni 1900 bei der Eroberung des Forts Hsi-ku. Sein Kampfruf: „The Germans to the front!" wurde sprichwörtlich. Mit Recht durfte Wilhelm II. konstatieren: „Ich bin stolz auf das Lob auch aus dem Munde auswärtiger Führer, das eure Kameraden draußen sich erworben haben." Von irgendwelchen Hunnen hat er weder zuvor, noch danach jemals wieder gesprochen.

Sollte dies jedoch am 27. Juli 1900 wirklich der Fall gewesen sein, dann stieß das im Ausland durchaus auf Verständnis. Der britische *Daily Telegraph* kommentierte, das sei „wohl die einzige Sprache, welche die Asiaten verstehen. England hat sie schließlich nicht ohne Erfolg beim Aufstand der indischen Sepoys in die Tat umgesetzt."

89. Sexaffäre im Dresdner Königsschloss

Am 21. November 1891 läuteten im Wiener Stephansdom die Hochzeitsglocken. Kronprinz Friedrich August von Sachsen ehelichte hier die 20-jährige Erzherzogin Luise von Toskana. Es handelte sich um eine der üblichen dynastischen Verbindungen zwischen altehrwürdigen Fürstenhäusern. Allerdings hatte man offenbar versäumt, die Familie der Braut – eine Nebenlinie der Habsburger – genauer unter die Lupe zu nehmen. Anderenfalls wäre aufgefallen, dass sich Teile von Luises Verwandtschaft höchst unstandesgemäß benahmen.

Ihr Onkel Erzherzog Johann Salvator hatte nach einem Zerwürfnis mit der K.u.K.-Militärführung 1889 auf sämtliche Rechte und Pflichten seines Ranges verzichtet. Unter dem Namen „Johann Orth" geisterte er über die Weltmeere und versank schließlich mit einem Handelsdampfer vor der Küste Brasiliens. Luises Bruder Leopold trieb sich bevorzugt im Wiener Rotlichtmilieu herum und lebte in wilder Ehe mit der Prostituierten Wilhelmine Adamovic. Nachdem auch er seine Erzherzogswürde abgelegt hatte, heiratete er 1907 unter dem Namen „Leopold Wölfling" eine Straßendirne aus München.

Luise brachte den Skandal nach Sachsen

Als sächsische Kronprinzessin benahm Luise sich zunächst sehr viel versprechend. Sie bekam fünf Kinder, davon drei Söhne. Ihr Gemahl, der spätere König Friedrich August III. von Sachsen, war ein argloser und sehr menschlicher Herr. Er liebte es, unerkannt in Zivil durch die Straßen zu gehen und wurde ab 1904 als volkstümlicher „Geenich" Schöpfer zahlloser teilweise alberner, teilweise sehr amüsanter Anekdoten. Als er Luise einmal übermütig einen Klaps aufs Hinterteil versetzte, entrüstete sie sich, was denn der anwesende Schlossgardist von dieser Geste halten solle. Friedrich Augusts entwaffnende Antwort: „Denkst Du denn, der kneift seiner Alten zu Hause nicht auch mal in den Hintern!"

Ansonsten ging es sehr steif zu am Dresdner Hof. Als maßgebliche Frau agierte hier Friedrich Augusts ältere Schwester Mathilde, eine altjüngferliche Erscheinung mit herrischem Auftreten. Sie, der greise kinderlose König Albert und dessen Bruder Georg bestimmten die Etikette, über deren „Muffigkeit" sich die lebenslustige und temperamentvolle Luise immer öfter beschwerte. Auf der anderen Seite verübelte man ihr u. a. eine ungewohnt freizügige Kleidung, so erschien sie schon zum Frühstück tief dekolletiert.

Nachdem bereits etliche Gerüchte über eine Liaison der Kronprinzessin mit dem Hofzahnarzt O'Brian kursierten, verliebte sie sich ernsthaft in den Französischlehrer ihrer Kinder, einen Belgier namens André Giron. Der war nach eigenen Worten fasziniert von dem Gedanken, „Retter der unverstandenen Prinzessin" zu sein. Die Affäre nahm sehr handfeste Formen an und 1902 überraschte die Oberhofmeisterin Frau von Fritsch das Pärchen in flagranti – bei einer „stürmischen Liebkosung" wie es beschönigend hieß.

Nun war der Eklat nicht mehr zu vermeiden. Luise, im sechsten Monat schwanger, verschwand am 9. Dezember 1902 mit Hilfe ihrer Kammerzofen Marie und Sidonie Beeger aus dem Dresdner Schloss und hinterließ eine Nachricht, sie wolle Verwandte in Salzburg besuchen. Tatsächlich traf sie sich am Genfer See mit ihrem Liebhaber Giron und ihrem liederlichen Bruder, dem späteren Herrn Leopold Wölfling.

Das Ehedrama wurde so zum ersten Skandal des deutschen Hochadels im 20. Jahrhundert. In den gehobenen Ständen bedauerte man den gutmütigen Friedrich August und verurteilte seine Gemahlin. Eine scharfzüngige Beobachterin, Hildegard von Spitzemberg, schrieb in ihr Tagebuch: „Alle waren sie erfüllt wie wir von dem entsetzlichen Skandal am sächsischen Hofe, der wirklich an Widerlichkeit seinesgleichen sucht. Fünf Kinder, einen Mann, einen Thron zurückzulassen, um mit 32 Jahren in der Hoffnung (schwanger – d. A.) von dem Hauslehrer eben dieser Kinder, durchzugehen – es ist geradezu entsetzlich!"

Nachdem klar wurde, dass Luise nicht mehr nach Sachsen zurückkehren wollte, galt es zu handeln. Eine Ehescheidung kam für das seit den Tagen Augusts des Starken katholische Königshaus der Wettiner nicht in Frage. So klagte Friedrich August am 30. Dezember 1902 vor einem Sondergericht die Aufhebung der ehelichen Gemeinschaft ein. Diese wurde am 11. Februar 1903 erklärt und Luise zugleich der Umgang mit ihren Kindern untersagt. Als sie drei Monate später eine Tochter Anna Pia zur Welt brachte, entstand die nächste Peinlichkeit. Man musste schon aus Gründen des Erbrechts feststellen, wer der leibliche Vater des Kindes war – Giron oder der Kronprinz. Ein erbbiologisches Gutachten konstatierte, dass aufgrund äußerer körperlicher Merkmale Friedrich August mit hoher Wahrscheinlichkeit als Vater in Frage komme. Allerdings wollte der Gutachter, Direktor der Dresdner Geburtsklinik, diese Schlussfolgerung nicht auf seinen Eid nehmen. Das Mädchen wurde von Friedrich August schließlich als legitim anerkannt und heiratete 1924 standesgemäß.

Luise sorgte derweil dafür, dass ihr skandalträchtiger Name nicht in Vergessenheit geriet. Als André Giron sie verlassen hatte, heiratete sie 1907 in London den 13 Jahre jüngeren italienischen Musiker Enrico Toselli. Die Verbindung mit diesem schmalzgeigenden Gigolo lieferte der Boulevardpresse willkommene Schlagzeilen. Doch auch dieses Glück währte nur kurze Zeit. Nachdem 1908 ihr Sohn Carlo Emmanuele geboren wurde, trennte sich das Paar rasch. 1911 erfolgte die Scheidung „wegen ihrer Verschwendungssucht und gemeiner Schimpfereien". Versorgt mit dem Titel einer Gräfin Montignoso und üppigen Jahrespensionen führte Luise ein unstetes Wanderleben durch halb Europa. Als 1918 die Donaumonarchie zusammenbrach, versiegten auch die Zahlungen aus Wien. Sie ließ sich endlich in Brüssel nieder und starb hier 1947 verarmt als Blumenverkäuferin.

Ihr gehörnter Gemahl bestieg 1904 den sächsischen Königsthron. Er regierte das Land mit einer Mischung aus Pflichtbewusstsein, Mutterwitz und Leutseligkeit. Als 1918 die Novemberrevolution in Deutschland ausbrach, musste auch Friedrich August seine Abdankung erklären. Er tat es mit den geflügelten Worten: „Na, da macht euern Dreck alleene!"

90. Der frechste Spion des 20. Jahrhunderts – Alfred Redl

Am späten Abend des 25. Mai 1913 betraten vier Offiziere das „Hotel Klomser" in der Wiener Herrengasse. Im 2. Geschoss öffnete ihnen auf energisches Klopfen ein totenbleicher Mann mit schwammigen Gesichtszügen. Er empfing die Militärs mit den Worten: „Ich weiß, warum die Herren kommen. Ich habe mein Leben verwirkt und bitte, mir Gelegenheit zu geben, aus dem Leben zu scheiden, das ich unwürdig beschlossen habe. Ich bin Opfer einer unseligen Leidenschaft." Wenig später ertönte aus dem Hotelzimmet ein Pistolenschuss. Er beendete vorläufig einen der folgenschwersten Spionagefälle des 20. Jahrhunderts.

Alfred Redl wurde 1864 als Sohn eines Eisenbahnbeamten im galizischen Lemberg geboren. Mit 15 Jahren besuchte er die Kadettenanstalt und erhielt 1887 sein Offizierspatent. Der sprachgewandte, scharf beobachtende und selbstbewusste Leutnant wurde vom Generalstab mehrfach nach Russland entsandt, um dort die Landessprache fließend zu lernen. 1900 versetzte man Redl in das „Evidenzbüro", den österreich-ungarischen Militärgeheimdienst. Sein Aufgabenbereich bestand in der Anwerbung, Ausbildung und Einschleusung von Spionen nach Russland. Als Major übernahm er 1906 die Leitung der „Russischen Gruppe" im Evidenzbüro. Bald wurde die russische Geheimpolizei *Ochrana* auf den umtriebigen Offizier aufmerksam.

Sie fand heraus, dass Redl mehrere homosexuelle Beziehungen unterhielt – damals der Tatbestand eines Verbrechens, das mit Gefängnis bis zu fünf Jahren und sofortiger Entlassung aus dem Militär geahndet wurde.

Von dem russischen Emissär August Pratt erpresst, lässt sich Redl als Spitzenagent anwerben. Die Russen sind schlau genug, nicht nur die Peitsche, sondern auch Zuckerbrot einzusetzen. Aus der *Ochrana*-Kasse erhält Redl üppige Zuwendungen und gewinnt allmählich Geschmack an seinem Agentendasein. Bald liefert er den Russen Mobilisierungspläne des K.u.K-Heeres, Kopien von Personalakten führender Militärs, Deckadressen eigener Spione, interne Dokumente des Evidenzbüros.

Die *Ochrana* zahlt pünktlich und großzügig. Nach Redls Tod findet man auf seinem Konto bei der Neuen Wiener Sparkasse 116.700 Kronen, was ihn nach heutigen Maßstäben zum Millionär macht. Mit erstaunlicher Dreistigkeit stellt Alfred Redl seinen neuen Reichtum zur Schau. Er verkehrt in den teuersten Lokalen Wiens, leistet sich zwei Limousinen samt livriertem Chauffeur, trägt Brillantringe und hält mehrere Reitpferde. Einem Bettgenossen, dem Leutnant Stefan Horinka, kauft er als seinem „Neffen" eine luxuriöse Wohnung. Um seine Homosexualität zu kaschieren, unterhält er eine Mätresse, die mit kostbaren Geschenken überschüttet wird. Dieser Lebensstil fällt natürlich auf und so erfindet Redl eine reiche Erbtante im Ausland. Seine durchsichtige Behauptung wird anstandslos geglaubt, obwohl man weiß, dass Redls Bruder in ausgesprochen ärmlichen Verhältnissen lebt.

Bei aller Dreistigkeit im Auftreten ist Redl sehr vorsichtig, wenn es um Treffen mit seinen russischen Auftraggebern geht. Sie finden nie in Wien statt, sondern meistens in Luxushotels des böhmischen Kurortes Karlsbad. Immer wenn der Superspion argwöhnt, man könne ihn verdächtigen, lässt die *Ochrana* einen ihrer minder wichtigen Agenten auffliegen. Redl feiert das dann als eigenen Erfolg. Als der russische Generalstabsoberst Kyrill Lajkow den Österreichern alle Aufmarschpläne seines Landes anbietet, weiß Redl das zu verhindern. Lajkow wird verraten. 1912 soll Redl das geheimste aller Dokumente besorgen: die Aufmarschpläne gegen Russland und Serbien. Der eben zum Oberst Beförderte verschafft sich unter einem Vorwand Zugang zu den Archiven des Generalstabs, fotokopiert die dortigen Unterlagen und spielt sie dem russischen Militärattaché zu.

Nie fällt der Schatten eines Verdachts auf Redl. Sein Vorgesetzter, der Chef des Evidenzbüros Oberst August Urbanski, schlägt ihn sogar als Nachfolger vor und lobt dessen „vornehme Denkungsart, sein Taktgefühl und

Geschick im Umgange". Wesentlich realistischer fällt die Einschätzung des russischen Militärattachés Mitrofan Martschenko aus: „Eher schlau und falsch, als intelligent und talentiert. Ein Zyniker."

Redls Umtriebe wären sicher noch lange weitergegangen, hätte nicht Anfang 1913 der Leiter des deutschen Militärgeheimdienstes, Major Walter Nicolai, einen entscheidenden Hinweis erhalten. Es ging um einen fehlgeleiteten Geldbrief mit 6.000 Kronen, adressiert an „Nikon Nizetas". Er sollte ursprünglich am Schalter für postlagernde Sendungen im Wiener Hauptpostamt eingehen. Der ungewöhnliche Deckname erinnert Eingeweihte an Konfidenten der *Ochrana*.

Seit dem 9. Mai 1913 wird das Wiener Postamt am Fleischmarkt von Detektiven überwacht. Die Mitarbeiter am Schalter bekommen Anweisung, sofort diskrete Zeichen zu geben, sollte ein „Nikon Nizetas" auftauchen. 14 Tage wartet man vergeblich. Dann betritt am Nachmittag des 25. Mai ein Mann mit hochgeschlagenem Mantelkragen und tief in die Stirn gedrücktem Hut das Postamt. Er nennt den bewussten Namen, nimmt einen Brief in Empfang und quittiert auf einem „Rezipiss" (Abholschein). Als der bislang noch Unbekannte das Gebäude verlässt, folgen ihm mehrere Detektive.

Die Schalterbeamtin Betty Österreicher hat sich das Gesicht des Mannes genau eingeprägt und gibt eine detaillierte Beschreibung. Rasch fällt der Verdacht auf Alfred Redl. Der Leiter des Kundschaftsdienstes im Evidenzbüro Major Maximilian Ronge besorgt einige Schriftproben des Verdächtigen und vergleicht sie mit der Unterschrift auf dem Rezipiss. Kein Zweifel – der Verräter „Nikon Nizetas" ist Oberst Redl.

Der gewiefte Geheimdienstler merkt schnell, dass man ihn beschattet. Mehrfach versucht er, seine Verfolger abzuschütteln, denen es aber gelingt, sein Verschwinden im Hintereingang vom „Hotel Klomser" zu registrieren. Am Abend begibt sich eine vierköpfige Abordnung ins Hotel, zu der auch Major Ronge und der Evidenzbürochef Oberst Urbanski gehören. Wenig später findet Redl sein oben geschildertes Ende.

Dass man es ihm gestattete, ungehindert Selbstmord zu begehen und so all seine Geheimnisse mit ins Grab zu nehmen, war eine weitere unfassbare Schlamperei. Bis zum Ausbruch des 1. Weltkriegs vergingen nur noch 14 Monate und in dieser kurzen Zeitspanne vermochte niemand herauszufinden, was genau der Spion den Russen verraten hatte und wie zuverlässig seine Informationen über den Feind waren.

Der homosexuelle Oberst Redl

Es gelang zwar, den peinlichen Kasus in der Öffentlichkeit zu vertuschen, aber intern schlug der Skandal hohe Wellen. Der sonst so beherrschte Kaiser Franz Joseph bekam einen Wutanfall, als er von Redls Doppelspiel erfuhr, und war nach dem Bericht eines Adjutanten „wochenlang untröstlich darüber". Der Zorn des alten Monarchen ist verständlich, denn jene schlimmen Niederlagen, welche seine Heere im Sommer und Herbst 1914 gegen die Russen erlitten, gingen großenteils auf Redls Verrätereien zurück. Erbittert notierte ein Generalstäbler: „So blieb uns im Jahre 1914 die Existenz von 75 russischen Divisionen, die mehr als die gesamte österreichisch-ungarische Armee ausmachten, unbekannt."

91. Das Gallipoli-Desaster 1915

Schon sechs Monate nach Beginn des 1. Weltkriegs litt das russische Heer unter eklatantem Munitionsmangel. Das schwach industrialisierte Land konnte nicht genügend Nachschub erzeugen. Seine englischen und französischen Alliierten lieferten Munition auf dem Seeweg – viel zu wenig, denn es gab im Norden Russlands kaum einen eisfreien Hafen und der Transport vom Fernen Osten über Sibirien dauerte Wochen. Der kürzeste Lieferweg hätte über das Mittelmeer und das Schwarze Meer geführt. Zu diesem Zweck musste man die türkisch beherrschte Meerenge der Dardanellen durchqueren. Die Türkei war aber seit Oktober 1914 mit Deutschland verbündet. Daraus erwuchs ein anglo-französischer Plan zur Eroberung der Dardanellen. Er endete mit einem der schlimmsten Desaster der gesamten Kriegsgeschichte.

Zunächst versuchten die Alliierten, ihren Gegner per Handstreich zu überraschen. Im Frühjahr 1915 sammelte sich bei der Insel Malta eine große Flotte von 18 Linienschiffen und Schlachtkreuzern. Sie drang am 18. März in die 67 Kilometer lange Wasserstraße der Dardanellen ein, um die türkischen Forts zwischen Hissarlik und Čanakkale zu zerstören.

Das Unternehmen scheiterte, ehe es richtig begann. Gleich zu Anfang des Gefechts lief das französische Linienschiff *Bouvet* auf eine Seemine, explodierte unter gewaltigem Getöse und riss 600 Mann in den Untergang. Kurz darauf wurde die britische *Inflexible* durch eine Mine so schwer beschädigt, dass sie mit letzter Kraft nach Malta zurückdampfen musste. Die von den Türken mit kluger Berechnung gelegten Minen forderten weitere Opfer. Auch die britischen Linienschiffe *Ocean* und *Irresistible* versanken in den Fluten.

Die alliierte Mittelmeerflotte war danach so geschwächt, dass man auf weitere Angriffe zu Schiff verzichtete und stattdessen eine Landung von Infanterie plante. Sie sollte auf der 80 Kilometer langen Halbinsel Gallipoli erfolgen, die den gesamten Dardanellenbereich beherrschte.

Da die Alliierten ihre Soldaten dringend an der Frankreich-Front benötigten, wurde ein Expeditionskorps in den britischen Dominions Australien und Neuseeland zusammengestellt. Diese trinkfesten Männer vom 5. Kontinent besaßen zwar eine äußerst laxe Auffassung von Disziplin und militärischem Gehorsam, erwiesen sich aber als Kriegsfreiwillige hoch motiviert. Die türkischen Soldaten galten als minderwertiger Gegner. Sie waren in der Tat kläglich bewaffnet, aber tapfer und äußerst genügsam. Zudem hatten deutsche Offiziere ihnen jahrelang Drill und Kampferfahrung verpasst.

Mitte April 1915 versammelte sich in Unterägypten die 77.000 Mann starke Invasionsarmee. Zu ihr zählten auch Frankreichs Fremdenlegion sowie schwarzafrikanische Kolonialregimenter. Ihnen standen auf Gallipoli nur 20.000 Türken unter dem Kommando des deutschen Generals Otto Liman von Sanders gegenüber. Die alliierte Landung begann am 25. April 1915 mit einer bösen Überraschung. Kaum waren die ersten Kontingente gelandet, gerieten sie unter schweren Beschuss. „Ein grauenhafter Hagel, ein Wirbelwind von Stahl und Feuer fegte über den Strand", beschrieb der britische Oberkommandierende Sir Ian Hamilton die Situation.

In dem karstähnlichen Bergland, bedeckt mit steinigem Geröll, suchten die Australier als Speerspitze des Angriffs verzweifelt Deckung und kamen nur meterweise vorwärts. Die britische Schiffsartillerie verstärkte das Durcheinander. Ein deutscher Augenzeuge der Kämpfe berichtet: „Eine ganze Nacht hindurch heulen in einem brennenden Dorf die Senegalneger im mörderischen Straßenkampf und werden, gefangen, bei Tagesanbruch durch das Feuer ihrer eigenen Schiffsgeschütze kurz und klein geschlagen."

Vier Wochen lang blieb das Expeditionskorps auf einem etwa 600 Meter tiefen Streifen zwischen der Suvla-Bucht und Kabatepe festgenagelt; es erlitt furchtbare Verluste. Wieder versuchte man ein Seeunternehmen in den Dardanellen. Doch dort lauerte inzwischen das deutsche U-Boot U 21 unter dem legendären Kapitänleutnant Otto Hersing. Binnen zwei Tagen fielen Ende Mai die britischen Schlachtschiffe *Triumph* und *Majestic* seinen Torpedos zum Opfer. In Großbritannien schlug die Empörung über diese erneute Schlappe so hohe Wellen, dass Marineminister Winston Churchill zurücktreten musste.

Die alliierten Soldaten auf Gallipoli litten unter Seuchen, Wassermangel und Milliarden Fliegen. Bei den zähen Türken hingegen bemerkte ein Unteroffizier: „Das ist doch gar kein richtiger Krieg, wir bekommen ja jeden Tag zu essen!" Den Befreiungsschlag sollte Anfang August 1915 eine Landung von 22.000 Mann britischer Truppen führen. Da man die fähigsten Kommandeure in Frankreich benötigte, wurde General Frederick Stopford mit dem Unternehmen betraut. Dieser 61-jährige kränkliche Schreibstubenmilitär hatte noch nie eine aktive Truppe befehligt.

Nachdem Stopfords Korps am 6. August in der Suvla-Bucht gelandet war, zog es der General vor, seinen Leuten eine Ruhepause zu gönnen. Er selbst begab sich wieder auf das Flaggschiff, um ein Nickerchen zu machen. Am folgenden Tag wolle er über den weiteren Angriff nachdenken. Dazu kam es aber nicht, weil Stopford wegen eines schmerzenden Beines nicht an Land gehen mochte.

Während jener entscheidenden 48 Stunden standen den 22.000 Briten nur 1.500 türkische Milizionäre unter dem Kommando des bayerischen Majors Wilhelm Willmer gegenüber. Er beorderte rasch Verstärkung und am 8. August begann ein wütender Gegenangriff, bei dem 8.000 Briten getötet oder verwundet wurden. Oberbefehlshaber Ian Hamilton verfolgte das Desaster von einer griechischen Insel aus und jammerte: „Wir waren nur eine Viertelmeile vom Sieg entfernt."

Stopford wurde seines Kommandos enthoben, doch auf Gallipoli änderte sich nichts. Immer mehr alliierte Truppen landeten hier, ohne entscheidend Boden zu gewinnen. Als erste Herbststürme über die Halbinsel fegten, begann man mit der Evakuierung, die sich bis Anfang Januar 1916 hinzog. Von mehr als 400.000 gelandeten Soldaten waren 141.000 tot oder verwundet. Die Dardanellen blieben weiter in türkischer Hand.

Untergang des britischen Schlachtschiffs *Triumph* vor Gallipoli

Wie hatte das britische Oberkommando zu Beginn des Gallipoli-Unternehmens verlautbart: „Vor uns liegt ein Abenteuer ohne Beispiel in der neuzeitlichen Kriegführung."

92. Zarenmord – das Ende einer 300-jährigen Dynastie

„Die Atmosphäre ist wie mit Elektrizität geladen und ich spüre ein nahendes Gewitter; Gott aber ist gnädig und wird uns vor allem Bösen bewahren." Dies schrieb Russlands Ex-Zarin Alexandra Fjodorowna am 21. Mai 1918 aus Tobolsk. Es war der letzte von vielen Briefen an ihre Hofdame und Freundin Anna Wyrubowa. Bald würde sich die geladene Atmosphäre, von der Alexandra sprach, fürchterlich entladen.

Russland hatte im Verlauf des 1. Weltkrieges eine Reihe von demütigenden Niederlagen hinnehmen müssen. 1915 entschloss sich Zar Nikolaus II. verhängnisvollerweise, den nominellen Oberbefehl aller russischen Truppen zu übernehmen. Fortan schrieb man jede Schlappe im Krieg seinem persönlichen Versagen zu. Überdies waren der Zar und seine aus Deutschland stammende Gemahlin im Volk sehr unbeliebt, weil sie sich völlig von der Außenwelt abkapselten. Die blutige Niederwerfung der Revolution von 1905 und das zwielichtige Agieren des sibirischen Wundermönchs Grigori Rasputin am Zarenhof (siehe „111 Geschichten zur Geschichte", S. 265ff.) vertieften diese Kluft.

1917 brach in Petrograd (St. Petersburg) die „Februarrevolution" aus. Genauer gesagt, geschah das Anfang März, aber der in Russland damals noch gebräuchliche julianische Kalender hinkte dem allgemeinen um zwölf Tage hinterher. Am 15. März wurde eine Provisorische Regierung gebildet und Nikolaus II. zur Abdankung veranlasst. Das Zarenpaar und ihre Kinder Olga (21), Tatjana (19), Maria (17), Anastasia (15) sowie Alexej (12) wurden zunächst im Alexander-Palais von Zarskoje Sselo bei Petrograd unter Hausarrest gestellt.

Die Revolution hatte u. a. zur Folge, dass die russischen Soldaten massenhaft von der Front desertierten. So konnte die deutsche Armee weit ins Land vorstoßen. Die Provisorische Regierung sah auch die Hauptstadt schon bedroht und wollte verhindern, dass die Zarenfamilie eventuell vom Feind befreit würde. Deshalb wurde sie am 1. August 1917 tief ins russische Kernland nach Tobolsk in Sibirien deportiert.

Die Haftbedingungen waren durchaus erträglich, zumal die Romanows ein schlichtes und einfaches Leben schätzten. Die drei älteren Töchter hatten seit 1914 als einfache Krankenschwestern im Lazarett gearbeitet. Anders als in Zarskoje Sselo, wo sie ständig von kommunistischen Agitatoren angepöbelt wurden, schien in Tobolsk noch alles beim Alten. Jeden Tag läuteten Kirchenglocken, Einheimische versammelten sich vor dem Haus und grüßten die Zarenfamilie höflich. Selbst die Wachen benahmen sich nicht mehr so feindselig.

„Uns geht es gut hier, – wir leben still und friedlich", schreibt der Zar am 10. Dezember 1917. Die 18-jährige Großfürstin Maria notiert im Januar 1918: „Wir sind alle gesund, gehen viel auf dem Hof spazieren und fahren Schlitten über die Berge." Nur Zarin Alexandra scheint von düsteren Vorahnungen geplagt. „Das Leben ist Schall und Rauch, wir alle bereiten uns auf das Himmelreich vor", beichtet sie ihrer Freundin Anna Wyrubowa am 15. März 1918.

Zu jener Zeit hatten sich in Russland bereits einschneidende Veränderungen vollzogen. Am 7. November 1917 ergriffen in Petrograd die Bolschewisten unter Führung von Wladimir I. Lenin die Macht. Dies geschah in einem bemerkenswert unblutigen Staatsstreich. Was danach folgte, war freilich blutiger als alles zuvor. Noch im Dezember 1917 brach ein Bürgerkrieg aus, in dem zarentreue „Weiße" gegen Lenins „Rote" kämpften. Anfang 1918 hatten die Bolschewisten zwar einen Frieden mit Deutschland geschlossen, doch nun rückten „weiße" Armeen überall vor, auch in Sibirien.

Ende Mai 1918 wurde die Zarenfamilie vom sibirischen Tobolsk nach Jekaterinburg am Ural verlegt, wo die Bolschewisten über eine große Anhängerschaft verfügten. Hier besaß die Geheimpolizei *Tscheka* ein „Haus zur besonderen Verwendung", das von dem Kaufmann Nikolai Ipatjew beschlagnahmt worden war.

In diesem Ipatjew-Haus musste die Zarenfamilie mit ihren wenigen Bediensteten in völliger Isolation leben. Um das Gebäude wurde ein Palisadenzaun gezogen, sämtliche Fenster weiß getüncht. Nur zwei Stunden täglich darf Nikolaus II. in einem kleinen Garten verbringen, der eher einem Gefängnishof gleicht. Der 13-jährige Zarewitsch Alexej leidet an einer Bluterkrankheit und liegt fast ständig im Bett.

Am 27. Juni 1918 übernimmt der *Tscheka*-Offizier Jakow Jurowski das Kommando im Ipatjew-Haus. „Wir haben den neuen Kommissar gesehen – sein Gesicht ist sehr unangenehm", notiert die Zarin. Sehr unangenehm wird auch die Situation, als Jurowski die Herausgabe der Juwelen verlangt. Man weiß, dass beim Umzug nach Tobolsk in den 50 Kisten des Reisegepäcks neben Büchern, Kleidung, Geschirr und Ikonen auch große Teile des kaiserlichen Schmucks enthalten waren. Bei einer Befreiung durch die „Weißen" wäre er ein dringend benötigtes Startkapital für das Exil gewesen. Vorsorglich hat die Zarin besonders wertvolle Edelsteine in die Korsette ihrer Töchter eingenäht.

Das Zarenpaar mit seinen fünf Kindern

Am 16. Juli 1918 notiert Alexandra: „Mit Nicky Karten gespielt. 10 Uhr zu Bett. 15 Grad." Die Nachtruhe ist nicht von langer Dauer. „Das Erschie-ßungskommando stand im Nebenzimmer bereit, die Romanows argwöhn-ten nichts", rapportierte Jurowski später. Er war zum Leiter der Mordakti-on auserwählt; wie sich nach Öffnung der Sowjetarchive herausstellte, auf direkten Befehl Lenins und dessen Handlanger Jakow Swerdlow.

Kurz nach Mitternacht wird der Leibarzt Dr. Jewgeni Botkin geweckt. In der Stadt gäbe es Unruhen, alle sollen in den Keller gehen. Der Arzt weckt die übrigen Gefangenen: außer der Zarenfamilie noch den Diener, das Kammermädchen und den Koch. Insgesamt sind elf Menschen in dem leeren Kellergeschoss versammelt. Nikolaus II. trägt seinen kranken Sohn auf dem Arm.

Gegen 1.30 Uhr betritt Jurowski mit seinen Gehilfen den Raum. „Wir haben den Auftrag, sie zu erschießen", schreit er und eröffnet sofort das Feuer. Er zielt auf den Zaren und „tötete ihn auf der Stelle". Anders die Frauen. Von ihrem eingenähten Schmuck prallen viele Kugeln ab. Sie werden schließlich durch gezielte Kopfschüsse ermordet, die junge Anas-tasia mit dem Bajonett erstochen. Als der kleine Alexej schwer verwundet aufstöhnt, tritt Jurowski auf seinen Kopf und schießt ihm ins Ohr.

Die geplünderten Leichen werden auf eine Waldlichtung beim Dorf Kopt-jaki geschafft, zerstückelt und verbrannt. Ihre Gesichter übergießt man zusätzlich mit Schwefelsäure. Als offizielle Version verbreiten die Sowjets, die Zarenfamilie sei „bei einem Fluchtversuch umgekommen".

Erst 1991 werden die Überreste der Romanows entdeckt, ausgegraben und Jahre später würdig bestattet.

93. Polens „Weichselwunder" 1920

Nach 100 Jahren russischer Fremdherrschaft war Ende des 1. Weltkriegs wieder ein selbständiger polnischer Staat entstanden. Das schuf sogleich erhebliche Konflikte, denn Polens Politiker lagen mit sämtlichen Nach-barländern im Streit; militärische Übergriffe eskalierten gegen Deutsch-land, Litauen, die Tschechoslowakei und Sowjetrussland. Besonders er-bittert tobten Kämpfe um die einstmals polnische Ukraine. Hier kam es 1920 zu einer Auseinandersetzung, die den jungen Staat beinahe seine Existenz kostete.

Anfang 1920 zählte Polens Armee fast 500.000 Mann. Die Gelegenheit schien günstig, eine Offensive gegen die von mehrjährigen Bürgerkriegen geschwächte spätere Sowjetunion zu unternehmen. Unter dem Oberbefehl von General Jozef Pilsudski marschierte ab 24. April ein Heer in der Ukraine ein. Schon am 7. Mai konnte die Hauptstadt Kiew erobert werden. Jetzt begannen allerdings auch die Probleme. Warschau hatte angenommen, dass die ukrainische Bevölkerung sich auf Polens Seite schlagen würde. Doch die Einheimischen wollten lieber einen unabhängigen Staat, anstatt bloßes Anhängsel einer fremden Macht zu werden. Ihre Unterstützung blieb aus.

Die sowjetischen Armeen hatten sich dem polnischen Vorstoß geschickt und ohne nennenswerte Verluste Richtung Osten entzogen. Nun bereiteten sie eine umfangreiche Gegenoffensive vor, die aus zwei Richtungen erfolgte. Eine nördliche Heeresgruppe, die „Westfront", sollte über Litauen nach Warschau vorrücken. Sie stand unter dem Befehl von Michail Tuchatschewski, einem ebenso talentierten wie ambitionierten Offizier der Zarenarmee. Die südliche Heersgruppe („Südwestfront") kommandierte Alexander Jegorow. Generale der Roten Armee waren indes nicht frei in ihren Entschlüssen. Die Kommunistische Partei stellte ihnen mit „Revolutionären Kriegsräten" besonders linientreue Funktionäre als Aufpasser zur Seite. Chef dieses Kriegsrates bei Jegorows Heeresgruppe war der Zivilist Josef Stalin, was sich noch als bedeutsam erweisen sollte.

Am 15. Mai 1920 begann Jegorows Schlag. Da beide Seiten technisch äußerst mangelhaft ausgerüstet waren, gewannen Kavallerieverbände an Wichtigkeit, wobei die Russen hier die zahlenmäßige Überlegenheit besaßen. Kiew wurde schon am 12. Juni zurückerobert; im Norden besetzten Tuchatschewskis Truppen die weißrussische Stadt Minsk und drei Tage später Wilna, Hauptstadt Litauens. Die sowjetische Geheimpolizei *Tscheka* ermordete hier binnen weniger Wochen 2.000 Menschen.

Anfang August wurde die Lage für Polens Armee immer kritischer. Im Süden standen Jegorows Truppen vor Lemberg (Lwow), der stärksten Festung im galizischen Raum. Tuchatschewski besetzte am 1. August Brest-Litowsk, 100 Kilometer östlich von Warschau. Dort brach eine Krise aus, die Regierung trat zurück und Jozef Pilsudski wälzte im Belvedere-Palast einsame Pläne zur Rettung des Landes vor dem Bolschewismus. Aufgrund seiner aggressiven Außenpolitik hatte Polen viele Freunde verloren, nur der traditionelle Verbündete Frankreich sandte noch Waffen sowie eine 400 Mann starke Gruppe von Militärberatern, zu der auch der Hauptmann Charles de Gaulle gehörte.

Am 10. August überquerten Tuchatschewskis Regimenter bei Radzymin den Weichselfluss und standen nur noch 20 Kilometer vor Warschau. Der Russe besaß genügend strategischen Weitblick um zu bemerken, dass seine linke Flanke beim raschen Vorstoß gefährlich überdehnt worden war. Er verfügte auf einer Länge von 180 Kilometern nur über 8.000 Mann zur Deckung und erreichte vom Oberkommando in Moskau den Befehl, dass Jegorows Heeresgruppe ihm von Süden schnellstmöglich Unterstützung leisten sollte.

Nun begann Kriegskommissar Josef Stalin eines seiner niederträchtigen Intrigenspiele, für die er so großes Talent besaß. Er redete Jegorow ein, dass sein ehrgeiziger Konkurrent Tuchatschewski durch die Eroberung von Warschau nur den Ruhm des gesamten Feldzuges für sich allein einstreichen wolle. Wenn die Südgruppe aber an Ort und Stelle bliebe und Lemberg (Lwow) erobern könne, dann sei das ein vergleichbarer Erfolg. Jegorow ließ sich überreden, ebenso sein wichtigster Befehlshaber Semjon Budjonny. Dieser schneidige Kavallerist war als Führer der 1. Reiterarmee zur Legende geworden, besaß aber nur den militärischen Sachverstand eines Feldwebels. Seine notorische Unfähigkeit sollte im 2. Weltkrieg hunderttausenden Rotarmisten das Leben kosten.

Am 14. August 1920 begann Pilsudskis Gegenoffensive an der Weichsel. Sie erfolgte aus zwei Richtungen und schien den französischen Militärberatern so tollkühn, dass sie dringend davon abrieten. Zunächst behielten die Skeptiker Recht, denn die nördliche Angriffsgruppe der Polen unter General Władysław Sikorski rannte sich an den gegnerischen Linien fest. Zwei Tage später starteten die 3. und 4. Armee südlich der Hauptstadt einen Angriff auf die weitgehend ungedeckte Flanke der Russen. Noch am 16. August befahl Tuchatschewski den Rückzug, doch für viele kam das zu spät. Weil beide Seiten ihre Kriegsgefangenen mit ausgesuchter Brutalität behandelten, zogen es 50.000 Rotarmisten vor, sich im deutschen Ostpreußen internieren zu lassen, um nicht den Polen in die Hände zu fallen.

Bald musste sich auch die Südgruppe von Lwow zurückziehen und wurde bis zum 31. August vollständig in die Flucht geschlagen. Bei der Stadt Komarów kam es dabei zu einem Kavalleriegefecht, dem letzten auf europäischem Boden. Die Polen gingen siegreich daraus hervor. General Tuchatschewski, der sich schon als Triumphator in Warschau einziehen sah, notierte wütend: „Wenn Stalin und der Analphabet Budjonny in Galizien nicht ihren eigenen Krieg geführt hätten, dann hätte die Rote Armee nicht diese Niederlage erlitten, die uns zwang, den Frieden von Riga zu unterschreiben."

Als im Herbst 1920 Polen und Sowjets für eine Weiterführung der Kämpfe zu erschöpft waren, kam es zum Waffenstillstand. Am 18. März 1921 schloss man im lettischen Riga Frieden. Große Teile Weißrusslands und der westlichen Ukraine fielen an Polen. Dort nannte die Propaganda analog zum „Marne-Wunder", das im Sommer 1914 den deutschen Marsch auf Paris stoppte, den polnischen Gegenangriff das „Wunder an der Weichsel".

Nach dem Sieg bekleidete General Jozef Pilsudski das Amt eines polnischen Staatspräsidenten. Ab 1926 regierte er das Land als Militärdiktator bis zu seinem Tod 1935. Die Heerführer Michail Tuchatschewski und Alexander Jegorow wurden 1934 zu Marschällen der Sowjetunion ernannt. Stalin, der durch nichts an seine verhängnisvolle Rolle während des Weichselfeldzuges erinnert werden wollte, ließ beide noch vor Ausbruch des 2. Weltkriegs hinrichten.

94. Steuerhinterziehung kann furchtbar enden

Das *Three Star Café* in der Armitage Avenue, Chicago Nord, war normalerweise ein gemütliches Plätzchen. Doch am 20. September 1926 flogen Gewehrkugeln durch das Schaufenster. Nach wenigen Sekunden war der Spuk vorbei. Von den Gästen, die sich entsetzt zu Boden geworfen hatten, blieben zwei schwer verletzt liegen. Als sie im Hospital aufwachten, erfuhren sie, dass jemand ihre gesamten Krankenhauskosten übernehmen werde – jener Mann, dem der Mordanschlag gegolten hatte, Al Capone.

Der Sohn neapolitanischer Einwanderer, geboren als Alphonse Gabriel Capone am 17. Januar 1899 in Brooklyn (New York), begann seine kriminelle Laufbahn als Türsteher der Kneipe *Havard Inn* auf Coney Island. Schon mit 15 Jahren wurde er von dem Gangster Frankie Yale in eine Bande von Schutzgelderpressern aufgenommen. Von Yale lernte er, dass neben Brutalität und Skrupellosigkeit auch ein gutbürgerliches Auftreten nach Außen zum Geschäft gehört.

Capones erster großer Auftrag bestand darin, einem Falschspieler 1.500 $ wegzunehmen, die er von Frankie Yale ergaunert hatte. Es kam zur Auseinandersetzung und Al Capone beging gleich seinen ersten Mord, er erschoss den Falschspieler.

Kurz darauf wäre seine Karriere beinahe zu Ende gewesen. Im Sommer 1917 flirtete er in einer Bar mit der Schwester des Gangsters Frank Galluccio. Der griff zum Messer und zog es Capone über Hals, Wange und Unterkiefer. Von nun an trug er den Spitznamen *Scarface* (Narbengesicht). Später erfand er die Legende von einer Kriegsverletzung, die er sich im 1. Weltkrieg an der Frankreich-Front zugezogen habe.

Nach einer schweren Schlägerei mit irischen Banditen, die schwuren, den mit seinen Narben leicht erkennbaren Mann umzubringen, schickte Yale ihn 1919 nach Chicago zur Bande von Johnny Torrio. Ein Jahr später begann in den USA die Prohibition, das Alkoholverbot. Es sollte die Kriminalität eindämmen, bewirkte aber das ganze Gegenteil. Die meisten waren nicht bereit, auf Schnaps, Bier und Wein zu verzichten. Also blühte das organisierte Verbrechen erst richtig auf. Die Prohibition ermöglichte es, wesentlich höhere Preise für Alkohol zu verlangen, der häufig in illegalen Kneipen (*Speakeasies*) ausgeschenkt wurde.

Als rechte Hand von Torrio übernahm Al Capone in Chicago-Nord das Geschäft mit Glücksspiel, Prostitution und Alkohol. Anfang 1923 teilte die Unterwelt diese Stadt unter sich in verschiedene Territorien auf, die nicht überschritten werden durften. Torrio, durch einen Mordanschlag geschwächt, ahnte wohl, wie brüchig dieses Abkommen war. Er stieg aus und übergab im März 1925 dem erst 26 Jahre alten Capone seine Macht.

Im Mai 1925 brach dann in Chicago ein Bandenkrieg aus, der alles Bisherige übertraf. Capone tat sich hier durch rücksichtslose Brutalität hervor. Als sein Mentor Frankie Yale ihn zu hintergehen suchte, wurde er erschossen. Der rivalisierende George „Bugs" Moran wurde gejagt und sieben seiner Kumpane beim legendären „Valentinstag-Massaker" am 14. Februar 1929 von Kugeln durchsiebt. Höhepunkt dieses Bandenkrieges war ein Bankett am 7. Mai 1929, als Capone drei Gangsterbossen – John Scalise, Albert Anselmi und Mike Genna – mit einem Baseballschläger die Schädel einschlug.

Nach außen gab Capone den spendablen Biedermann. Er posierte für die Presse, schmierte Journalisten und Polizisten. Seine enormen Profite schleuste er an der Steuer vorbei oder deklarierte sie als Gewinne aus diversen Waschsalons. Diese Verschleierungsmethode nannte man daher Geldwäsche.

Da Capone seinen Reichtum gern protzig zur Schau stellte, wurde die US-Steuerbehörde allmählich aufmerksam. Die Polizei konnte wenig gegen ihn ausrichten. Selbst eine Spezialtruppe des FBI unter dem gefürchteten Fahnder Eliot Ness war nicht imstande, ihm das Handwerk zu legen. Im

April 1930 veröffentlichte das Chicagoer Polizeipräsidium eine Liste mit 28 „öffentlichen Feinden" (*Public enemies*), an deren Spitze Capone stand. Der lachte nur darüber und gab sein Geld weiter mit aufreizender Großzügigkeit aus.

Doch langsam zog sich die Schlinge um das Narbengesicht zusammen. Erstes Warnzeichen war eine kurzzeitige Inhaftierung wegen illegalen Waffenbesitzes. 1931 wurde die Behörde nach einer Fahndung in den Waschsalons fündig und erhob am 5. Juni Anklage wegen Steuerhinterziehung von 200.000 $. Für Capone war das eine unerhebliche Summe. Selbstsicher schlug er dem Gericht einen Deal vor: Schuldeingeständnis gegen Strafmilderung. Diesmal aber hatten seine Anwälte schlampig gearbeitet. Die Staatsanwaltschaft lehnte den Handel ab. Am 17. Oktober wurde der Gangsterboss zu elf Jahren Gefängnis verurteilt.

Seine Freiheitsstrafe verbüßte Capone zunächst im Bundesgefängnis von Atlanta (Georgia). Weil er hier wie ein König lebte und seine Geschäfte durch Bestechung der Wärter ungehindert weiterführen konnte, verlegte man ihn im August 1934 auf die Insel Alcatraz vor der Küste von San Francisco. Hier war ein altes Fort zum Hochsicherheitsgefängnis umgebaut worden.

Polizeifotos des Gangsters Al Capone

In Alcatraz wurde Al Capone weitgehend von der Außenwelt isoliert: keine Zeitungen, kein Besuch, nur zensierte Briefe. Auch körperlich ging es mit ihm bergab. Er hatte sich wahrscheinlich 1928 bei einer Prostituierten mit Syphilis angesteckt und litt unter den Folgen der Krankheit. Seine Mithäftlinge verachteten ihn, weil er sich nun wie ein Musterknabe benahm. Bald spottete man nur noch über den einstigen König von Chicago.

Wegen guter Führung durfte Capone am 6. Januar 1939 Alcatraz verlassen. Von seiner Frau Mary gepflegt, starb er 1947 in Palm Beach (Florida).

95. Königsmord in Marseille

Der 9. Oktober 1934 ist ein gewöhnlicher Dienstag. Am Alten Hafen von Marseille herrscht jedoch Festtagsstimmung. Mehrere Militärkapellen schmettern muntere Märsche, als sich kurz vor 16 Uhr vom jugoslawischen Kreuzer *Dubrovnik* eine weiße Barkasse dem Kai nähert. Ihr entsteigt ein Mann in der Galauniform eines Admirals, geschmückt mit dem Großkreuz der französischen Ehrenlegion – König Alexander I. von Jugoslawien. Nach der zeremoniellen Begrüßung durch Frankreichs Außenminister Louis Barthou setzt sich ein Automobilkonvoi über Marseilles Prachtboulevard *La Canebiére* Richtung Innenstadt in Bewegung. Wenige Minuten später bricht das Chaos herein. Alexander und Barthou sterben im Kugelhagel eines Attentäters.

Der Königsmord von Marseille erhob sich als Menetekel über dem künstlich geschaffenen Staat Jugoslawien, der Ende des 20. Jahrhunderts endgültig im Orkus der Geschichte versunken ist. Am 1. Dezember 1918 konstituierte sich aus der Erbmasse der Habsburgermonarchie Österreich-Ungarn ein Balkanstaat, das „Königreich der Serben, Kroaten und Slowenen". Die zwölf Millionen Einwohner dieses Landes gehörten 15 verschiedenen Nationalitäten und Volksgruppen an. Serben bildeten die größte Population, aber nur 44 Prozent der Gesamtbevölkerung. Sie dominierten den neuen Staat, in dem auch 600.000 Deutsche lebten, ganz eindeutig. Herrscher des Landes wurde König Alexander von Serbien, auch den Ministerpräsidenten und die höhere Beamtenschaft stellten die Serben.

Der Vielvölkerstaat war während des ersten Jahrzehnts seiner Existenz von nationalen Gegensätzen geprägt. Die Parteienlandschaft orientierte sich nicht an politischen und sozialen Zielen, sondern vorrangig an Nationalitäten. Im Belgrader Parlament bekämpfen sich insbesondere serbische und kroatische Abgeordnete. Politiker aus Mazedonien forderten immer lauter die Autonomie oder sogar die Unabhängigkeit ihres Gebietes. Religiöse Gegensätze zwischen katholischen Kroaten, orthodoxen Serben und Moslems in Bosnien schürten zusätzliche Spannungen.

König Alexander versuchte, diese Krise mit drastischen Mitteln zu lösen. Im Januar 1929 erfolgte ein Militärputsch, das Parlament wurde aufgelöst, sämtliche Parteien verboten; das Land hieß künftig „Jugoslawien" (Süd-Slawien). Nach Mussolinis Italien war nun Jugoslawien das zweite Land Europas mit einem diktatorischen Regime. Dagegen erhob sich schnell Widerstand vor allem in Kroatien durch den Bund *Ustaši* (die Aufständischen) und in Mazedonien durch die *Imro* (Innere Mazedonische Revolutionäre Organisation). Beide schreckten – ebenso wie die jugoslawische Regierung – auch vor Terroranschlägen nicht zurück.

Ziel der *Imro* war ein Großmazedonischer Staat, der auch die Südprovinzen Bulgariens und den Nordosten Griechenlands umfassen sollte. An ihrer Spitze stand der Politiker Ivan Mihailov. Als 1927 serbische Polizisten seinen Vater und Bruder ermordeten, schwur Mihailov blutige Rache nach Art einer typischen Balkan-Vendetta. Niemand geringerer als König Alexander I. sollte für den Doppelmord büßen. Allerdings wurde der Monarch-Diktator in Jugoslawien so scharf bewacht, dass man warten musste, bis er einen ausländischen Staat besuchte.

Für das Attentat wählte die *Imro* den Auftragsmörder Welitschko Kerin-Dimitroff aus. Diesen Namen kannten freilich nur wenige Eingeweihte. Da Kerin-Dimitroff häufig am Steuer von Mihailovs Auto saß, nannte man ihn „Vlada, der Chauffeur". Der 1897 in Bulgarien geborene Abenteurer hatte im September 1924 einen bulgarischen Linkspolitiker ermordet, weiteren Anschlägen fiel u. a. 1931 ein führender Abgeordneter der serbischen Staatspartei zum Opfer. Mehrmals war er in Abwesenheit zum Tode bzw. langjährigen Haftstrafen verurteilt worden, aber nie konnte man seine Identität aufdecken. Von ihm soll der Ausspruch stammen: „Einen Mann umzubringen, ist nicht mehr für mich, als ein Bäumchen auszureißen."

Als Anfang Oktober 1934 die Reiseroute Alexanders vom Mittelmeer über Marseille und Paris nach London bekannt gegeben wurde, setzte die *Imro* Kerin-Dimitroff in Marsch. Auch die kroatische *Ustaša* hatte von dem Attentatsplan Wind bekommen und bestand darauf, zwei ihrer Aktivisten, Zvonimir Pospišil und Milan Rajić, an der Aktion teilnehmen zu lassen. Sie sollten durch Bombenwürfe ein Chaos verursachen und Kerin-Dimitroff so das Entkommen ermöglichen. Beide versagten allerdings vollständig.

Am 9. Oktober 1934 macht sich der Autokonvoi in Marseille auf den Weg. Er fährt im gemächlichen Tempo und kurz nach 16 Uhr springt ein Mann auf das rechte Trittbrett der offenen Limousine, schreit laut: „Vive le roi!" (Es lebe der König) und feuert mehrere Pistolenschüsse ab. König Alexander verblutet im Kugelhagel, Außenminister Barthou erliegt eine Stunde später seinen Verletzungen. Unbeschreibliches Tohuwabohu bricht aus, Schüsse fallen, zwei Passantinnen brechen tödlich getroffen zusammen. Niemand weiß, wer da auf wen feuerte. Einzig der Fahrer des Königswagens behält kühlen Kopf. Er packt den Attentäter an seinen Haaren und drückt ihn gegen die Karosserie, bis ein Offizier der Eskorte, Oberst Piollet, ihn mit einem Säbelhieb außer Gefecht setzt. Polizisten stürzen sich auf den Schützen und verwunden ihn so schwer, dass er noch am selben Tag gegen 22 Uhr stirbt, ohne das Bewusstsein wiederzuerlangen.

In den Taschen des Mörders findet sich ein – natürlich gefälschter – tschechischer Pass auf den Namen „Peter Kelemen". Seine Identität bleibt zunächst ungeklärt. Die beiden *Ustaša*-Gehilfen Pospišil und Rajić, von denen nicht klar ist, ob sie überhaupt in Marseille zugegen waren, benehmen sich so unprofessionell, dass sie schon zwei Tage nach dem Attentat von der französischen Kripo verhaftet werden. Nun gerät die *Ustaša* in Verruf, den Anschlag organisiert zu haben, kaum jemand verdächtigt Ivan Mihailovs *Imro*.

Spekulationen über den Doppelmord trieben bald seltsame Blüten. Die abenteuerlichste Version tischte Stalins sowjetische Propagandaküche auf. Ihr zufolge galt der Anschlag gar nicht König Alexander, sondern Frankreichs Außenminister Barthou. Dieser Herr versuchte während seiner kurzen Amtszeit vergeblich, ein antideutsches Bündnis mit Jugoslawien, Polen und der Tschechoslowakei zu schmieden. Deshalb habe ihn der deutsche Geheimdienst in einer „Operation Teutonenschwert" umbringen lassen. Bis auf drei höchst plump gefälschte Dokumente blieben die Sowjets aber jeden Beweis schuldig.

Die jugoslawische Unterdrückungspolitik änderte sich auch nach König Alexanders Tod nicht. Anstelle seines minderjährigen Sohnes führte Prinzregent Paul die Geschäfte in der altbekannten Weise fort.

Nach dem 2. Weltkrieg erstand Jugoslawien wieder in seinen alten Grenzen – zusammengehalten allein durch die Persönlichkeit des Marschalls Josip Broz „Tito". Ende des 20. Jahrhunderts bedurfte es langwieriger Bürgerkriege, um zu beweisen, dass künstliche Staatengebilde wie Jugoslawien, ebenso die Sowjetunion und die Tschechoslowakei, auf Dauer nicht lebensfähig sind.

96. Sowjetaggression – der verdrängte Winterkrieg in Finnland

Am Morgen des 30. November 1939 dröhnte der Himmel über den finnischen Städten Helsinki, Lahti und Hangö. Mehr als 400 sowjetische Bombenflugzeuge vom Typ *Iljuschin DB-3f* warfen hier ihre tödliche Last ab. Es dauerte lange, bis die Luftabwehr der Finnen reagieren konnte, denn der Angriff erfolgte überraschend, ohne vorherige Kriegserklärung. Zum zweiten Mal innerhalb von zehn Wochen hatte Stalins Rote Armee ein kleines Nachbarland überfallen. Diese Aggression wird bis heute als Marginalie des 2. Weltkriegs verdrängt.

Nach dem Hitler-Stalin-Pakt vom 23. August 1939, in dem das Baltikum zum sowjetischen „Interessengebiet" erklärt wurde, setzte Moskau hier seine Politik mit aller Härte um. Gleich nach Ausbruch des Weltkriegs wurden die drei baltischen Staaten Estland, Lettland und Litauen unter Androhung militärischer Gewalt zur Duldung sowjetischer Stützpunkte genötigt. Ein Jahr später folgte dem die Okkupation als „Sowjetrepubliken". Finnland stand dasselbe Schicksal bevor. Wie immer begannen die Sowjets pro forma Verhandlungen, in denen sie unannehmbare Forderungen stellten, deren Ablehnung dann die militärische Aggression folgte. Finnlands Außenminister Rudolf Holsti hatte Anweisung, bei seinen Unterhandlungen in Moskau weitgehende Zugeständnisse zu machen. Die Errichtung sowjetischer Militärbasen sei jedoch abzulehnen. Dies nahm Außenkommissar Wjatscheslaw Molotow zum Vorwand, die diplomatischen Beziehungen abzubrechen. Am folgenden Tag begann der Angriff.

Die Lage Finnlands schien hoffnungslos. Seine gesamte Streitmacht umfasste 30.000 Mann, die Sowjets hatten mehr als 500.000 Soldaten zusammengezogen. 800 Flugzeugen der Roten Luftwaffe standen ganze 69 finnische gegenüber, bei den Panzern betrug das Verhältnis 750 zu 60. Aber die Sowjets machten einen entscheidenden Fehler. Statt an der 1.300 Kilometer langen Grenzfront einen operativen Schwerpunkt zu setzen, griffen sie im Bewusstsein ihrer erdrückenden Übermacht von fünf Stellen gleichzeitig an: am äußersten Norden bei Petsamo, im Mittelabschnitt bei Salla und Kuhmo, im Südosten zwischen Ladoga- und Onega-See sowie auf der Karelischen Landenge.

Finnlands Oberbefehlshaber Marschall Carl Gustav von Mannerheim nutzte die Verzettelung der Roten Armee geschickt aus. In den ersten Tagen des Krieges waren etliche seiner Soldaten in Panik vor den ungeheuren Panzermassen des Feindes davongelaufen und hatten wertvolles Gelände preisgegeben. Mehrfach musste Mannerheim persönlich an die Front, um die Ordnung wieder herzustellen. Doch schon nach einer Woche versteifte sich der finnische Widerstand. Es setzte sich jene Haltung durch, die in der Landessprache *Sisu* genannt wird: unerschütterlicher Kampfesmut gepaart mit zähem Freiheitswillen. Um Männer für den Kampf freizubekommen, meldeten sich mehr als 100.000 Frauen zum Dienst in der Hilfsorganisation *Lotta Svärd*. Diese freiwilligen „Lottas" halfen beim Sanitäts-, Transport- und Nachrichtenwesen.

Der sowjetische Angriff kam erstaunlich schnell ins Stocken. Im Norden bei Petsamo hielt ein einziges finnisches Skijägerbataillon mit 700 Mann gegen eine sowjetische Division von 17.000 Soldaten eisern stand. In dem unwegsamen verschneiten Waldgelände errangen die Finnen klare Vorteile. Ihre Reservisten waren gut ausgebildet für Kleinkrieg, Waldgefechte und Winterkampf.

Die Rotarmisten lernten hier eine Taktik kennen, die ihnen schwerste Verluste zufügte. In einem Bericht heißt es: „Wenn es dunkel wurde und wir uns entlang der Straße frierend um die kleinen Lagerfeuer drängten, kamen die Finnen aus den Wäldern. Lautlos, in ihren weißen Schneehemden und in der Dunkelheit kaum sichtbar, glitten sie auf Skiern heran. Schüsse, Schreie, aufblitzende Detonationen von Handgranaten, brennende Fahrzeuge. Dann Stille. Lautlos und unsichtbar, wie sie gekommen waren, zogen sich die Patrouillen wieder in die Wälder zurück, ungreifbar und unheimlich."

Und noch etwas lehrte die Sowjets das Fürchten, die *Motti* (Kessel)-Taktik. Die Finnen nutzten die Abhängigkeit des motorisierten Feindes von den Straßen aus. Nachts blockierten sie den Weg vor und hinter den weit auseinander gezogenen einzelnen Truppenteilen. Diese konnten dann weder voran noch zurück und steckten bald im *Motti*. Hier wurden ihre Panzer und Lkw durch benzingefüllte Flaschen vernichtet, welche die Finnen spöttisch „Molotow-Cocktails" nannten.

Klassisches Beispiel für die *Motti*-Taktik war die seit 11. Dezember 1939 losgebrochene Schlacht um Soumussalmi im Mittelabschnitt. Dort befand sich die „Finnische Taille", der räumlich schmalste Weg zwischen Nord- und Südfinnland. Genau hier wollten die sowjetische 163. Infanteriedivision und die 4. motorisierte Division Richtung Schweden durchbrechen und das Land in zwei Teile zerschneiden.

Der finnische Kommandeur im Mittelabschnitt, Oberst Hjalmar Siilasvuo, ließ die Russen tagelang in einer über 50 Kilometer langen Linie vormarschieren. Dann isolierte er den Feind systematisch in zwölf *Mottis*, die bis zum 5. Januar nacheinander zerschlagen wurden. Die Sowjets verloren 28.000 Tote und 1.300 Gefangene sowie sämtliche Panzer bis auf 50, die den Finnen als willkommene Beute dienten.

Die heftigsten Kämpfe tobten auf der Karelischen Landenge. Hier lag die strategisch bedeutende Stadt Viipuri (Wyborg), welche den nördlichen Zugang nach Leningrad beherrschte. Der Isthmus wurde durch leichte Befestigungen verteidigt, von den Sowjets großspurig „Mannerheim-Linie" genannt. Tatsächlich handelte es sich um nur knapp 70 lose miteinander verbundene MG-Nester, an denen sich die Rote Armee blutige Köpfe holte. Der Verteidiger dieser Landenge, General Harald Öhquist, sagte: „Die Mannerheim-Linie – das ist der im Schnee stehende finnische Soldat."

Anfang März 1940 begannen die Sowjets, deren personelle Stärke jetzt 1,5 Millionen Mann betrug, ihre dritte Großoffensive auf der Karelischen Landenge. Erstmals setzten sie hier die schweren Panzer vom Typ *KW-I* mit ihrer 762-mm-Kanone ein. Am 6. März standen sie vor den Toren von Viipuri und Marschall Mannerheim musste seine Regierung am folgenden Tag ersuchen, den Widerstand einzustellen. Das tapfere finnische Volk hatte einem übermächtigen Gegner fast 100 Tage standgehalten und dabei vergeblich auf Hilfe des Auslands gehofft.

Finnland konnte durch den Winterkrieg 1939/40 seine staatliche Unabhängigkeit bewahren, musste aber große Gebiete an die Sowjetunion abtreten. Als die Rote Armee in Viipuri einmarschierte, fand sie eine Gespensterkulisse vor. Sämtliche Einwohner hatten die Stadt verlassen. Sie verzichteten auf die zweifelhaften Segnungen einer stalinistischen „Befreiung".

97. Dramatische Nacht – Der Sturz Mussolinis

Adolf Hitler und Benito Mussolini begegneten sich am 19. Juli 1943 zum 13. Mal. Diese ominöse Zahl sollte gleichsam das Ende der Herrschaft des Duce über Italien markieren. Während des mehrstündigen Gesprächs, das beim oberitalienischen Städtchen Feltre stattfand, wollte Mussolini ursprünglich um Verständnis für einen Kriegsaustritt seines Landes ersuchen. Stattdessen erlag er wiederum Hitlers suggestiver Beredsamkeit, die ihm militärische Hilfe versprach. So wagte es der Duce gar nicht erst, sein Anliegen vorzutragen. Es blieb scheinbar alles beim Alten.

Italien hatte im Juni 1940 Frankreich den Krieg erklärt – zu einem Zeitpunkt, als das Land schon von der Deutschen Wehrmacht besiegt am Boden lag. Es galt, schnell noch einen winzigen militärischen Erfolg an der Rivieraküste zu feiern, danach taumelten die italienischen Armeen von einer Blamage in die nächste. Binnen weniger Monate verloren sie ihr ostafrikanisches Kolonialreich, erlitten Niederlagen auf dem Balkan gegen die Griechen, verbluteten sich als Alliierte bei Stalingrad. Anfang Mai 1943 ging auch Nordafrika trotz massiver deutscher Unterstützung verloren.

Zu jenem Zeitpunkt zeigten sich tiefe Risse im italienischen Volk und in Mussolinis faschistischer Partei. Schon im Mai 1942 zog er das Fazit: „Ich habe keine Zweifel mehr am Vorliegen von Disziplinlosigkeit, Sabotage und passiver Resistenz auf der ganzen Linie." Bei all seinen politischen Vollmachten konnte Mussolini nicht wie Hitler als unumschränkter Diktator handeln. Staatsoberhaupt war König Viktor Emmanuel III. Er hatte den Duce 1922 als Ministerpräsident eingesetzt und seitdem viele seiner Maßnahmen gebilligt. (siehe „111 Geschichten zur Geschichte", S. 277ff.) Doch nun, die sichere militärische Niederlage vor Augen, entspann sich zwischen dem Königshof, unzufriedenen Militärs und Exponenten der faschistischen Regierung ein kompliziertes Ränkespiel. Sein Ziel bestand darin, das Bündnis mit Deutschland in letzter Minute aufzukündigen und so die eigene Haut zu retten.

An der Spitze dieser Konspiration standen Dino Grandi und Graf Galeazzo Ciano. Grandi hatte seinem Duce jahrelang als Minister gedient, war aber Anfang 1943 in Ungnade gefallen. Ciano zählte zu den typischen Karrieristen. Er heiratete 1930 Mussolinis Tochter Edda. Sein Schwiegervater beförderte den erst 33-jährigen 1936 zum jüngsten Außenminister Europas. Aufgrund seiner zwielichtigen Rolle, die der italienischen Geheimpolizei nicht verborgen blieb, verlor auch Ciano Anfang Februar 1943 seinen Ministerposten und wurde als Botschafter zum Vatikan abgeschoben. Sowohl Grandi als auch Ciano blieben aber Mitglieder im *Gran Consiglio del Fascismo* (Faschistischer Großrat), dem obersten Parteigremium – ein schwerer Fehler, wie sich bald herausstellen sollte.

Als am 10. Juli 1943 die Alliierten auf Sizilien landeten, erinnerten sich viele an Mussolinis Versprechen, niemals werde ein feindlicher Soldat Italiens Boden betreten. Sein Prestige sank noch mehr. In einer Flucht nach vorn beschloss Mussolini, den Faschistischen Großrat einzuberufen, der seit 1939 nicht mehr getagt hatte. Seine 28 Mitglieder setzten sich aus Ministern, Diplomaten und Parteiführern zusammen. Von ihnen wollte der Duce sich jetzt das Plazet für eine Erweiterung seiner Vollmachten auch als Staatsoberhaupt holen.

Ruhmlos musste der Duce abtreten

Die Tagung begann am 24. Juli 1943 um 17 Uhr im römischen Palazzo Venezia. Die 28 Männer versammelten sich im *Sala del Papagalli* (Papageienhalle). Die Atmosphäre war äußerst gespannt. Dino Grandi trug zwei Handgranaten unter dem Mantel, die er im Falle seiner Verhaftung zünden wollte. Zunächst hielt Mussolini eine monotone zweistündige Rede, die er dem Stand des Krieges widmete. Niemand wagte ihn zu unterbrechen.

Nach diesem Vortrag herrschte zunächst verlegenes Schweigen, bis Grandi das Wort ergriff. In einem dramatischen Appell mahnte er Mussolini: „Sie glauben, Sie besitzen die Anhänglichkeit des Volkes. Doch haben Sie diese an dem Tage verloren, an dem sie Italien an Deutschland verkauften. Sie haben jedermanns Persönlichkeit unter dem Deckmantel einer geschichtlich unmoralischen Diktatur erstickt. Ich muss Ihnen mitteilen, dass Italien in dem Augenblick, als Sie die goldene Tresse auf Ihrem Marschallshut befestigten, verloren war. Nehmen Sie diese lächerlichen Verzierungen und Federn ab, und seien Sie wieder der Mussolini der Barrikaden – unser Mussolini!"

Dann sprach Graf Ciano. 15 Minuten lang wetterte er gegen das Bündnis mit Deutschland und forderte Mussolini auf, den militärischen Oberbefehl wieder in die Hände des Königs zu legen. Dass sein eigener Schwiegersohn sich gegen ihn stellte, war für den Duce „eine Phase bitterster Verzweiflung", wie ein Augenzeuge berichtet. Nicht nur Ciano, auch die ältesten Kampfgefährten wie Marschall Emilio de Bono erhoben immer neue Vorwürfe. Grandi legte schließlich einen „Tagesbefehl" zur Entschließung vor. Darin wurde Mussolini aufgefordert, einen großen Teil seiner Vollmachten abzugeben, „um die Ehre und Sicherheit des Landes zu gewährleisten".

Mussolini, fast 60 Jahre alt und gesundheitlich angeschlagen, verfolgte die Debatte mit gelangweiltem Missmut. An seiner Stelle versuchte Parteisekretär Carlo Scorza während einer Pause einige Mitglieder umzustimmen, was ihm in zwei Fällen auch gelang. Ein anderer Mussolini-Anhänger, Staatsminister Roberto Farinacci, verfasste eine Gegenresolution, in der er dazu aufrief, Deutschland die Treue zu halten und dem König keine politische Verantwortung zu übertragen.

Inzwischen war es nach Mitternacht und Grandi schlug seinen Antrag zur Abstimmung vor. Daraufhin „legte Mussolini das Blatt mit betonter Gleichgültigkeit vor sich hin, ohne ein weiteres Wort, ohne Geste, in schlichter resignierter Haltung und forderte Scorza auf, darüber abstimmen zu lassen". Das Votum fiel vernichtend aus. Nur acht Männer stimmten für Mussolini aber 19, darunter auch Ciano, gegen ihn.

Um 2.30 Uhr schloss der Duce wütend „wie ein angestochener Eber" die Sitzung. Noch am Nachmittag desselben Tages begab er sich zu König Viktor Emmanuel, um entgegen dem Votum des Großrates diktatorische Vollmachten für sich zu fordern. Doch der König ließ ihn gar nicht zu Wort kommen und sagte nur: „Tut mir leid, aber es gab keine andere Lösung." Gleich darauf wurde Mussolini im Park der königlichen Residenz Villa Savoia verhaftet.

Das faschistische Regime brach binnen 24 Stunden zusammen. Deutsche Truppen besetzten Italien und befreiten Mussolini aus seinem Gewahrsam. Als Oberhaupt einer „Sozialen Republik" ließ er mehreren Verschwörern vom 24. Juli den Prozess machen. Fünf von ihnen wurden im Januar 1944 hingerichtet, darunter auch der unglückselige Graf Ciano.

Mussolini ereilte ein Jahr später ein ähnliches Schicksal. Am 28. April 1945 wurde er (allerdings ohne Gerichtsverfahren) als Gefangener von Partisanen erschossen.

98. Landesverrat und Saufgelage – der Fall Otto John

Die Nachricht detonierte wie eine Granate und was ihr folgte, war einer der größten Politikskandale der deutschen Nachkriegsgeschichte. Am 21. Juli 1954 hatte sich der Präsident des Bundesamtes für Verfassungsschutz Otto John von Westberlin aus in die DDR abgesetzt. Die näheren Umstände für dieses Verhalten des ranghöchsten bundesdeutschen Geheimdienstlers blieben zunächst im Dunkel.

Der aus Marburg stammende, 1909 geborene Otto John studierte Jura. Ab 1937 war er als Rechtsberater der Deutschen Lufthansa tätig und nahm angeblich Kontakte zum Widerstand gegen Hitler auf. Wie es sich für einen zünftigen Geheimdienstmann gehört, verlief Johns Leben ab 1944 höchst dubios. Er entkam aus dem hermetisch abgeriegelten Dritten Reich über Madrid und Lissabon nach Großbritannien. Dort arbeitete er für einen Propagandasender des britischen Außenministeriums und stellte sich 1945 den Anklagevertretern beim Nürnberger Prozess zur Verfügung. Eifrig sammelte er Belastungsmaterial und schreckte dabei – wie im Fall des Generalfeldmarschalls Erich von Manstein – auch nicht vor der Präsentation manipulierter Dokumente zurück.

Britische Dienststellen sorgten dafür, dass John 1950 Chef des neuen Bundesamtes für Verfassungsschutz wurde, dem Inlandsgeheimdienst der BRD. Dies geschah gegen den Willen von Bundeskanzler Konrad Adenauer. Mehrfach hatte der erklärt, er würde John „nicht über den Weg trauen". Der alte Herr sollte Recht behalten.

Otto John als Propagandist in Ostberlin

Nach seinem Überlaufen erklärte John am 23. Juli 1954 im DDR-Rundfunk etwas holprig: „Also, ich bin hierher gekommen, weil mir in allererster Linie die Wiedervereinigung Deutschlands am Herzen liegt, weil ich in der Bundesrepublik den Eindruck bekommen habe, dass man immer mehr dazu gekommen ist,.. die Deutschen im Osten einfach abzuschreiben und wirklich nicht mehr gewillt ist, etwas für die Wiedervereinigung zu tun." Auf mehreren Pressekonferenzen versicherte Otto John, er habe seinen Schritt freiwillig und ohne jeden Zwang unternommen. Später tischte er hingegen eine abenteuerliche Version seiner Entführung mittels Betäubungstropfen auf.

Von August bis Dezember packte John in Moskau vor hochrangigen KGB-Offizieren aus. Alle Indizien sprechen dafür, dass er während dieser Verhöre mehrere Namen und Daten von Westagenten preisgab. Nachdem dies geschehen war, übergaben ihn die Sowjets am 12. Dezember 1954 den Händen des DDR-Ministeriums für Staatssicherheit (MfS).* Man stellte ihm 2.500 D-Mark monatlich nebst Dienst-Mercedes, mietfreier Villa und ein Büro zu Verfügung. Zahlreiche Vorträge und Veröffentlichungen folgten, wobei John vor einer Wiedergeburt des Nationalsozialismus in der BRD warnte, die Friedenspolitik der Sowjetunion lobte und das Kabinett Adenauer als „Kriegstreiber" geißelte.

War schon Johns Überlaufen in den Osten höchst rätselhaft, so stellte seine unerwartete Rückkehr das noch in den Schatten. Am 12. Dezember 1955 tauchte er urplötzlich wieder in Westberlin auf, wo er sofort verhaftet und wegen Landesverrats angeklagt wurde. Der Bundesgerichtshof in Karlsruhe verurteilte ihn im Dezember 1956 zu vier Jahren Zuchthaus. Am 27. Juli 1958 wurde er vorzeitig aus seiner Haft entlassen.

Die Entführungsgeschichte, die John jetzt bevorzugte, wollte ihm kaum jemand glauben, ebenso wenig seine Behauptung, das MfS hätte ihn 1955 einfach wieder laufen lassen. 2003, sechs Jahre nach Otto Johns Tod, gelang es mir – damals noch Korrespondent des Nachrichtenmagazins FOCUS – mit Hilfe von Stasi-Unterlagen den Beleg für die Richtigkeit dieser Version zu erbringen.

John unterlag selbstverständlich einer lückenlosen Überwachung durch das MfS. Dessen Spitzel rapportierten zunehmend Unerfreuliches. Ihr Schützling (MfS-Deckname „Keller") litt unter einem massiven Alkohol-

---

* Das Ministerium wurde wegen der Vorfälle am 17. Juni 1953 kurzzeitig zum Staatssekretariat degradiert, soll aber des besseren Verständnisses wegen hier weiter als MfS firmieren.

problem und benahm sich immer kompromittierender. „Es kommt oft vor, dass er Mittags von seinem Büro wegfährt, ein Lokal aufsucht und sich dort betrinkt, so dass er bei den lauten Gesprächen, die er führt, in der Öffentlichkeit unangenehm auffällt", heißt es in einem Bericht vom 3. November 1955. Wenn John bezecht war, randalierte er mit Hitlergruß durch die Säle, ahmte Joseph Goebbels nach und pöbelte DDR-Funktionäre an, so beispielsweise im Mai 1955 bei einem offiziellen Empfang Arthur Pieck, den Sohn des DDR-Präsidenten.

Besonders verärgert war man über Johns sexuelle Affären. Sein Haus in Berlin-Schmöckwitz, Lindenstraße 18, wurde zum fidelen Liebesnest. So nahm er im Januar 1955 „nach einer Saufpartie eine ihm völlig unbekannte Frau, die er in einem Lokal kennen lernte, mit in seine Wohnung und führte mit ihr den Geschlechtsverkehr durch. Er gab ihr 220 DM". Dabei legten Johns Bewacher zunächst großen Wert auf die Geheimhaltung seiner Adresse, weil man eine Entführung durch westliche Agenten argwöhnte.

Der Überläufer hatte seine Schuldigkeit getan und wurde allmählich zum Sicherheitsrisiko. Seine Wächter agierten immer nachlässiger und lustloser. Als John am 10. Dezember 1955 persönliche Papiere vernichtete, nahmen sie das wortlos zur Kenntnis. Man war offenbar froh, bald einen Mann loszuwerden, „der nicht mehr weiß, was er redet und wann er genug hat". Am 12. Dezember ließen ihn zwei Bewacher drei Stunden lang allein in der Berliner Humboldt-Universität und begannen erst nach Einbruch der Dunkelheit mit einer eher oberflächlichen Suche. Der Doppel-Überläufer war längst in Westberlin, chauffiert von einem dänischen Journalisten, der ihn am Hauptportal der Universität abgeholt hatte.

Otto John blieb in der Bundesrepublik ein weitgehend geächteter Mann. 1986 gewährte ihm der damalige Bundespräsident Richard von Weizsäcker eine Sonderrente von 4.200 D-Mark monatlich, um „einen Schlussstrich zu ziehen". Der rechtskräftig verurteilte Landesverräter wurde die folgenden elf Jahre mit Steuergeldern alimentiert.

99. Traumpaar auf Zeit – John F. Kennedy und Marilyn Monroe

„Ihr Kleid bestand nur aus Haut und Perlen – allerdings habe ich von den Perlen nicht viel gesehen." So beschreibt ein männlicher Augenzeuge den Auftritt von Marilyn Monroe am 19. Mai 1962 im New Yorker *Madison*

Square Garden. Es geschah während John F. Kennedys 45. Geburtstagsfeier und als die blonde Leinwandschönheit mit lasziver Stimme „Happy birthday, Mr. President" ins Mikrofon hauchte, wurde vielen der 17.000 Gäste klar, dass hier eine ganz heiße Affäre ihren Ausdruck fand.

Als John F. Kennedy am 20. Januar 1961 seinen Eid als jüngster Präsident der US-Geschichte leistete, gehörte Marilyn Monroe zu den bekanntesten Gesichtern im Filmgeschäft. Sie war das für alle Zeiten unübertroffene Sexsymbol Amerikas. Ihr Ruhm begann 1953 mit einer ebenso dramatischen wie erotischen Rolle im Film *Niagara*. Danach bekam sie aber fast nur noch Angebote in leichten Komödien als blondes Dummchen. Damit wurde sie zwar berühmt, blieb aber zeitlebens unglücklich.

Kennedy hingegen stammte aus einer der reichsten Familien der USA, besuchte Elite-Universitäten und heiratete 1953 die aparte Schönheit Jacqueline „Jackie" Bouvier, mit der er drei Kinder hatte. Der Aufstieg ins Präsidentenamt bildete den Höhepunkt seiner erstaunlichen Karriere.

Die in Kinderheimen aufgewachsene Halbwaise Marilyn suchte nach drei gescheiterten Ehen und mehreren Fehlgeburten immer noch einen Vater-Ersatz. Seit Jahren griff sie zu Aufputsch- und Beruhigungsmitteln, was freilich unter Hollywood-Schauspielern durchaus üblich war. Meist führte sie ein ruheloses Nomadenleben; erst wenige Monate vor ihrem Tod kaufte sie einen festen Wohnsitz im kalifornischen Brentwood, 5th Helena Drive. Als die 36-jährige hier am Morgen des 5. August 1962 tot aufgefunden wurde, setzte das bald eine Welle von Spekulationen in Gang. Der Name Kennedy tauchte in diesem Zusammenhang verdächtig oft auf.

John F. Kennedy hatte schon vor seiner Präsidentschaft unzählige flüchtige Sexaffären, die er auch im Weißen Haus rücksichtslos weiter pflegte. Seinem sehr professionellen Beraterstab gelang es, diese peinlichen Schürzenjägereien vor der Öffentlichkeit sorgfältig abzuschirmen. Die Medien, deren erklärter Liebling „JFK" war, drückten beide Augen zu.

Nachdem Kennedy den Nominierungsparteitag der Demokratischen Partei im September 1960 grandios gewonnen hatte, lud er eine Schar von Prominenten zur Siegesfeier nach Los Angeles ein, darunter auch die Monroe. Kennedys Schwager, der britische Schauspieler Peter Lawford, betätigte sich bei diesen Festivitäten gern als Kuppler. Später kamen Gerüchte auf, wonach spät am Abend der künftige Präsident und der Kinostar gemeinsam nackt im Pazifischen Ozean gebadet hätten.

Seit Oktober 1961 stellte Lawford sein Strandhaus in Santa Monica an der Palisade Beach Road zur Verfügung. Hier trafen JFK und MM sich mehrmals, ebenso Ende März bei Palm Springs in einem Haus, das dem Schauspieler Bing Crosby gehörte. Bei dieser Gelegenheit versprach Marilyn dem Präsidenten, auf seiner Geburtstagsfeier zu singen. Dass dies freilich so anzüglich erfolgen würde, kalkulierte Kennedy nicht ein. Ihm begann die ganze Affäre lästig zu werden, zumal er gewohnt war, seine Sexpartnerinnen wie Hemden zu wechseln.

Der Familienrat beschloss, Kennedys Bruder Robert, den amtierenden Justizminister, einzuschalten. Er sollte Marilyn schonend beibringen, dass die Liaison mit dem Präsidenten zu Ende sei. Ob das eine gute Wahl war, ist fraglich. Robert Kennedy galt zwar als treuer Familienvater, aber Freunden war aufgefallen, dass er bei Marilyns Besuchen „um sie herumflatterte, wie eine Motte um die Flamme".

Ende Juni 1962 reiste Robert nach Brentwood, um mit der Monroe zu sprechen. Sie trafen sich danach noch mehrmals und führten zahlreiche Telefonate über Kennedys dienstlichen Apparat. Das gab neuen Gerüchten Nahrung.

Die Diva und der Präsident – ihre Affäre endete 1962

Zu jener Zeit arbeitete Marilyn unter der Regie von George Cukor an dem Farbfilm *Something's Got to Give*. Von interessierten Kreisen wurde die Fama verbreitet, sie sei damals nur noch ein mit Drogen vollgepumptes Wrack gewesen, unfähig den kleinsten Text zu behalten. Regisseur Cukor hatte sie deshalb am 7. Juni 1962 gefeuert.

Diese Legende platzte im August 1988, als in Hollywood vor 170 Cineasten eine Vorführung aus den Archiven der Filmgesellschaft *20th Century Fox* stattfand. Es wurden bis dato unter Verschluss gehaltene Aufnahmen ihres letzten, unvollendeten Films vom Mai 1962 gezeigt. Darin sah die Monroe blendend und taufrisch aus, in den einzigen von ihr je gedrehten Nacktszenen konnte man einen makellosen Körper bewundern und auch ihre professionelle schauspielerische Leistung. Eine Augenzeugin gewann den Eindruck, „dass sie am Ende ihrer Karriere noch genauso gut war wie am Anfang".

Marilyn Monroe war 1962 auch keineswegs lebensmüde. Fünf Wochen vor ihrem Tod sagte sie auf einer Session dem Fotografen des *Cosmopolitan*-Magazins George Barris: „Was mich betrifft, ist jetzt die glücklichste Zeit. Es gibt eine Zukunft und ich kann sie kaum erwarten." Bert Stern, der Anfang Juli die letzten Fotos von ihr schoss, berichtete, sie sei ein wenig beschwipst, aber sehr fröhlich gewesen.

Wenn Marilyn nicht Selbstmord beging, dann wurde sie eventuell ermordet. Das legen zumindest einige seltsame Details nahe. So wurden Rückstände des Medikamentencocktails – der zweifelsfreien Todesursache – zwar in ihrem Blut, aber nicht im Mageninhalt gefunden, was eine orale Aufnahme der Tabletten ausschließt. Außerdem wies der Leichnam mehrere unerklärliche Blutergüsse im unteren Lendenbereich auf. Einen Abschiedsbrief hinterließ Marilyn auch nicht.

Der Tod des Stars durch ein gewaltsam verabreichtes Klistier ist nicht auszuschließen. Verantwortlich für diesen Mord sei der Kennedy-Clan gewesen, hieß es in etlichen Veröffentlichungen. John F. und Robert hätten im Hinblick auf eine Wiederwahl um ihr Image als brave Familienväter gebangt. Die Monroe habe gedroht, wenn der Präsident sich nicht scheiden lasse, würde sie auf einer Pressekonferenz ihre Affäre mit ihm öffentlich machen. Dem steht ihr jeder Intrige abgeneigter Charakter entgegen. Außerdem war die Rede von einem mysteriösen „roten Tagebuch", in das Marilyn sämtliche intimen Details mit den Kennedy-Brüdern verzeichnet habe. Dies würde jedoch überhaupt nicht zu ihrer desorganisierten Art passen.

Der frühe Tod von Marilyn Monroe, womöglich durch einen tragischen Unglücksfall, wurde schließlich genauso zum Mythos der Geschichte wie jener von John F. Kennedy ein Jahr später.